교목학

교목학
: 기독교 대학의 창립 정신 구현을 위한 성찰

2017년 6월 12일 초판 1쇄 인쇄
2017년 6월 16일 초판 1쇄 발행

지은이 | 이대성
펴낸이 | 김영호
펴낸곳 | 도서출판 동연
등 록 | 제2-1383호(1992. 6. 12)
주 소 | 서울시 마포구 월드컵로 163-3
전 화 | 02-335-2630 전송 | 02-335-2640
이메일 | h-4321@daum.net

ISBN 978-89-6447-363-4 93200

교목학

기독교 대학의 창립정신 구현을 위한 성찰

이대성 지음

동연

| 머리말 |

  이 책은 필자가 2003년부터 연세대학교 교목으로 봉직하면서 경험하고
느낀 바를 다양한 형태의 글로 쓴 것이다. 기존에 발표한 것도 있고, 이 책을
통해 처음 발표하는 것도 있다. 필자는 학부에서 철학을 전공하고, 박사학위
는 조직신학 및 철학적 신학 분야로 취득했지만, 돌이켜 보니 교목이 된 후
에는 전공분야보다는 계속해서 "기독교 종합대학"의 현장에 주목하면서 사
고를 하고 글을 써 왔던 것 같다. 처음에는 현장에서 대두하는 구체적인 과
제를 수행하는 데 관심이 집중되었으나 시간이 지나면서 점차 더 근원적이
고 넓은 주제로 생각이 확장되었다.

  이런 과정에서 기독교 대학의 기독교적 창립 정신 구현을 위한 교목의
노력이 대학과 기독교를 위해 매우 중요하고 또한 고유한 과제라는 생각을
서서히 하게 되었고, 관련된 연구는 하나의 독립된 학문분과를 형성할 만큼
충분히 전문적이고 또 성숙하였다는 확신을 하게 되었다. 이 학문분과에
"교목학"이라는 이름을 붙이고 교목학의 학문적 정체성, 방법론, 다른 학제
와의 관계 등에 관해 연구하다 보니 필자의 원래 전공인 철학과 조직신학이
많이 활용되는 것을 새삼 깨달으면서, 평생 공부한 전공이 교목의 직책을 수
행하는 데 도움이 된다는 데서 큰 위안을 받았다.

  이 책에 수록된 글들은 다양한 시기에 써졌지만, 기독교 대학의 창립 정
신 구현이라는 공통 주제로 연결된다. 필자가 의도적으로 그 주제를 미리 설
정하고 글을 쓴 것이 아니고, 쓴 글들을 모으는 과정에서 자연스럽게 그 주
제가 드러났다는 점에서 이 주제의 중요성이 필자에게는 더 엄중하게 다가
온다.

이 책은 교목학 시론이라고 할 정도로 초보적이고 불완전하다. 그리고 그 내용도 선배와 동료 교목들이 이루어 놓은 업적에 많이 의존한다. 그러나 꽃도 그 이름을 불러 주었을 때 자신에게 새롭게 다가왔다는 어떤 시인의 말처럼, 수많은 교목들의 열정과 헌신을 통해 이루어진 이 중요한 선교적·학문적 업적에 "교목학"이라는 이름을 붙이는 것도 작은 기여가 될 것이라는 생각으로 이 책을 출판한다.

이 책을 내면서 전국 기독교 대학의 역대 교목님들과 연세대학교의 기독교적 창립 정신을 구현하기 위해 헌신하시는 많은 분들, 특별히 교목실의 한인철 교목실장, 정종훈 의료원 교목실장겸 원목실장 그리고 조재국, 정미현, 김동환, 정용한 교목님 등께서 많은 격려와 도움을 주셨음을 밝히고 감사를 드린다. 또한, 이 책의 출판을 위해 수고를 아끼지 않으신 도서출판 동연의 김영호 대표님과 편집실 모든 선생님께 진심 어린 감사를 드린다.

이 책은 미래가 불확실한 신학생과 결혼하여 지금까지 한결같이 남편을 위해 희생적인 뒷바라지를 해 준 아내 최문영에게 헌정한다.

2017. 2
연세 동산에서
이대성

| 차례 |

서론: 교목학이란 무엇인가?

I. 역사 속의 교목: 릿교대학의 고송효치와 베를린대학의 슐라이에르마허

교목학에 관한 본격적인 논의를 하기에 앞서서 역사 속에 소중한 자취를 남긴 두 교목의 삶을 소개하려고 한다.

1. 윤동주에게 큰 위안을 준 릿교대학의 고송효치 교목

윤동주가 1942년 4월 2일 일본 동경의 릿교대학(立教大學)에 입학했을 때, 학교의 분위기는 매우 험악했다. 국가의 기독교 대학에 대한 탄압이 심해졌고, 전시 상황이라고 단발령이 내려지고 엄격한 군사훈련 수업이 강요되었다. 특히 반도신지(飯島信之)라는 교관은 노골적으로 기독교에 대한 반감을 드러내고, 조선인 학생을 가혹하게 대했다.1) 그런 가운데 윤동주에게 큰 위안을 준 것은 고송효치(高松孝治, 타카마츠 타카하루) 교목과의 만남이었다. 윤동주는 친구의 권유로 고송효치 교목을 만나게 되었는데, 그는 채플을 인도하는 교목이면서 문학부 종교학과에 속해 기독교 역사, 기독교 경전학, 그리스어를 가르치는 교수였다. 윤동주는 고송효치 교목을 여러 차례 만났으며, 군사훈련 수업 거부에 대해 그와 상담했고, 고송효치 교목은 윤동주에게 "나도 내일은 어떻게 될지 알 수 없지만, 신에게 기도하고 있으니까…"라고 격려해 주었다고 알려진다.[2] 윤동주가 그로부터 어떤 영향을 받았는지 우리는 알 수 없으나, 윤동주의 생애에 잠깐 등장하는 고송효치 교목에게서 우리는 이상적인 교목의 모습을 보게 된다.

그는 대학 시절부터 어학의 천재라고 불릴 정도로 실력을 인정받았다. 일본 성공회 신학교에서 공부를 한 후 미국으로 유학해 하버드 대학 신학부에서 학위를 받고 귀국해 1929년부터 1946년 2월 임종하기 직전까지 입교대학 교목으로 봉직했다. 많은 졸업생들이 "입교에 들어와서 무엇이 가장 좋았는가 하면 고송 선생이라고 하는 훌륭한 인격과 만난 것이다"라고 할 정도로, 그는 고매한 인격과 높은 식견으로 학생들로부터 존경을 받았다. 중일전쟁이 발발하던 1937년 어느 날 강의시간에 그는 군국주의의 창궐과 일본의 패망을 내다보며 침통한 어조로 "오늘부터 암흑시대가 시작됩니다"라고 학생들을 일깨워 주었다고 한다. 그는 조선인 등 어려운 처지에 있는 학생들을 도와주었으며, 먹을 것이 없어서 영양실조로 세상을 떠났지만 집을 방문

....

1) 송우혜, 『윤동주 평전』(서울: 푸른역사, 2004), 357.
2) Ibid., 364. 윤동주와 고송효치 교목의 만남은 세상에 알려지지 않는 채 역사 속에 영원히 묻힐 뻔했으나, 2002년 양원태자(揚原泰子)라는 일본 여성이 송우혜의 책을 읽고 릿교대학과 관련된 자료를 찾고 취재를 하면서 알려지게 되었다. 이 글에서 나오는 고송효치 교목과 관련된 내용은 대부분 송우혜의 책을 참고한 것임을 밝힌다.

하는 학생들에게 귀한 흰쌀밥을 푸짐하게 대접했다고 한다. 지금 릿교대학
채플에는 고송효치 교목을 기념하는 동판이 설치되어 있고, 그의 이름을 딴
장학금이 신학부 학생에게 수여되고 있다. 학자로서, 교육자로서, 목회자로
서, 지식인으로서 충실한 삶을 산 고송효치의 모습은 모든 교목들에게 귀감
이 된다.

2. 종합대학 내 신학의 위상에 관심을 둔 베를린대학의
   슐라이에르마허 교목

두 번째로 소개할 역사 속의 교목은 현대 신학의 아버지와 해석학의 창
시자로 알려진 슐라이에르마허이다. 프러시아 군대의 군목(chaplain)이었
던 아버지에게서 태어난 그는 1789년 할레(Halle) 대학을 졸업한 후 1794년
에 목사 안수를 받고, 1796년부터 6년 동안 베를린에 있는 자선 병원(Charite
Hospital in Berlin)의 원목(chaplain)으로 봉직했다.[3] 이 기간에 그는 낭만
파 지식인 모임에 참여하며 슐레겔(Schlegel) 등과 교제하게 되었고 그를 유
명하게 만든『종교를 멸시하는 교양인에게 보내는 종교론』을 1799년에 출
간했다. 1802년에는 스톨프(Stolp)라는 작은 도시의 궁정목사(court chap-
lain)로 부임했다. 1804년에 35세의 젊은 나이에 뷔르쯔부르크(Würzburg)
대학의 교수로 초빙을 받았는데, 그가 내건 유일한 조건은 아래 편지에서 보
는 것처럼 교수직과 오늘날 교목에 해당하는 대학 설교자직을 겸하게 해달
라는 것이었다.[4]

....

3) 슐라이에르마허의 생애에 관한 사항은 다음 책에 나오는 연표를 참고했다. Robert
   Louden, *Schleiermacher: Lectures on Philosophical Ethics* (Cambridge, UK: Cambridge
   University Press, 2002), 31-33.

제가 전문 분야의 학자로서 교수직에 헌신하는 것도 기쁜 일이고, 그런 기회를 오랫동안 원해 온 것은 사실이지만, 저는 또한 그 자리가 설교자 직을 겸하는 것을 간절하게 원해왔습니다. 저로서는 설교 강단을 포기 하는 것은 매우 어렵습니다. 아마 개신교 예배에서는 이렇게 겸직하는 것이 드문 일인지 모르겠으나 저는 교수직과 대학 설교자직을 겸하는 것 이 매우 유용하다고 생각합니다. 제가 할레 대학에서 공부하던 시절에 니마이어 교수는 학술적 강의를 하면서 대학 설교자직을 겸직했었습니 다…. 아침 예배에는 학생들이 정기적으로 참석했는데, 설교는 강의에 서 다룬 내용을 명료하게 하는 역할도 어느 정도 수행했습니다.[5]

결국 뷔르쯔부르크대학은 그런 조건을 수락하였다. 그러나 할레대학을 프러시아 최고의 대학으로 만들기 위해 슐라이에르마허를 스카우트하려는 프러시아 왕 프리드리히 빌헬름 III세가 개입함으로, 슐라이에르마허는 1804년 5월 10일 할레대학 신학 교수 겸 대학 설교자로 임명되었다.[6] 그러

---

4) 슐라이에르마허가 겸직하기 원하였던 직책은 독일어로는 "Universitätsprediger"이 고 이 단어가 영어로는 "Preacher to the University"로 번역되었다. 김승철은 위의 상 황을 설명하면서 슐라이에르마허가 "교수직과 더불어 교목직도 동시에 수행할 수 있도록 해달라는 것이었다."라고 썼다. 이 직책이 정확히 오늘날 한국 기독교 대학의 교목과 일치하는 것은 아니다. 그러나 대부분의 국내 기독교 대학에서 교목이 교수 로서 연구와 강의의 책임을 맡으면서 대학 구성원을 대상으로 예배를 인도하고 설교 를 하며, 대학교회의 담임을 맡는 것을 고려해 볼 때 이 직책을 오늘날 한국 기독교 대 학의 교목과 유사한 것으로 보는 견해는 무리가 없다고 생각된다. 참고: 김승철, "슐 라이어마허의 설교의 특징,"「대학과 선교」 13 (2007), 182-184.

5) Albert L. Blackwell, "Three New Schleiermacher Letters Relating to His Wurzburg Appointment of 1804," *Harvard Theological Review* 68, no. 3-4 (1975), 346-347.

6) 정확한 직책명은 "Preacher to the University and Professor Extraordinary of Theology" 이다. Preacher라는 직책이 먼저 나오는 것이 눈에 띈다. Ibid., 341.

나 할레대학은 프랑스 나폴레옹 군대의 침공으로 1806년에 폐교되었다.

1809년에 슐라이에르마허는 훔볼트(Wilhelm von Humboldt)와 함께 근대 대학의 모델로 여겨지는 베를린대학(University of Berlin) 창립 준비를 위해 헌신하였으며, 같은 해 베를린에 있는 삼위일체교회(The Holy Trinity Church)의 목사로 부임했다. 그는 1810년에 신학부 초대 학장으로 임명되었고, 1834년 임종까지 이 대학과 교회에서 계속 봉직했다. 할레대학처럼 대학 설교자직을 겸직한 것은 아니었지만, 베를린대학 시절에도 그의 학자로서의 삶과 목회자로서의 삶은 중첩되었다. 이 기간에 한편으로 설교자로서 그는 수많은 대학생들과 지식인 시민들에게 큰 영향을 끼쳤다. 많은 학생들이 그가 인도하는 견신례 교육을 받았는데 그중에는 나중에 수상이 된 비스마르크(Otto von Bismarck)도 있다.[7] 다른 한편으로 그는 신학부 교수로서 기독교 종합대학 안에서 신학의 학문적 구조와 위상을 확립하는 것과 신학과 일반 학문에서 공통으로 활용할 수 있는 해석학의 개발에 큰 공을 세웠다.

슐라이에르마허를 엄격한 의미에서 교목으로 칭하기에는 무리가 있을 수 있다. 그러나 그는 군목인 아버지로부터의 영향과, 병원, 궁정, 대학 등의 공공 영역에서 채플린직을 수행한 경험을 통하여, 교회만을 고려한 신학과 목회가 아니고 공공 영역을 위한 신학과 목회의 중요성을 인식했다. 그가 창시한 해석학은 오랜 전통을 가진 성서해석학을 일반 텍스트의 해석에 적용한 것으로, 신적인 계시나 교회의 권위를 전제하지 않고 다양한 학제가 서로 소통하는 것을 가능케 한 새로운 학문의 방법론이다. 이는 그가 대학을 성직자를 길러내는 목적으로 세워진 이전의 대학과 구별하여 공공 영역으로 인

---

7) Keith Clements, *Friedrich Schleiermacher, Pioneer of Modern Theology* (London: Collins Liturgical Publications, 1987), 32.

정하고, 그에 따른 타당한 신학과 타학문 간의 대화 방식을 고민하는 과정에서 다듬어진 방법론이라고 할 수 있다. 어떤 의미에서 그는 시대를 앞서 한국의 기독교 종합대학의 교목들이 오늘날 당면하고 있는 문제에 대해 미리 고민한 셈이다.

II. 교목학의 정의

한국 고등교육의 역사는 기독교 대학의 역사이다. 오늘날 한국 고등교육에서 기독교 대학이 차지하고 있는 비중은 매우 중대하다.[8] 한국에 기독교 대학이 세워진 순간부터 기독교적 창립 정신 구현을 위한 실천과 그 실천에 관한 성찰은 늘 있어왔다. 130년이 넘는 한국 기독교 대학의 역사를 통하여 기독교 대학에 몸담고 있었던 선교사, 설립자, 총장, 학장, 이사회, 행정가, 교수, 교목 등과 교계의 신학자, 목회자 등이 기독교적 창립 정신 구현을 위해 수행한 연구들은 그 전체 규모나, 관심의 다양성, 학문적 깊이, 오랜 역사 등의 측면에서, 다른 어떤 학문 분야와 비교해보더라도 매우 풍요롭고 소중한 학문적 자산임이 틀림없다. 이 주제에 관한 연구는 그동안 논문이나 저술, 또는 학교나 교단의 공식문서 혹은 단편적인 문서의 형태로 발표됐다. 그러나 이와 같은 연구 대부분은 기독교 대학의 다양한 상황에서 발생하는 구체적인 요구에 대응하기 위해 수행되어 왔기 때문에 모든 연구를 전체적으로 아우를 수 있는 개념의 범주체계나 이론적 틀은 오랫동안 형성되지 않았었다.

---

8) 부록 한국 기독교 대학에 관한 통계를 참고.

그런데 최근 전국 기독교 대학의 교목과 기독교 교양과목을 가르치는 교수들이 학술모임을 정기적으로 갖고, 학술지「대학과 선교」를 통해 이 분야에 관한 연구 논문들을 꾸준히 발표하면서, 기독교 대학의 창립 정신 구현에 관한 연구는 한 단계 도약할 수 있는 여건이 마련되었다. 이와 같은 연구는 그 세부적 관심 영역과 접근 방식 및 연구 방법의 다양성에도 불구하고, 고유하고 독립성을 가진 하나의 학문 분야로서의 모습을 점차 갖추기 시작했다.

기독교 대학의 창립 정신 구현에 관한 연구의 오랜 역사와 현재 이 주제에 관심을 두고 있는 학자군의 확대 및 학문적 성숙도를 고려해볼 때, 이 주제에 관한 연구를 뚜렷한 학문적 정체성을 갖춘 신학 내 고유한 학문분과로 자리매김하는 것은 시대적 요구라 할 수 있다. 이 연구 분야가 학문적인 면모를 충실하게 갖추어 신학 내 하나의 독립된 분과로 자리 잡는 것은, 한국의 기독교 대학이 대학의 위기와 세속화 등 수많은 도전을 극복하면서 더욱 효과적으로 창립 정신을 구현하기 위해서도 절실하게 요청되는 중요한 과제이다.

신학의 역사를 보면 특정한 신학적 주제가 내적으로 학문적인 면모를 갖추게 되고, 외적으로 그 영향력을 확대하면서 신학의 독립된 학문분과로 탄생하게 되는 경우를 종종 찾을 수 있다. "교회와 사회", "기독교와 문화," "영성학"뿐 아니라 "기독교 교육학", "선교학", "실천신학" 등도 다 그런 과정을 거쳐 독립된 신학의 분과로 자리를 잡게 되었다. 신학의 독립된 분과로 자리 잡은 주제는 계속하여 그 깊이와 외연을 확장해가며 발전하여 영향력을 키우지만, 그렇지 못한 경우 그 학문 분야는 물론 그와 연관된 현장도 쇠퇴를 겪게 된다. 새로운 분과 학문의 출현은 신학 내에서만 일어나는 현상이 아니다. 근대 이후 학문의 역사는 기존 분과 안에서 특정한 주제가 독립된 학문영역으로서의 자격을 인정받아 고유한 학문분과로 자리를 잡아나가는 역사라고 할 수 있다. 이런 경향은 특히 최근에 와서 더욱 두드러져서, 수많은 생소한 명칭의 학문 분야가 독립된 분과로서 학술활동을 하고 있다.

필자는 이 글에서 기독교 대학의 창립 정신 구현에 관한 연구를 "교목학"이라고 명명하고, 교목학이 신학 내 독립된 학문분과로 자리 잡을 수 있는 자격과 여건을 갖추었음을 밝히려 한다. 논의를 진전시키기 위해서 "교목학"의 정의에 관한 문제를 우선 다룰 필요가 있다. 필자는 교목학을 다음과 같이 정의하고자 한다.

교목학은 기독교 학교의 교목과 교목실이 학교의 기독교적 창립 정신 구현을위해 수행하는 제반 선교적, 교육적, 학문적, 정책적, 행정적, 실천적 과제와 이를 위한 이론에 관해 연구하는 신학 내의 한 분과 학문이다.

교목학의 명칭과 정의를 위와 같이 내린 배경과 이유는 다음과 같다. 첫째로, 교목학이라는 명칭은 기독교 대학의 창립 정신 구현을 위한 학문적인 연구를 해야 할 가장 큰 책임이 교목과 교목실에 있다는 사실을 명확하게 하기 위해 채택된 것이다.[9] 대학의 구성원 중에서 대학의 창립 정신과 그 구현에 관해 교목만큼 많은 시간과 생각을 할애하는 사람은 없을 것이다. 물론, 이사진, 총장단, 교무위원, 실처장 등의 중요 보직자들도 학교의 설립이념을

---

9) 이 글이 교목학을 신학의 한 분과 학문으로 제안한다는 점을 생각할 때 교목학에서 교목(실)이 중추적인 역할을 한다는 것은 납득할 수 있을 것이다. 교육학, 고등 교육학, 교육행정학 등의 관점에서 기독교 대학의 창립 정신 교육이라는 주제를 집중적으로 다룰 수도 있고, 그 경우 그런 연구 분야의 명칭과 학문적 주체가 달라질 수 있겠지만, 타 영역에서는 이런 연구가 아직 독립된 연구 주제로 부각되지 않고 있다.

중요하게 여긴다. 그렇지만 급하고 중요해 보이는 현안들이 늘 있기에 창립 정신 구현에 관해서 깊은 연구를 하기가 쉽지 않고, 또 임기 전이나 후에는 이에 관한 관심을 많이 갖지 못하는 것이 현실이다. 그러나 교목들에게는 평생 그 주제에 대해 생각하고, 연구하고, 논문을 쓰고, 실천하며, 시행착오를 통해 보완·수정하는 일을 지속적으로 해야 하는 과제가 학교로부터 위임되었다. 따라서 대부분의 기독교 대학에서 교목은 대학의 기독교적 창립 정신 구현에 관한 한 최고 전문가라 할 수 있다. 이론과 실천 영역의 지식을 겸비한 교목은 오랜 현장 경험을 토대로, 대학 전체가 창립 정신을 효과적으로 구현할 수 있도록, 총장 등 대학 운영자들을 위한 정책적인 지원을 하고, 학생, 교수, 직원들을 상대로 다양한 형태의 선교활동을 한다. 교목이 하는 활동이 대학의 창립 정신 구현을 위한 활동의 전부라고 할 수는 없지만, 교목이 하는 활동을 빼놓고는 대학이 창립 정신을 제대로 구현하고 있다고 할 수 없을 정도로, 대부분의 기독교 대학은 교목실을 설치하여 창립 정신 구현의 과제를 교목에게 맡기고 있다. 이런 점에서 볼 때, 교목학의 내용은 교목이 기독교적 창립 정신 구현을 위해 행하는 실천과 성찰이고, 교목학의 학문적 주체는 교목이지만, 교목학이 다루는 대상은 기독교 대학 운영과 교육 전체라고 할 수 있다.

둘째로, 교목학이라는 명칭은 "대학선교학"이나 "학원선교학", 혹은 "Campus Ministry"와 같은 명칭이 한계를 갖고 있기 때문에 고려하게 된 것이다. 앞의 명칭들은 특별한 검토 절차나 합의 과정이 없이 오랫동안 사용되어 왔는데, 이런 명칭은 대학이라는 장소에 초점을 맞춘 인상을 준다. 즉 여러 종류의 선교 중 대학 캠퍼스라는 장소에서 이루어지는 선교를 가리키는 용어처럼 들린다. 그러나 중요한 것은 장소로서의 대학 캠퍼스가 아니고, 고등교육기관으로서의 대학이다. 기독교 대학에서 학교 차원에서 이루어지는 선교는 학교의 기독교적 창립 정신의 해석, 연구·교육·행정 등 모든 영역에서 창립 정신을 구현하기 위한 제반 활동, 대학 구성원의 삶 속에서 기독교적 가치를 실현하도록 돕는 목회적 노력이 모두 포함된다. 그런 점에서 교목학이라는 명칭에는 창립 정신 교육이 대학의 교육 체계와 구별되는 별도의 선교 활동으로서가 아니고, 대학의 교육 체계 안에 스며드는 방식으로 시행돼야 하며, 모든 교육 활동의 목표가 되어야 한다는 점이 강조되고 있다고 말할 수 있다.[10]

III. 교목학과 채플린학

교목학이 무엇인지를 이해하기 위해서는 교목학의 상위 개념이라 할 수 있는 "채플린학"에 대한 이해가 전제되어야 한다.[11] 교목학을 영어로 어떻

---

10) 이런 측면에서 교목학은 기존의 대학선교학(Studies of University Mission)에 기독교고등교육학(Studies of Christian Higher Education)이 추가된 것이라고 볼 수도 있다.

11) Chaplain이라는 용어를 우리나라 말로 번역하는 것이 쉽지 않아서 "채플린"이라고 표기하며 이와 관련된 연구를 가칭 "채플린학"이라고 표기하려고 한다. 채플린학을 꼭 번역해야 한다면 아래에 설명하는 이유 때문에 "공공목회신학"이 어떨까 생각해보지만, 아직 이런 논의를 할 단계는 아닌 것 같다. 외국에서는 Chaplaincy Studies라는 명칭이 사용되고 있고 학위과정도 운영되고 있으나 국내에서는 이 명칭이 아직 사용되고 있지 않다. 그러나 공공영역에서 이루어지는 목회와 그를 위한 신학적 성찰에 관한 관심은 많이 확대되고 있다. 이런 관심은 주로 "공공신학"이라는 범주에서 이루어지고 있는데, 공공신학에서는 아직도 채플린에 의한 공공영역에서의 목회와 이에 관한 신학적 성찰에 관해서는 주의를 기울이지 못하고 있다. 채플린학은 공공신학과 공공 목회를 그 내용으로 포함하고 있다고 볼 수 있다. 현재 국내에서 공공신학의 관점에서 연구하는 학자가 늘어나고 있으므로 공공신학과 교목학, 채플린학 간의 상호 관계에 주목한다면 매우 유익한 연구가 나올 수 있을 것으로 전망된다.

게 표현하는 것이 적절한지 살피다 보면 교목학의 특성과 교목학이 신학 전 분야에서 차지하는 위치와 역할 등이 명확히 드러난다. 필자는 교목학을 영 어로는 School Chaplaincy Studies로 표기하는 것이 적절하다고 생각한 다.[12] 교목은 채플린 중에서 학교라는 영역에서 활동하는 목회자이다. 병원 의 원목, 군대의 군목 외 사회의 여러 영역에서도 목회자들이 채플린으로 활 동하고 있다. 교목학에서 연구하는 내용의 상당 부분은 다른 영역에서 활동 하는 채플린에게도 적용될 수 있다. 채플린은 공통적으로 이중적인 충성을 해야 하는 환경에서 활동을 한다. 한편으로는 본인의 신앙과 종교에 따라 교 단에서 안수를 받고, 지도를 받으면서, 교단에서 정해준 사명을 위해 활동을 한다. 다른 한편으로 채플린은 사회의 특수한 영역에 속하여 그 영역 내의 질서와 권위를 인정하면서 활동하게 된다. 교목과 다른 채플린의 차이는 그 영역이 학교가 아니고 병원, 군대 등이라는 것이다.[13]

----

12) 군목, 원목 등도 영어로는 Chaplain으로 표현하기 때문에 이와 구별하기 위해 교목 은 영어로는 School Chaplain으로 표현하는 것이 적절하다. 이는 초중고교와 대학 의 교목을 모두 지칭하는 표현이다. 대학 교목을 지칭하기 위해서는 University Chaplain 혹은 College Chaplain이라는 표현을 써야 할 것이다. (이런 점에서 "학교 교목"은 잘못된 표현이지만 "대학 교목"은 필요한 용어이다.) 필자가 이 글에서 논 의하는 내용은 주로 기독교 대학 현장을 고려하여 이루어진 것이지만, 그 내용 대부 분이 초중고교 등의 학교에도 적용될 수 있다. 따라서 이 글에서는 "대학 교목학," 혹은 "University Chaplaincy Studies"라고 굳이 특정하지 않고, "교목학" 혹은 "School Chaplaincy Studies"라는 표현을 사용하기로 한다. 초중고대 등 모든 학교 에 교목이 있고, 교목학은 이 모든 학교의 교육 현장을 대상으로 하지만, 교목학의 연구 주체는 대학 교목이라는 점을 재확인할 필요가 있다.
13) 또한, 같은 교목이라도 대학 교목은 초중고교의 교목과 다른 책임이 있음을 주지할 필요가 있다. 초중고교의 교목은 이중적 충성을 해야 하는 채플린으로서, 목사의 임무를 수행하지만, 또한 교사로서 교육과 관련된 자격을 갖추고 책임을 감당해야 한다. 대학 교목은 대학에서 교원으로 교육, 연구 등의 책임을 수행해야 한다. 교목 이 교원으로 대학에서 수행하는 연구 내용이 무엇이 되어야 하는지에 관해서는 아

전통적으로 신학 훈련을 받고 안수를 받은 목사가 교회에서 목회를 하는 것이 가장 일반적이었지만, 최근 사회 각 영역에서 안수 받은 목사로서 그 영역의 완전한 일원이 되어 사역을 하는 채플린들이 늘고 있다. 그동안 신학교에서 이루어지는 신학 교육의 내용은 주로 교회에서 목회할 목사 후보자들을 위한 것이었다. 그런데 채플린은 교회가 아닌 공적인 영역에서 사역을 하게 되므로 기존의 신학 교육에서는 다루지 않는 문제들을 만날 때 많은 어려움을 겪게 된다. 교회와 달리 채플린이 상대하는 대상은 주로 비기독교인이므로 기존의 교회를 위한 신학과는 근본적으로 다른 신학적 사고가 필요하다.[14] 아직 완전한 학문적 정체성을 갖추지는 못했지만 채플린학은 앞으로 중요한 학문 분야로 발전하게 될 것으로 예상되며 기독교 문화권에서 형성된 서구의 신학과 목회 모델의 한계를 극복할 수 있는 대안적 신학의

직도 합의가 이루어지지 않고 있다. 현재 국내 기독교 대학에서 교목으로 재직하는 교수들은 신학 내 다양한 전공 분야에서 박사학위를 취득하고 그 분야에서 학술활동을 하고 있다. 교목의 주된 연구적 관심이 기독교 대학의 창립 정신 구현과 관계된 주제여야 하는가, 아니면 자신이 교목이 되기 이전의 전공이어야 하는가, 둘 다라면 바람직한 비중은 어떤 것일까 등은 앞으로 진지하게 다루어야 할 중요한 질문이라고 생각된다.

14) 신학의 장은 매우 다양하다. 몰트만은 신학의 자리(locus theologicus)로 자신의 인격 내, 교회 공동체의 삶, 교회, 대학을 들고 있다. 그는 대학교라는 장소가 자신의 신학을 변화시켰는가라는 자문을 하고 그에 대해 그렇다고 답한다. "왜냐하면 대학교에서는 학문성에 대한 요구가 다른 학과들을 통하여 한층 더 고조되는데, 하나의 교회적인 신학대학에서보다는 분명히 더 크다. 나는… 신학을 더 조직적-학문적으로 발전시키기 시작하였[다.]… 아카데믹한 신학은 남녀 목사들과 남녀 종교교사들을 교육하는 교회적 신학을, 기독교인이든 아니든 간에 타학과들의 관심 있는 사람들을 위한 보편적 신학의 제의를 결합시키는 재주를 부려야 한다. 아카데믹한 신학은 다양한 분야들의- 역사학적, 언어학적, 철학적, 심리학적 학문들- 합성품이기 때문에, 신학에게 유익한 타학문들의 관심들과 교차한다." 몰트만 저, 김균진 역,『신학의 방법과 형식- 나의 신학 여정』(서울: 기독교서회, 2001), 26.

모델로 발전할 수 있다고 생각한다. 교목학의 학문적 정체성 확립은 기독교 학교의 창립 정신 교육을 위해서도 도움이 되겠지만, 학교가 아닌 다른 영역의 채플린 활동을 위한 이론적 토대를 제공할 수 있으며, 오늘날 사회적 관심을 확대하고 있는 교회를 위해서도 좋은 신학적 공헌을 할 수 있으리라 여겨진다.

IV. 나가는 말

서론에서는 역사적으로 중요한 족적을 남긴 두 분의 교목을 소개하고, 이 책의 중심 주제가 되는 교목학의 정의를 제안하고, 교목학과 채플린학의 밀접한 관계에 관하여 서술하였다. 이 내용은 제2장 "대학선교학(교목학)의 학문적 정체성"에서 더 깊게 다루었다. 이 책의 가장 핵심적인 주장은 2장에서 기술된다고 볼 수 있는데, 이는 교목학의 각론에 관한 논의는 여러 학자들을 통해 이미 많이 이루어졌지만, 이 모든 논의를 하나의 학문분과 아래 포함하고, 그에 상응하는 학문적 정체성이나 통일적 방법론을 모색하려는 시도는 전혀 없었기 때문이다.

3장 이후의 내용은 교목학의 각론에 해당한다고 볼 수 있다. 기독교 대학의 정관, 국가적 차원의 종교 교육의 사례, 기독교 이해 과목의 효과적 운영, 공학윤리를 통한 신학과 타학제간의 대화, 기독교 대학에서 세계관의 논의, 기독교 대학의 학풍의 중요성 등에 관한 글들은 전체적으로 볼 때 교목학의 다양한 주제를 다루고 있지만 빠진 부분도 있다는 것을 아쉽게 생각한다. 채플에 관한 연구는 교목학에서 매우 중요한데, 이 분야에 관해서는 이미 많은 학자들을 통해 다양한 양질의 연구가 수행되었으므로 이 책에는 포함시키지 않았다. 교목학의 방법론에 관한 논의는 필자가 오랫동안 관심을 둔 주제였는데, 이 책을 출판할 때까지 충분히 준비되지 않아서 다음 연구과 제로 미루기로 했다.

한국 기독교 대학의 통계*

1. 한국 기독교 대학이 차지하는 비중

구분	세분	대학	남학생	여학생	계	백분율
국공립과 사립대 비교	국공립 및 기타 대학	56	233,793	231,757	465,550	29.02%
	사립대학	212	565,254	573,214	1,138,468	70.98%
	전체 대학	268	799,047	804,971	1,604,018	100.00%
기독교 대학	개신교 대학	60	132,092	153,532	285,624	87.42%
	가톨릭 대학	14	20,922	20,191	41,113	12.58%
	개신교와 가톨릭 대학	74	153,014	173,723	326,737	100.00%

	정원	학교수
전체대학교	1,604,018	268
기독교 대학	326,737	74
백분율	20.37%	27.61%
개신교대학	285,624	60
백분율	17.81%	22.39%

* 재학생 기준: 대학- 대학교, 교육대학, 산업대학, 사이버대학(대학), 방송통신대학, 각종대학(대학), 기타대학, 기술대학 포함.
* 참고로 우리나라 전문대는 총 174개교, 416,836명의 학생이 재학하고 있으며, 그중 사립 전문대는 총 164개(94.25%) 학교가 있으며 재학생은 총 408,258명(97.94%)이 재학하고 있다.

---

15) 2016년 기준, 대학알리미 자료 참고(http://www.academyinfo.go.kr/)

2. 한국 기독교 대학 목록(개신교와 가톨릭 대학)

(1) 개신교 기독교 대학 목록 (총 60개 대학)

번호	학교	남	여	계
1	감리교신학대학교	530	267	797
2	강남대학교	2,801	3,740	6,541
3	경성대학교	5,585	6,506	12,091
4	계명대학교	9,804	10,985	20,789
5	고신대학교	1,814	2,148	3,962
6	광신대학교	198	248	446
7	김천대학교	1,406	1,972	3,378
8	나사렛대학교	1,805	3,201	5,006
9	남서울대학교	2,387	4,443	6,830
10	남서울대학교(산업대)	2,060	527	2,587
11	대신대학교	158	133	291
12	대전신학교	8	2	10
13	대전신학대학교	100	78	178
14	동서대학교	5,008	5,494	10,502
15	루터대학교	175	239	414
16	명지대학교	4,072	2,509	6,581
17	명지대학교, 제2캠퍼스	2,847	3,223	6,070
18	목원대학교	4,514	3,921	8,435
19	배재대학교	5,020	3,872	8,892
20	백석대학교	5,329	6,527	11,856
21	부산외국어대학교	4,066	4,459	8,525
22	부산장신대학교	122	134	256
23	서울기독대학교	221	414	635
24	서울신학대학교	673	1,527	2,200
25	서울여자대학교	0	7,027	7,027
26	서울장신대학교	240	241	481
27	성결대학교	2,455	2,800	5,255
28	성공회대학교	993	1,168	2,161
29	세종대학교	5,469	4,262	9,731
30	세종사이버대학교	2,154	2,149	4,303
31	순복음총회신학교	139	161	300
32	숭실대학교	6,663	4,544	11,207

33	숭실사이버대학교	1,785	2,062	3,847
34	아세아연합신학대학교	449	316	765
35	안양대학교	2,020	2,451	4,471
36	안양대학교, 제2캠퍼스	304	192	496
37	연세대학교	9,325	6,797	16,122
38	연세대학교(원주)	3,968	2,799	6,767
39	영남신학대학교	232	193	425
40	예수대학교	75	447	522
41	이화여자대학교	0	13,408	13,408
42	장로회신학대학교	354	267	621
43	전주대학교	5,345	5,308	10,653
44	중부대학교	4,409	3,543	7,952
45	창신대학교	377	775	1,152
46	총신대학교·	672	845	1,517
47	침례신학대학교	664	883	1,547
48	칼빈대학교	177	139	316
49	케이씨대학교	515	766	1,281
50	평택대학교	1,729	2,078	3,807
51	한국성서대학교	321	671	992
52	한남대학교	5,951	5,919	11,870
53	한동대학교	1,884	1,813	3,697
54	한세대학교	953	1,524	2,477
55	한신대학교	2,346	2,660	5,006
56	한영신학대학교	240	504	744
57	한일장신대학교	389	442	831
58	협성대학교	1,678	2,435	4,113
59	호남신학대학교	280	283	563
60	호서대학교	6,834	5,091	11,925
	계	132,092	153,532	285,624

(2) 가톨릭 대학 목록 (14개 대학)

번호	학교	남	여	계
1	가톨릭관동대학교	5,874	2,583	8,457
2	가톨릭대학교	2,899	3,800	6,699
3	가톨릭대학교, 제2캠퍼스	82	302	384
4	가톨릭대학교, 제3캠퍼스	136	35	171
5	광주가톨릭대학교	84	7	91

6	꽃동네대학교	165	300	465
7	대구가톨릭대학교	5,806	7,045	12,851
8	대전가톨릭대학교	59	3	62
9	목포가톨릭대학교	76	427	503
10	부산가톨릭대학교	1,375	2,232	3,607
11	서강대학교	4,043	2,940	6,983
12	수원가톨릭대학교	136	6	142
13	인천가톨릭대학교	78	1	79
14	인천가톨릭대학교, 제2캠퍼스	109	510	619
	계	20,922	20,191	41,113

대학선교학(교목학)의 학문적 정체성*

I. 서론

"대학선교학"은 1970년에 출범한 "한국기독교대학교목회"(The Association of Christian University Chaplains in Korea)가 1997년에 "한국대학선교학회"(The Korean Association for University Mission Studies)를 발족하고 2000년 2월에 학회지 「대학과 선교」(University and Mission) 창간호를

* 이 글은 원래 "신학 내 독립된 분과로서 '대학선교학'의 학문적 정체성에 관한 연구"라는 제목으로 「대학과 선교」 30집 (2016년 4월)에 발표되었음을 밝힌다. 당시에는 교목학이라는 명칭을 사용할 수 있는 분위기가 아직 성숙하지 못하여서 "대학선교학"이라는 명칭을 사용했다. 이 책에서 교목학이라는 명칭의 도입을 제안하고 있으므로 이 글의 제목을 "대학선교학(교목학)의 학문적 정체성"으로 변경하였으나 본문은 사소한 수정만을 하였다. 명칭이 교목학으로 바뀌어도 학문적 정체성에 관한 논의의 내용은 (명칭에 관한 논의를 제외하고) 모두 그대로 유효하다. 명칭에 관한 논의는 이 글 안에 자세하게 소개되었다.

발행하면서 본격적으로 발전되어 온 신학의 한 분야이다.[1] 그동안「대학과 선교」학회지를 통하여 총 29집, 273편의 논문이 발표되었고, 학회 회원들에 의해 많은 저술이 발간되었으며, 다른 학술지에 의한 인용 횟수가 증가해 왔으며, 국제적 학회를 비롯한 정기적 학회를 통하여 심도 있는 학술적 논의가 전개되어 왔다. 지금까지 대학선교학은 신학 내에서 독특한 관심 영역을 형성해 오면서 그 내용의 폭이나 깊이, 그리고 교회와 대학에 끼치는 영향력 면에서 지난 16년 동안 크게 발전해 왔다.

대학선교학의 발전에도 불구하고 지금까지 대학선교학의 학문적 정체성에 관한 본격적인 논의가 없었다. 심지어 "대학선교학"이라는 명칭에 대해서도 논의나 합의의 절차가 없었다.[2] 이제 대학선교학이 한 단계 더 학문적으로 발전하기 위해서, 또 그렇게 함으로 대학선교에 더 크게 공헌하기 위해서, 대학선교학이라는 울타리 안에서 다양한 주제들에 대해 논의를 하는 데서 한 발짝 물러서서 대학선교학의 학문적 정체성에 대해 깊은 성찰을 할 때가 되었다.

본 연구는 기독교 신학 내의 고유한 분과로 자리를 잡아가는 대학선교

---

1) 안승병, "한국 기독교 대학 학원선교의 역사 - 한국 기독교 대학 교목회를 중심으로,"「대학과 선교」3 (2001), 335.

2) 본 연구에서 채택한 "대학선교학"이라는 명칭은 "대학선교학회"라는 학회의 명칭에서 편의상 따온 것이다.「대학과 선교」에 실린 모든 논문의 본문을 검색한 결과 "대학선교"라는 표현은 총 512번 나오는 데 반해, "대학선교학회"라는 표현은 논문 출처를 위해 언급된 경우를 제외하면 단 7번 나오고, "대학선교학"이라는 표현은 단 한 번도 나오지 않는다. (다양한 띄어쓰기의 경우를 모두 반영) 이는「대학과 선교」에 실린 논문들의 관심이 대학선교라는 구체적인 과제에 집중되어 있으나, 학문으로서 대학선교학에 대해서는 무관심하다는 것을 드러낸다. 본 연구는 다른 합의된 명칭이 없으므로 잠정적으로 대학선교학이라는 명칭을 사용하지만, 그보다는 "교목학"을 더 적절한 명칭으로 제안한다. (참고: 본 논문 IV-2-(4))

학의 현재 상태와 특징, 한계 등을 살펴보고, 이를 근거로 앞으로 대학선교학이 독립된 학문 영역으로 확고하게 정립하기 위해 취해야 할 방안과 방향에 관한 제안을 하려고 한다.

이를 위해 본 연구는 첫째 부분인 서론 이후, 둘째로, 신학과 일반 학문의 학문체계가 어떻게 형성되었고, 새로운 세부분과는 어떤 과정을 통해 출현하는지 일반적인 상황을 살펴보려고 한다. 셋째로, 구체적인 사례를 검토하기 위해 선교학, 기독교교육학, 영성학의 분과 독립 과정을 분석하려고 한다. 이를 통해 어떤 학문 분야가 성공적으로 독립 분과로 발전하기 위한 세 가지 조건을 다음과 같이 추론해보려고 한다: 1. 학문적인 분위기의 성숙, 2. 학문적 내적 요건 갖추기, 3. 지속적 영향과 공헌을 위한 제도적 틀 마련. 넷째로, 대학선교학의 현재의 학문적인 상태를 진단하고, 미래 발전을 위한 과제를 제시하기 위해 앞의 세 가지 조건을 대학선교학에 적용하여 평가하려고 한다. 마지막으로는, 지금까지의 논의를 요약하고 대학선교학이 학문적인 완성도를 더 높이기 위해 어떤 과제들이 필요하며 구체적으로 어떤 로드맵을 설정해야 할지를 제안하고 이러한 발전이 신학 전반, 더 나가 한국의 인문학 전반에 어떤 공헌을 할지를 평가하려고 한다.

II. 신학과 일반 학문에서 세부분과의 출현 과정

1. 일반 학문의 체계와 분과 학문의 발전

오늘의 대학의 학문체계에 이르기까지 발전되어 온 학문의 역사는 새로운 분과 학문의 출현과 독립의 역사라고 할 수 있다. 대학 내 학문체계의 중요한 부분을 차지하고 있는 자연과학 분야는 중세 대학에서 오랫동안 신학과 철학의 한 부분으로, 혹은 이를 위한 준비과정으로 여겨졌었다. 16, 17세기를 통해 일어난 "과학혁명"의 결과 "경험·실험적", "수학적", "기계론적" 특징을 갖는 과학적 방법이 확립되고, 이에 근거한 "과학 정신"으로 인간과 세계를 합리적으로 설명할 수 있다는 확신이 확산되면서 과학은 철학이나 신학에서 분리되어 독자적인 학문 영역을 이루게 되었다.[3] 그러나 이러한 과학적 연구는 대학 밖의 학회를 중심으로 이루어졌고 대학 내 학문체계에는 큰 변화가 없었다.[4] 19세기에 이르기까지 과학의 여러 세부 영역이 발전을 이룩하면서 물리학, 생물학, 화학 등의 전문 과학 분야가 등장하게 되었고, 이와 함께 전문 직업, 전문 학자, 학회, 학술지, 교과서 등이 갖춰지면서 19세기 말이 되어서야 비로소 과학은 대학의 학문체계 안에 편입되었다. 그 이후에도 학문의 분화, 통합의 과정이 계속되었지만, 오늘날 대학의 학문체계는 이때 어느 정도 큰 윤곽이 형성되었다고 볼 수 있다.[5] 학문의 분화는 과학의 경우뿐 아니라 인류학, 심리학, 경제학, 사회학 등 사회과학 분야에서도 일어났고, 인문학 분야에서도 다양한 형태로 일어났다.

　　오늘날 대학의 학문체계는 어느 때보다 복잡하고 변동적이다. 현재 전 세계적 학문체계의 구조를 모두가 동의할 수 있는 방식으로 파악하는 것은 불가능하다. 어떤 관점에서 분류하느냐에 따라 매우 다른 숫자와 분류 방식이 나올 수 있다. 오늘날 중요하게 여겨지는 학문 분류 체계로는 미국의 National Center for Education Statistics의 Classification of Instructional Programs(CIP)[6]와 영국의 Higher Education Statistics Agency의 Joint

---

3) 김영식, 『과학, 인문학, 그리고 대학』(서울: 생각의 나무, 2007), 54,56,57.
4) Ibid., 67.
5) Ibid., 71,73.

Academic Coding System(JACS)[7] 그리고 Web of Science의 Subject Areas[8]가 있고, 국내 경우는 한국연구재단 학술연구분야분류표를 중요한 분류 체계로 고려할 수 있다.[9] 최근의 세계적인 학문분류 방식의 추세는 전통적인 학문 분류 방식을 따르거나 논리적인 관계에 따라서 세부 학문이 분류되는 것이 아니라 학자군, 발표되는 논문의 영향력, 학회 활동, 대학 내 교육 및 연구의 기반 등과 연관하여 분류된다는 것이다. 특히 최근에 학문 간 융합이 활발하게 일어나면서 여러 새로운 학문 분야가 조합되어 등장하며, 이들은 모두 경쟁적으로 독자적인 학문성을 인정받기 위한 노력을 기울이고 있다. 국내 경우도 최근에 여러 영역에서 독립된 분과 학문으로 인정을 받기 위한 연구물들이 눈에 띄게 많이 나오고 있다.[10]

---

6) http://nces.ed.gov; 미국의 CIP는 총 60개의 대분류 항목이 있는데, 그 중 신학과 관계되는 항목은 38) Philosophy and Religious Studies와 39) Theology and Religious Vocations이다. CIP 분류의 특징은 매우 세부적인 영역까지 분류하여 중분류 아래 세분류도 포함한다는 것이다. 예를 들자면 39)에 속한 Theological and Ministerial Studies 분류 아래는 다음과 같은 세분류 영역이 포함된다: Pastoral Studies/Counseling, Youth Ministry, Urban Ministry, Women's Ministry, Lay Ministry, Others.

7) http://www.hesa.ac.uk; JACS는 총 142개의 대분류 항목을 갖고 있다. 그 중 신학을 포함하고 있는 항목은 V600 Theology and Religious Studies이다. 이 아래 6개의 중분류가 있고 (Theology, Religious Studies, Divinity, Religious Writings, Pastoral Studies, Others) 그 아래 한 단계 더 세부적인 영역이 있다.

8) Thomson Reuters에 의해 관리되는 Web of Science는 총 250개의 세부 분야를 갖고 있는데 그 중 Art & Humanities Citation Index (A&HCI)는 Philosophy, Religion을 포함하여 총 27개의 세부 분야를 포함하고 있다.

9) http://www.nrf.re.kr/nrf_tot_cms/show.jsp?show_no=182&check_no=178&c_relation=0&c_relation2=0

10) 몇 가지 분야를 예를 들자면 외국어로서의 한국어 교육, 비서학, 경호학, 소방학, 여가학, 지역언론학 등이 그 경우이다.

2. 신학의 학문체계와 세부분과

신학은 전통적으로 교의학, 즉 오늘의 조직신학을 뜻하였다. 신학이 오늘과 같은 세부적 학제를 포함한 구조로 발전하게 된 데는 슐라이에르마허의 공이 크다. 그는 1830년에 신학을 철학적 신학, 역사적 신학, 실천신학으로 구분하면서 처음으로 실천신학이라는 영역을 신학의 체계 안에 도입했다.11) 그 이후 신학은 더 세부적인 분화가 일어나면서 기독교 교육학, 윤리학, 선교학, 목회학, 예배학, 설교학, 상담학 등의 분야가 고유한 연구 대상과 방법과 목적을 갖는 세부분과로 자리를 잡게 되었다.

신학이 세부 영역으로 분화됨에도 불구하고 이 모든 분야를 신학이라고 할 수 있는 이유는 모든 신학 영역을 관통하는 내적 통일성이 있기 때문이다. 그 근거를 김균진은 다음의 세 가지로 든다. 첫째로, 다양한 개별 분과가 많음에도 불구하고 신학 전체는 다음과 같은 통일된 구조 속에서 이해할 수 있다: (1) 과거의 증언에 관심하는 역사적 영역(구약학, 신약학, 교회사), (2) 현재의 증언에 관심하는 신학적 영역(교의학 혹은 조직신학, 변증학 등), (3) 증언의 실천을 다루는 실천적 영역(기독교 윤리학, 교육학, 상담학, 설교학, 예배학, 선교학, 교회 헌법학, 교회 행정학 등). 둘째로, 신학의 모든 영역은 삼위일체 하나님, 창조, 인간의 타락, 예수 그리스도를 통한 구원과 하나님의 나라 등 기독교 신앙의 기본 내용을 믿으며, 성서를 하나님의 말씀으로 믿고, 하나님의 나라를 이루기 위한 이론과 실천에 참여한다는 일치점을 갖고 있다. 셋째로, 신학의 세부 영역들은 각각의 특정한 대상과 방법이 있지만, 모두에게 공통된 신학적 내용을 갖고 있다. 모든 세부 영역을 신학적으

---

11) 김광식, 『조직신학 I』(서울: 대한기독교서회, 1988), 35-36.

로 연결하는 신학적 통일성은 조직신학을 통하여 이루어진다.[12]

또한, 세부분과가 학문성을 인정받으려면 일정한 요건을 갖추어야 하는데, 김균진은 신학의 학문적 요건으로 개념의 명료성, 논리적 일관성과 합리성, 방법의 일관성, 성서적 근거, 실천과의 구별, 교회의 간섭으로부터의 자유, 자기 비판능력을 들고 있다.[13]

신학의 학문체계와 세부분과의 구분은 시대적 문화적 상황에 따라 변동이 있어왔다. 오늘날 한국의 경우 신학 체계를 분류하는 다양한 입장들이 있다. 김광식은 김균진의 분류와는 조금 다르게 신학 체계를 다음과 같이 네 분야로 나눈다: (1) 성서신학(구약학; 신약학), (2) 역사신학(교회사, 에큐메닉스; 교리사), (3) 조직신학(교의학, 변증학, 종교학; 윤리학), (4) 실천신학(목회학: 예배학, 설교학, 상담학; 교육학; 선교학).[14]

신학의 학제적 구조의 형성 과정과 현재의 현황을 살펴보면서 고려해야 할 점은 신학의 학문체계는 그 구조가 논리적이고 불변하는 것이라기보다는, 역사적 상황과 관점에 따라 달라질 수 있다는 것이다. 신학 체계의 상위 구분은 크게 바뀌지 않지만, 세부 차원에서는, 특히 실천적 영역에서는, 끊임없이 변동이 일어나고 있다는 것도 중요하게 여겨야 한다.[15] 몇 가지 세

----

12) 김균진, 『기독교 신학 I』 (서울: 연세대학교 출판부, 2009), 47.

13) Ibid., 43-45.

14) 김광식, 『조직신학 I』, 36.

15) "오늘날 대학 내에서 분과 간의 경계가 모호해지고, 직업교육이 강화되고, 이에 따라 교육 과정 개편의 논의가 활발하게 진행되는 것이 신학교에 끼치는 영향이 중대하다. 슐라이에르마허에 의해 제안된 근대적 학문분류체계에 근거한 오늘의 교육 과정 구조가 이론과 실천의 분리를 너무 강조하고, 이성적이고 보편적인 지식을 높게 평가하지만 다른 형태의 지식을 경시하는 문제가 있다는 인식이 확장되고 있다. 신학교 교육 과정 개혁의 요구는 학생, 교회, 일부 학계에서 제기되었다. 최근 수십 년간 개혁에 관한 다양한 제안이 있었는데, 대부분 개혁 요구의 핵심은 이론과 실천

부분과의 사례를 살펴보면서 대학선교학이 신학의 학문체계 내 세부분과로 자리 잡을 수 있는지 그 가능성과, 방법을 살펴보려고 한다.

III. 신학 내 세부분과 출현의 사례: 선교학, 기독교교육학, 영성학

1. 선교학의 출현과 그 학문적 정체성

선교의 역사는 기독교의 역사이므로 신학의 역사보다 더 오래된다. 그러나 독립된 분과 학문으로서의 선교학의 역사는 19세기부터 본격적으로 시작했다고 볼 수 있다. 선교학의 학문적 정체성에 관한 연구를 수행한 중요한 학자로 네덜란드 선교학자인 용어네일(Jan Arie Bastiaan Joneneel)을 들 수 있다. 그에 의하면 선교(mission)라는 용어는 예수회에 의해 16세기부터 사용됐지만, 선교학은 19세기 후반에 와서야 하나의 독립된 학문 분야로 인식되기 시작했다. 그 전에는 다른 신학 분과의 틀 안에서 선교에 대한 강의와 연구가 진행되었었다.[16] 그러다가 점차 선교학은 독립 분과로서의 내적 · 외적 여건을 갖추어 가면서 그 학문적 정체성이 확고해졌다. 선교에 관한 연구를 위한 전임 교수직이 최초로 생긴 것은 1867년 에딘버러였고, 선교학(missiology)이라는 용어는 1915년에 처음 등장했으며, 제2차 세계대전 이후에야 대부분의 신학자들에 의해서 이 학문 분야를 지칭하는 용어로 받아

의 통합에 관한 것이다." John E. Paver, *Theological Reflection and Education for Ministry*. (Abingdon, GB: Routledge, 2016), 1.

16) 용어네일/ 김경재 외 옮김, 『선교와 선교학』(서울: 한들출판사, 2005), 146.

들여졌다.[17]

선교학이 학문적 정체성을 갖추는 과정에서 고려해야 할 중요한 질문을 용어네일은 레이 하트(Ray Hart)의 견해를 따라 다음과 같은 네 가지 W로 표현한다.: What(무엇이 연구되는가?), Who(누가 연구를 하는가?), Where(어디에서 연구가 되는가, 즉 연구자가 어디에 속해 있는가?), Whom(누구를 위해 연구가 되는가?).[18] 용어네일은 특히 Who(연구자가 기독교 신앙에 헌신한 자인가, 객관적인 관찰자인가)와 Where(신학교인가 일반 대학인가)에 초점을 맞추면서 선교학은 신학적 성격과 종교학적 성격을 모두 가진 학문이라고 주장한다. 이러한 분석에 근거하여 그는 선교학의 하부 분야로 (1) 선교철학, (2) 선교과학 혹은 경험적 선교학, (3) 선교신학을 거론한다.[19] 이에 따르면 선교철학과 선교과학은 각각 종교철학과 종교학에 대응하는 선교학 내 세부 분야로서 국립대학의 학문적 틀 속에서도 종교철학과 종교학이 그 학문성을 의심받지 않는 것처럼, 선교학의 이 두 분야는 분명하게 학문성을 지니고 있다고 주장한다. 세 번째 분야인 선교신학은 신학에 대응되는데, 신학은 기독교적인 신앙을 가진 학자들에 의해서 연구되는 학문이기 때문에, 국립대학에 신학과가 없는 것에서 보는 것처럼, 그 학문성을 보편적으로 인정받기가 쉽지는 않다.[20] 용어네일은 이에 대해, 학문을 하는 데 개인적인 헌신이 반드시 장애가 되는 것은 아니라고 주장하면서 진화론, 마르크스주의, 프로이트주의 등에 헌신 된 사람들도 학자로서 존중받고 있다는 사실을 상기시킨다.[21] 즉 기독교적 헌신을 한다고 해서 학문

---

17) Ibid., 140-141.
18) Ibid., 142.
19) Ibid., 150-156.
20) Ibid., 152.

성을 의심받아서는 안 되고, 더욱이 선교학 전체는 확고하게 학문성을 확보하고 있는 선교철학과 선교과학을 포함하고 있으므로 그 학문성이 견고하다고 주장한다.

용어네일의 선교학의 학문성 옹호에 관한 이런 논의는 기독교적인 연원을 갖고 출발했지만, 세속화 과정을 통해 신학이라는 학문의 설 자리가 위협을 받고 있는 서구의 대학의 상황을 주로 고려하여 도출된 입장이기 때문에 우리나라의 현실과는 조금 거리가 있다. 그의 논의가 한국 내 선교학의 학문적 정체성을 논하는 데는 큰 도움을 못 줄지 모르지만, 대학선교학의 학문적 정체성을 논하는 데는 시사하는 바가 크다. 나중에 더 자세하게 살펴보겠지만, 대학은 무엇보다도 학문 공동체이기 때문에 대학선교학은 종합대학 내에서의 학문적 위상에 대해 심각하게 고민을 할 수밖에 없고, 이는 한 분과 학문으로서 대학선교학의 정립과 발전을 비롯하여 효과적인 대학선교를 위해서 매우 중요한 사항이 된다.

선교학의 학문적 위상에 관한 연구를 한 국내 학자로서는 김상근을 들 수 있다. 한국 기독교는 그 시초부터 선교와 밀접한 연관을 맺어 왔지만, 학문으로서의 선교학은 아직도 확고하게 자리 잡았다고 할 수는 없다. 김상근은 2006년에 "선교학이 어떤 학문인지 자리매김을 통하여 신학의 한 학문영역으로 그 전문성을 획득할 수 있는지에 대해 검토할 때가 이르렀다"라고 지적했다.[22] 구체적으로 선교학은 신학교육의 체계 안에서 학문적으로 어떤 위치에 있는지, 타 신학 분과와 어떤 관계를 정립해야 하는지, 문화인류학, 에큐메닉스, 교회사와 같은 인접 학문과 어떤 교류를 해야 하는지, 선교학은

---

21) Ibid., 15-156.
22) 김상근, 『선교학의 구성 요건과 인접 학문』(서울: 연세대학교출판부, 2006), 15.

근본적으로 실천신학의 한 분야인지, 아니면 조직신학의 한 분야인지 등에 대해 깊은 검토를 해야 한다고 그는 말한다.[23] 김상근은 선교학의 가장 중요한 특징으로 다학제성을 들고 있다. 선교학은 "복음의 종교적 의미가 문화권과 언어영역을 넘어서 전달되는 과정과 방법을 총괄적으로 연구하는 학문으로 출발했기 때문에" 기독교 신학의 기본적 요소를 두루 포함하고 있다는 것이다. 김상근은 선교학의 하부 연구 영역으로 다음의 다섯 분야를 들고 있다: (1) 타문화 이해를 위한 종교사학, 비교종교학, 문화인류학 분야, (2) 선교의 성서적 기초와 교회론적 접근을 위한 선교신학 분야, (3) 전도학, 교회성장학, 커뮤니케이션 이론, 종교사회학 분야, (4) 에큐메닉스, (5) 선교역사.[24] 그 외에 선교학과 관련 있는 학문 분야로 지역학, 인구통계학, 의학, 기호학, 리더십 연구 등의 특정한 분야를 열거하기도 하였다.[25] 이는 용어네일의 분류처럼 체계적이라기보다는 나열식이지만 현재 한국의 선교학의 상황과 과제에 대해 도움이 되는 분석이라 할 수 있다.

이상에서 신학 내 세부분과로서 선교학의 출현과 정립, 그리고 그 학문적 정체성에 관한 논의를 살펴보았다. 이 논의가 본 연구를 위해 크게 두 가지 면에서 중요한 의미를 갖고 있다. 첫째는, 선교학은 신학 안에서 한 분과가 어떤 과정을 거쳐 새롭게 형성되는지에 대한 좋은 사례를 제공해준다. 둘째로, 대학선교학은 그 명칭이나 내용을 볼 때 선교학과 밀접한 연관을 가질 수밖에 없으므로 선교학이 학문적인 독립을 위해 고민했던 문제들은 대학선교학에도 중요하게 다뤄질 수밖에 없다. 그러나 선교학과 대학선교학의 관계를 어떻게 설정할 것인가에 따라 선교학의 사례가 대학선교학에 주는

---

23) Ibid., 15-16.
24) Ibid., 27-28.
25) Ibid., 167-408.

의미는 달라진다. 대학선교학을 선교학의 한 세부 분야로, 즉 의료선교, 군선교, 산업선교, 농촌선교 등과 나란히 "학원선교"의 차원으로만 이해한다면, 선교학이 자신의 학문적 정체성을 규정하기 위해 논의했던 것들을 그대로 대학선교학에 적용할 수 있을 것이다. 그러나 대학선교학이 선교학의 부분집합이 아니고, 선교학의 범주를 넘어가는 영역을 갖고 있다면, 대학선교학은 선교학이 수행했던 논의를 상당 부분 참고하되 근본적으로 새롭게 학문적 정체성을 위한 논의를 진행해야 할 것이다.

2. 기독교교육학의 출현과 그 학문적 정체성

기독교교육학도 선교학처럼 신학 내에서 하나의 독자적인 전문영역으로 오랫동안 인정을 받아왔지만, 그 학문적 정체성에 관해서는 계속하여 논쟁이 진행되고 있다.[26]

기독교교육학의 상위 학문이라고 할 수 있는 교육학도 그 학문적인 정체성을 확립하는 데 많은 시간이 걸렸다.[27] 김재웅은 교육학이 하나의 분과학문으로 자리를 잡기 위해서는 다음과 같은 일반적인 요건을 갖춰야 한다고 제시했다: (1) 분과 학문의 탐구 대상이 분명해야 한다. (2) 그 대상을 탐구하는 연구 방법을 갖추고 있어야 한다. (3) 탐구의 과정과 결과에서 내적

---

26) 오인탁, "기독교교육학이란 무엇인가?" 오인탁 편, 『기독교 교육학 개론』 수정증보판 (서울: 기독한교, 2012), 32.
27) 『한국교육학회 50년사』에 의하면 한국교육학은 1953년부터 2003년까지 (1) 학회의 창립과 정초, (2) 학회 활동의 활성화, (3) 교육과학의 분화, (4) 한국교육학의 이론적 탐구, (5) 한국교육학의 학문적 이론 수립의 단계를 걸쳐 비로소 학문적 정체성을 수립하게 되었다고 한다. 한국교육학회50년사 편찬위원회 편, 『한국교육학회 50년사』 (서울: 도서출판 원미사, 2003), 4-22.

규율이 엄격하게 지켜져야 한다. (4) 분과 학문 분야에 종사하는 학자들의 공동체인 학회가 중심이 되어 학문 활동을 전개하고 그 결과를 학술지를 통해 발표하여야 한다.[28] 교육학이 종합대학 내 하나의 독립된 분과 학문으로 자기 정체성을 수립해야 했던 것은 교원양성과정을 담당하던 사범학교가 종합대학 내의 사범대학 혹은 교육대학으로 발전되는 과정을 통해서이다. 교육학은 오랫동안 전문적 실천에 관심을 두어 왔기 때문에 이 과정 초기에서 학문적 수월성을 추구하는 다른 학문 분야와 경쟁하기가 쉽지 않았다. 종합대학에 편입되는 단계에서부터 많은 저항이 있었으며, 어떨 때는 이류 학문이라는 비판을 받기도 했다.[29] 김재웅은 교육학이 오랜 시련의 기간을 걸쳐 어느 정도 학문적 위상을 갖추게 되었지만[30], "교육학의 학문적 정체성"에 관한 깊은 더 깊은 성찰이 없이는 교육학이 앞으로 설 자리가 없어질 것이라고 경고하고 있다. 그에 의하면 교육 현장의 문제에 관한 학문은 "학교연구" 또는 "학교학"이라고 부르는 것이 더 적절하고, 교육학은 교육현상을 더 본질적으로 다루는 학문으로 거듭나야 한다고 제안한다.[31]

　　오인탁은 기독교교육학의 특징을 다학제성, 이론-실천의 이중구조, 연구 대상의 포괄성으로 들고 있다.[32] 이 중 세 번째 특징은 기독교교육학이

....

28) 김재웅, "분과 학문으로서 교육학의 위기에 대한 비판적 고찰,"「아시아교육연구」 13, no. 3 (2012), 2.

29) Ibid., 4, 13, 19.

30) 한국교육학회는 2012년 8월 현재 3,000명이 넘는 개인 회원과 100개의 기관회원을 거느리고 있고 22개의 분과학회를 유지하고 있다. 또한, 46개의 사범대학, 10개의 교육대학, 사범대학 없이 사범계 학과가 설치되어 있는 56개 대학, 교직과정만 설치되어 있는 58개 대학 등이 있을 정도로 그 위상이 매우 견고하다고 평가한다. Ibid., 2.

31) Ibid., 18-19.

32) Ibid., 32-34.

"인간을 구원에로 교육하시는 하나님의 모든 섭리를 연구의 대상으로" 삼고 있다는 의미이다.[33] 따라서 개인의 성장발달은 물론, 가정, 교회, 사회, 국가, 문화, 더 나아가 하나님의 창조세계 전체가 기독교교육학의 연구의 대상이 된다는 것이다. 오인탁은 기독교교육학의 세부 영역으로 (1) 기독교교육, (2) 성인교육, (3) 사회화와 이념비판, (4) 신학교육, (5) 기독교 비교교육학, (6) 기독교 정보 교육학 등을 들고 있지만, 이 목록은 완전하거나 불변하는 것이 아니고 언제나 변동이 가능하다고 말한다.[34]

오인탁은 기독교교육학의 학문적인 위상을 판단하는 데 학문의 내적 통일성과 함께 다음과 같은 외적 여건도 중요하게 고려해야 한다고 지적하며, 오늘날 한국의 기독교교육학은 이 조건들을 대부분 만족시키고 있다고 주장한다: (1) 이 분야를 연구하고 교수하는 학자층이 충분히 형성되어 있는가, (2) 대학에서 독립된 전공학과로 설치되어 계속해서 졸업생을 배출하고 있는가, (3) 석사와 박사 과정을 통하여 계속해서 후진 학자들이 배출되고 있는가, (4) 졸업생들이 전문 영역의 전문가로 인정받아 활동할 수 있는 진로가 확보되어 있는가, (5) 일반적 신학교육과정에서 필수 이수 영역으로 기능하고 있는가.[35]

3. 영성학의 출현과 그 학문적 정체성

다음으로 살펴볼 신학 내 세부분과는 영성학이다. 영성학이 하나의 독립적인 학문 분야로 자리를 잡게 된 데는 슈나이더스(Sandra Schneiders)의

---

33) Ibid., 34.
34) Ibid., 39.
35) Ibid., 39-43.

공헌이 큰데, 특히 1986년에 발표한 한 편의 논문, "Theology and Spirituality: Strangers, Rivals, or Partners?"가 매우 결정적인 영향을 끼쳤다.[36] 이 논문은 오랜 전통을 갖고 있지만, 학문 분야로서는 인정을 받지 못했던 영성에 관한 연구가 중요한 학문분야로 자리 잡게 하는데 큰 공헌을 함은 물론, 신학 전반의 학문적 성격과 분과의 경계에 대해 새로운 접근을 하게 하는 계기를 마련했다. 이 논문에서 슈나이더스는 영성이라는 현상(spirituality phenomenon)은 초대교회부터 기독교인의 신앙생활에서 매우 중요한 관심사였고, 기독교뿐 아니라 유대교, 불교, 혹은 종교의 영역 밖에서도 많은 관심을 받아왔다고 말한다. 그러나 학문의 대상으로서의 영성에 대한 논의는 20세기 전반부에 와서, 특별히 Tranquerey와 Pourrat의 공헌을 통하여 확장되었다고 한다.[37] 이들을 통해 영성학의 명칭, 연구 대상, 내부적 구조, 자료, 방법, 타 신학분과와의 관계 등에 관해 중요한 근거가 마련되었다.[38]

그 후 20세기 후반부로 넘어오면서 영성의 개념은 좀 더 일반적이고 포괄적인 의미를 갖게 되었는데, 슈나이더는 영성의 정의에 대해서 다음과 같은 합의가 이루어졌다고 판단한다: "지속적이고 변혁적인 방식으로 인간을

---

36) Sandra M. Schneiders, "Theology and spirituality: Strangers, Rivals, or Partners?," *Horizons* 13. no 2 (1986): 253-274.

37) 앞의 논문, 262.

38) 영성학(spirituality)이라는 용어는 "science of the life of perfection," "spiritual theology," "ascetical theology," "mystical theology" 등 여러 단계를 거쳐 확정되었다. 영성학의 연구 대상은 "기독교적 삶의 완전(the perfection of the Christian life)"이며, 이는 "무엇을 믿어야 하는가"라는 질문을 탐구하는 교의학이나 "무엇을 행해야 하는가"라는 질문을 탐구 도덕신학보다 더 중요한 "어떻게 완전한 삶에 이르는가"라는 질문을 탐구하는 학문이라고 했다. 영성학의 내부 구조는 이론(speculation), 실천(practice), 기술(art) 분야로 이루어진다. 영성학의 자료는 계시(성경과 전통)와 합리적 지식(신앙과 경험)이다. 영성학의 방법론으로는 연역적 방법과 귀납적 방법이 둘 다 허용된다. 앞의 논문, 261.

궁극성의 지평 안에 위치시키고 그 안에서 방향을 잡게 함으로, 삶 전체(the whole of life)와 온전한 삶(life in its wholeness)에 통일성과 의미를 가져다 주는 자기 초월성."[39] 또한, 기독교 영성의 정의는 "성령의 은사로 믿음의 공동체에 속하여 그리스도 안에서 하나님으로부터 생명을 받는 관계를 확립함으로 자기 초월성을 실현하는 것"으로 내릴 수 있다고 말한다.[40] 이런 면에서 볼 때 영성의 핵심은 고립이나 자기 몰두에서 벗어나 궁극적 가치를 향해 자기를 초월함으로 삶의 온전성을 이루기 위한 노력이라고 볼 수 있다.

슈나이더스는 오늘날 영성학은 학문적으로 어느 정도 자리를 확고하게 잡았으며 다음과 같은 여덟 가지의 학문적 특징이 있다고 말한다. (1) 영성학은 규범적/평가적이지 않고 기술적/분석적이다. (2) 영성학은 다학제적이다. (3) 영성학은 에큐메니칼적이고 간문화적이다. (4) 영성학은 포괄적/전일적이다. (5) 영성학은 참여적이다. (6) 영성학은 원리나 일반적 유형이 아니고 구체적인 개체(사람, 일, 사건 등)를 연구의 대상으로 삼는다. (7) 영성학은 다음의 삼중의 목표를 위해 연구된다: 영성을 이해하기, 자신의 영성을 강화하기, 다른 사람의 영성을 강화시키기. (8) 영성학은 아직도 완숙한 상태에 이르지 못했다.[41] 최승기는 슈나이더스의 영성학 방법론의 특징을 해석학적 방법론, 학제간 방법론, 자기-참여적 방법론으로 요약한다.[42]

슈나이더스는 영성학이 아직 독립된 학문 분야로 완전하게 인정을 받지

---

39) "Self-transcendence which gives integrity and meaning to the whole of life and to life in its wholeness by situating and orienting the person within the horizon of ultimacy in some ongoing and transforming way." 앞의 논문, 266.
40) 앞의 논문, 266.
41) 앞의 논문, 267-269.
42) 최승기, "영성학 방법론 탐구: 산드라 슈나이더스(Sandra M. Schneiders)를 중심으로," 「신학논단」 77 (2014), 307-318.

는 못했지만, 사춘기를 지난 아이와 같이 매우 빠르게 학문성을 확보해 나가고 있다고 자신한다. 그 근거로 점차적인 용어의 통일, 연구 대상과 연구 도구의 확대, 학자의 수 증가, 논문과 출판물의 질적·양적 발전, 영성학 전문 백과사전 출판, 영성학 전집 출판, 활발한 학회활동, 우수한 박사과정 입학생의 증가, 학위 취득 후 지원할 수 있는 교수직의 증가 등을 들고 있다.[43]

슈나이더스는 영성학의 학문적 위상을 확인하기 위해 영성학의 장에 대한 고려도 해야 한다고 주장한다. 영성학의 다학제적이고 인문학적이며 간문화적인 성격을 강조한다면 종합대학이라는 장이 적절하다. 영성학의 기독교 고백적인 측면을 강조하면 아카데믹한 신학학위를 주는 신학 과정이 있는 신학교가 적절하고, 영성학의 실제적 측면을 강조하면 목회자 교육을 주로 하는 신학교가 적절하다고 말한다.[44] 영성학이 그 자체로서 고유한 학문적 정체성을 갖고 있었지만, 오랫동안 신학 내 한 분과 학문으로 인정받지 못했던 중요한 이유로 슈나이더스는 영성학 자체의 문제보다는 기존의 신학 체계와 신학의 경직성을 들고 있다. 슈나이더스는 영성학은 고유한 연구 영역을 확보하고 있고, 방법론과 접근 방식이 잘 정리되어 있고, 목적이 뚜렷하기 때문에 신학 내 한 분과 학문으로서 독립할 충분한 자격을 갖추고 있으나, 기존의 신학 분과 분류체계 안에서는 그 정확한 위치를 정하기 힘들 정도로 기존의 신학적 체계에 도전을 주고 있다고 평가한다.[45]

---

43) Schneiders, 앞의 논문, 256,269.
44) 앞의 논문, 271.
45) 앞의 논문, 272.

IV. 대학선교학의 학문적 정체성

지금까지 학문 일반에서, 그리고 신학 내에서 세부분과 형성의 중요성과 그 사례들을 살펴보았다. 이상 검토한 바에 의하면 한 특정 연구 영역이 학문적으로 발전하기 위해서는 고유한 독립분과로서의 정체성을 공고히 하는 것이 필수적이다. 위의 다양한 사례들을 종합하여 볼 때 고유한 독립분과가 형성되기 위해서는 적어도 다음의 세 가지 조건이 만족돼야 한다는 것을 추론해 볼 수 있다.

첫째, 학문적으로 성숙한 분위기가 충분히 조성되어야 한다. 해당 분야에 대한 논의가 엄격한 학문적인 형식을 갖추지 않았을지라도 충분히 오랫동안 축적되어 왔는지, 해당 분야에 관한 연구 결과를 발표할 수 있는 학술지나 학술 발표회가 안정적으로 유지되고 있는지, 해당 분야를 전문적으로 연구하는 충분한 수의 학자와 학회가 존재하는지, 해당 분야의 다양한 연구들이 어느 정도 체계적인 형태를 갖추면서 그 분야의 개론, 총론, 교과서, 전집, 백과사전의 형태로 출판되었는지 등이 구체적으로 고려해 봐야 할 조건들이다.

둘째, 내적으로 학문으로서의 기본적인 요건을 갖추어야 한다. 상위 학문분과 및 유사 학문분과와의 연관성 속에서 볼 때 명확하게 고유한 연구 영역이 설정되어 있는지, 연구 대상과 목적은 명확하게 규정되어 있는지, 관련 분야 전체를 아우르는 통일된 이론과 방법론이 마련되어 있는지, 하부 세부 영역이 체계적으로 구성되어 있고 종적, 횡적으로 정합적인 연관성을 유지하고 있는지, 해당 분야의 명칭은 그 연구 대상과 목적을 적절하게 반영하고 있는지 등이 구체적으로 검토되어야 한다.

셋째, 학문의 지속적인 발전을 위한 제도적인 틀이 마련되어야 한다. 해당 분야를 전공하는 과정이 학사, 석사, 박사 과정 등으로 설치되어 운영되고 있는지, 대학 내 해당 분야를 전문적으로 연구하고 강의하는 교수직이 확보되어 있는지, 해당 분야의 연구 결과가 관련 영역에 지속적으로 효과적인 영향력을 행사하고 있는지, 해당 분야를 전공한 졸업자들이 다양한 수준에서 전문가로 활동할 수 있는 진로가 확보되어 있는지 등 실제적인 질문들을 고려해야 한다.

과연 현재의 대학선교학은 위의 세 가지 조건을 어느 정도 만족시키고 있는지 그 내용을 자세하게 살펴보고, 학문적 발전을 위해 보완되어야 할 부분이 어떤 것이 있는지 진단해 보려 한다.

1. 대학선교학의 학문적 분위기의 성숙

대학선교학은 과연 신학 내 고유한 세부분과로 독립할 수 있을 만큼 학문적 분위기가 충분히 성숙해 있는가? 다음과 같은 몇 가지 이유로 이에 대한 긍정적인 평가를 할 수 있다.

우선, 대학선교학이 다루고 있는 주제에 대한 관심과 연구는 우리나라에서 어떤 다른 신학적인 주제보다 더 오래된 역사를 갖고 있다. 1885년 4월 5일 부활절에 인천 제물포항에 도착한 언더우드(Under- wood) 선교사와 아펜젤러(Appenzeller) 선교사 부부, 한 달 후 입국한 윌리암 스크랜턴(William B. Scranton) 선교사와 그의 모친 매리 스크랜톤(Mary F. Scranton) 등을 비롯하여 그 이후에 내한한 대부분의 선교사들이 교육을 중심으로 선교활동을 전개했다는 것은 주지의 사실이다.[46] 이런 과정에서 오늘날

----

46) 한국기독교역사학회 편, 『한국 기독교의 역사 I』 개정판 (서울: 기독교문사, 2014),

대학선교학이 고민하고 있는 주제들, 즉 기독교 대학의 창립 정신, 교육 목표, 채플 및 성경과목 운영, 교목의 역할, 대학교회의 운영, 인재상, 기독교와 사회의 관계 등에 관해 많은 탐구가 진행됐다.

교목제도는 연희전문학교에서 먼저 확립되었다. 최초의 전임 교목직이 생긴 것은 1933년이다. 장석영 목사가 1933년 연전 최초의 전임교목으로 부임을 했으며, 1935년에는 교수로 임명을 받았다.[47] 그러나 그 이전에도 연전에는 이미 교목의 역할을 담당하는 교수가 있었다. 연전 신과 초대 과장 해리 로즈(Harry A. Rhodes)는 언더우드를 이어 1918년에서 1932년까지 14년 동안 연전에서의 종교교육에 관련된 일을 맡아 왔는데, 그가 퇴임할 때 그가 맡았던 역할을 다음과 같이 네 가지 분야로 나누어 여러 교수들이 분담하게 되었다.

성경 교수: 케이블, 고언 등
종교부 주임: 백낙준
교목: 류백희, 장석영 등
대학교회 목회: 백낙준, 장석영[48]

위에 열거된 업무들은 대부분 오늘날 교목들에 의해서 수행되고 있고,

137.

[47] 장석영은 1940년 5월 교수에서 직원으로 신분이 변동된다. 이는 일제가 성경교수, 선교사 교수, 일본인 종교부장 등 기독교인 교수들을 모두 강제 퇴거시킬 때 직원의 신분으로 학교를 지키기 위함인 것으로 판단된다. 장석영은 해방 후 첫 신과대학장이 된다. 김명구, 류금주,『연세대학교 신과대학 백년사』(서울: 도서출판 동연, 2015), 288, 290.

[48] Ibid., 266.

46 교목학: 기독교 대학의 창립 정신 구현을 위한 성찰

그와 관련된 주제들은 대학선교학의 중요한 연구 대상이 되고 있다.[49] 그리고 이 과제들은 장석영 목사가 정식으로 전임교목으로 보직을 받기 이전부터 언더우드와 로즈 등에 의해 수행되고 있었다. 이런 점에서 볼 때 대학선교학과 관련된 이론적이고 실천적인 연구는 이미 한국에 기독교 대학이 설립될 때부터 시작되었다고 보는 것이 타당하다.[50]

연세대학교에서 교목제도가 확립되고, 차차 다른 대학으로도 확산되면서 여러 기독교 대학의 교목 간에 모임이 생기기 시작했고, 1970년에는 한국기독교 대학 교목회가 정식으로 발족되면서 대학선교학의 학문적 발전을 위한 기초적인 기반이 마련되었다.[51] 그러나 대학선교학이 학문으로서 본격적으로 자리를 잡는데 결정적인 계기가 된 것은 한국기독교 대학 교목회가 모체가 되어 출범시킨 대학선교학회의 창립[52](1997년)과 학회지 「대학

----

49) 이런 이유에서 최재건은 로즈가 "오늘날로 치면 초대 교목실장으로 활동한 셈이었다"고 말한다. 최재건, "로즈, 연세 교회사학의 초석을 놓다," 연세대학교 신과대학 동문회 편저, 『인물로 보는 연세신학 100년』(서울: 동연, 2015), 164.

50) 연전의 경우 신과의 설치는 신학전공자를 교육하여 목회자나 신학자를 배출하기 위함이 아니었고, 모든 전공 학생들에게 기독교 정신을 가르치기 위함이었다. 이 점에서 당시 신과의 일차적인 학문적 관심은 대학선교학이었다고 말할 수도 있다. 김명구, 류금주, 『연세대학교 신과대학 백년사』, 128.

51) 연세대학교의 경우 1950년부터 교목제도가 있었고, 1962년에 교목실이 설치된 것으로, 타 대학의 경우는 이보다 늦은 것으로 보인다. 이에 앞서 1964년에 기독교 중고등학교의 교장과 교목들이 참여하여 결성한 한국기독교학교연맹에 기독교 대학의 교목들이 일부 참여하기도 했다. 안승병, 앞의 논문, 333-334.

52) "대학선교학회의 구성은 교목회 활동이 대학 내 선교에 대한 학문적인 접근을 하기 위하여, 또한 신앙과 학문의 통합이라는 보다 근원적인 접근을 해 나가기 위하여 학회로서의 학술적 접근을 하려는 의도로 구성하게 되었다. 1998년 12월 28일자로 한국 학술진흥재단에 등록되었다." 조직은 한국기독교 대학교목회 조직을 그대로 인정하여 회장이 학회장을 겸하고, 편집위원장은 따로 두는 것으로 하였으며, 이러한 형태의 조직은 지금까지 이어지고 있다. 앞의 논문, 364.

과 선교」의 창간53)(2000년 2월 25일)이다. 학회는 40여 개 기독교 대학에
속한 교목들이 참여하여 지속적으로 정기적인 학술발표회를 열어 관심 분
야의 연구 주제에 관한 활발한 학술활동을 하고 있으며, 학술지는 지금까지
총 29집, 273편의 논문을 발표하면서 학문적인 영향을 확장하고 있다.

이상에서 살펴본 것처럼 대학선교학은 그 예비적 과정과 학회 창립 및
학회지 창간을 통하여 고유한 학문으로서 발전할 수 있는 기반을 잘 갖추고
지금까지 발전해 왔다고 볼 수 있다. 그러나 교과서, 개론, 총론, 전집, 백과
사전 등의 형태로 학문적 발전을 종합하고 정리한 출판물의 간행은 충분히
이루어지지 않았다. 다행히 이계준 교목의 은퇴 기념 논문집인『기독교 대
학과 학원 선교』(1997)54)가 대학선교학 총론의 역할을 하고 있다고 볼 수
있으며, 정종훈, 이숙종, 조용훈 등에 의한 저술도 대학선교학 전반에 관한
주제들을 다루고 있어서 개론 혹은 총론의 역할을 감당하고 있다고 볼 수
다.55) 그러나 아직까지는 대학선교학을 하나의 학문 분야로 규정하고 이에
따른 체계적인 논지를 전개한 저술은 나오지 않은 것이 아쉬운 상황이다.

이상에서 대학선교학이 신학 내 고유한 세부분과로 독립할 수 있을 정
도로 학문적 분위기가 성숙되었는지에 대한 평가를 해 보았다. 긴 예비 역사
와 학회 및 학술지 출현 이후 꾸준한 발전의 역사는 긍정적인 평가의 근거가

---

53)「대학과 선교」학회지는 2000년 2월 25일 창간호를 발간하였다. "21세기 대학 선교
어떻게 할 것인가?"라는 특집 주제로 발행되었으며, "이 학회지는 전문적인 선교
학술 단체가 발간하는 논문집으로서 대학 선교 현장에서 이론과 실천 양면에 큰 도
움이 되었다." 앞의 논문.

54) 이계준 엮음,『기독교 대학과 학원선교』(서울: 전망사, 1997).

55) 이숙종,『기독교 대학과 교육: 기독교 대학의 정체성과 새로운 활로의 모색』(서울:
예영커뮤니케이션, 2007); 정종훈,『기독교 대학, 어디로 갈 것인가?』(서울: 연세대
학교 출판부, 2005); 조용훈,『기독교 대학, 한국 기독 지성의 현실과 미래』(서울: 한
국장로교출판사, 2009).

된다. 관련 분야의 기본적인 출판물이 구비되지 않은 것은 대학선교학의 학문적 발전을 위해 조속히 대응해야 하는 문제라고 평가할 수 있다.

2. 대학선교학의 학문적 내적 요건

이제 대학선교학이 내적으로 학문으로서의 필수적인 조건을 갖추었는지를 살펴볼 차례이다. 이 두 번째 조건은 세 가지 조건 중에 가장 취약한 부분이다. 그 이유는 지금까지 대학선교학을 학문의 한 분과로 성립시키려는 의도적인 노력이 없었기 때문이다. 대학선교학의 연구 대상, 목적, 이론, 방법론, 세부 영역, 타 신학 분과와의 관계, 심지어는 명칭에 대해서도 명확한 합의가 이루어지지 않은 상태에서 연구자들은 각각 나름대로 이에 대한 상이한 입장을 취하면서, 혹은 특별한 입장이 없는 상태에서 연구를 진행해 왔다.

이런 경우 다양한 연구들이 중심을 잡지 못하고 혼란스럽게 산재되어 하나의 고유한 학문 분야의 형태를 갖추기 힘든데 대학선교학은 그 반대로 시간이 지날수록 점차 학문적인 윤곽을 잡아가고 있다. 그 이유는 대학선교학의 정체성이 학문적으로는 확립되지 않았지만 대학선교학은 기독교 대학의 교목에 의해서 연구된다는 점이 공통 요소로 중요하게 작용했기 때문이다. 즉, 지금까지 대학선교학의 목적, 대상, 특징, 그리고 이론, 방법론 등의 상세한 학문적인 요건 등에 관한 명백한 합의는 없었지만, "기독교 대학의 교목"이라는 공통분모가 대학선교학 분야의 모든 연구를 하나로 묶는 역할을 해 왔다는 것이다. 그러나 대학선교학이 학문적으로 발전하기 위해서는 더 이상 그 공통분모로 학문적 요건을 대치할 수는 없다. 대학선교학의 학문적 요건을 구축해보는 시도는 난관도 있지만 학문적 발전을 위해서는 반드시 거쳐야 하는 시급한 과제이다. 본 연구는 기독교 대학의 교목의 역할과 그동안「대학과 선교」학술지에 발표된 논문들과 대학선교학 분야 단행본들의 내용을 분석하여 대학선교학의 학문적 요건을 다음과 같은 항목으로 나눠 기술해보려 한다.

1) 대학선교학의 목적, 대상, 특징, 방법론

대학선교학은 기독교 대학의 교목들이 대학의 기독교적 설립정신을 구현하기 위하여 수행하는 제반 선교적, 교육적, 학문적, 정책적 실천과 이를 위한 이론을 연구하는 학문으로 규정해볼 수 있다. 앞에서 살펴본 선교학의 4W(What, Who, Where, Whom)에 관한 질문은 대학선교학의 학문적 특징을 규명하는 데도 매우 유용하다. 대학선교학은 교목(Who)에 의해서, 고등교육기관인 대학(Where)에서 연구되며, 대다수의 비기독교인으로 구성된 학생들(Whom)을 대상으로 대학의 기독교적 설립정신을 효과적으로 교육함으로 선교적 과제(What)를 이루는 것을 목적으로 한다고 말할 수 있다. 또한 대학선교학은 교회 안이 아니라 교회 밖에서 이루어지기 때문에 공공성을 갖추어야 하며[56], 다양한 전공이 있는 대학 내에서 이루어지기 때문에 다학제적 특징을 갖게 된다. 대학선교학은 또한 이론-실천 통합적이고, 전일적인(holistic) 특징을 갖게 된다.

---

[56] "대학이라는 공적인 교육 구조 속에서는 개종을 강요할 수 없고, '기독교적인 인간 형성' 그 이상의 것을 요구할 수는 없다… 대학 캠퍼스 안에서는 기독교 진리를 일방적으로 선포하고 강요하는 선교 방식보다는 진리에 대하여 서로가 대화하는 대화적이고 자발적인 선교 방식이 더 적실성이 있다고 하겠다. 대학은 교회가 아니지만 하느님은 교회 밖에 있는 세상 속에서도 활동하신다는 호켄다이크의 하느님의 선교(mission Dei)에 대한 진보적인 견해는 대학 선교의 이론을 뒷받침해 준다." 박용우, "학원 선교와 채플," 이계준 엮음, 『기독교 대학과 학원 선교』, 96.

방법론의 문제는 대학선교학이 안고 있는 가장 어려운 과제이다. 대학
선교학은 다른 신학 분과와 밀접한 연관이 있으므로 연구의 성격에 따라 조
직신학, 역사신학, 성서학, 선교학, 기독교교육학, 기독교윤리학, 목회상담
학, 설교학, 종교학, 종교철학, 변증학 등의 분야의 방법론이 사용되기도 한
다. 또한, 선교 프로그램의 효과를 측정하기 위한 각종 통계적 방법론, 인터
뷰, 사례 연구 등이 활용되기도 한다. 대학선교학이 이론적으로나 실천적으
로 매우 다양한 분야와 관련되어 있기 때문에 사용되는 방법론을 확인하여
나열하자면 그 목록은 굉장히 길어질 것이다. 그런 방법론들의 목록을 작성
하는 것도 필요하겠지만, 그보다 더 중요한 과제는, 그런 다양한 방법론에도
불구하고 대학선교학적 연구 전체를 하나로 엮을 수 있는 내적 통일성은 무
엇이며 이를 확보하기 위한 방법론은 무엇인가이다. 이는 대학선교학에게
주어진 중요한 과제인데, 그 구체적인 내용은 숙의를 통해 검토되어야 하겠
지만, 대학선교학의 방법론은 해석학적, 다학제적, 이론-실천 통합적이라는
큰 틀 속에서 모색될 것으로 예상할 수 있다.

2) 대학선교학의 세부 영역

그동안 「대학과 선교」 학술지에 게재된 논문들과 이계준 교목이 엮은
『기독교 대학과 학원선교』에 실린 글들을 체계적으로 분류해 볼 때 다음과
같이 뚜렷한 초점을 갖는 다섯 가지 분야와 그 외 다양한 실천적 프로그램에
관한 분야로 연구의 영역을 나눠 볼 수 있다.[57]

----

57) 「대학과 선교」에 수록된 논문 중 절반 정도는 대학선교학과 관계가 없는 일반 신학
    분야 논문들이다. 이는 지금까지 대학선교학이 학문적인 면모를 완전히 갖추지 못
    했기 때문에 학술지의 학문성을 유지하기 위해 일반 논문의 투고를 허용했기 때문

1. 기독교 대학의 역사와 정체성[58]

2. 채플[59]

3. 기독교이해 과목[60]

4. 교목의 역할[61]

5. 기독교와 학문[62]

이다. 앞으로 학술지의 학문적 발전을 위해서는 다양한 신학 분야에서 대학선교학과 관련하여 연구를 하도록 장려하고, 대학선교학과 아무 관련이 없는 논문은 싣지 않는 등의 조치가 필요하다. 본 연구에서는 대학선교학과 관련 없는 논문들은 고려하지 않았음을 밝힌다.

58) 대표적인 사례는 다음과 같다. (모두「대학과 선교」에 게재된 논문이므로 중복을 피하기 위해 주 58까지 저자, 제목, 호수, 연도, 페이지범위 순으로 표기함): 안승병, "1950년대 한국 기독교 대학에서의 정체성 정립의 한 사례: 신앙과 생활의 일치의 의미- 전희철의 일기를 중심으로," (26, 2014, 199-230); 이계준, "기독교 대학의 정체성과 미래의 과제," (2, 2000, 7-33); 이요섭, "기독교 대학의 이념에 대한 고찰," (13, 2007, 81-104); 조용훈, "미국 기독교 대학의 정체성 상실의 과정에 대한 연구," (10, 2006, 251-263); 조용훈, "한국 기독교 대학의 역사에 대한 연구," (11, 2006, 136-146); 허도화, "기독교 대학의 정체성 회복 방안: 기독교인 교수의 책임과 역할을 중심으로," (28, 2015, 75-112).

59) 사례: 김영완, "채플의 패러다임 변화를 통한 선교의 극대화 방안," (16, 2009, 111-140); 남재현, 박정세, 한인철, 정종훈, "연세대학교 채플이 졸업생들에게 미친 영향에 관한 연구," (6, 2004, 9-37); 유성준, "기독교 대학채플 활성화 방안에 관한 연구," (13, 2007, 133-152); 이동찬, 최현정, "채플교육품질(Chapel-EdQUAL) 측정을 위한 척도개발과 그 성과에 관한 연구," (27, 2014, 109-141).

60) 사례: 박숭인, "기독교 이해 교과목의 자리매김 -기독교 신학의 본원적 과제," (24, 2013, 97-125); 이대성, "기독교 이해 과목 강의에 밀턴의『실낙원』활용하기," (24, 2013, 157-186); 한인철, 박명철, 박정세, 조재국, 정종훈, 이대성, "기독교 이해과목의 효율적 운영에 관한 연구," (13, 2007, 199-234).

61) 사례: 정종훈, "기독교 대학을 활성화하기 위한 교목의 역할," (6, 2004, 105-144); 허도화, "기독교 대학과 교목실의 역할과 구조," (11, 2006, 53-73); 한중식, "기독교 대학 교목의 자질과 그 역할," (1, 2000, 9-30)

62) 사례: 김영완, "통전적 선교명령과 기독교수의 소명과 역할," (23, 2012, 175-205); 문영빈, "포스트모던/정보화 시대의 신앙과 학문: 해석학과 시스템 이론적 관점,"

6. 학원 선교 프로그램, 리더십, 상담, 대학교회 운영 등[63)

　　이러한 세부 분류는 귀납적으로 구축한 것이어서 보완되어야 할 부분도 있고, 또 앞으로 변경될 여지도 있다. 그러나 오늘날 학분 분과의 분류가 논리적인 체계에 근거하기보다는 연구물을 통해 반영된 학문적 관심에 많이 의존한다는 사실을 고려해 볼 때, 현 단계에서는 주목해야 할 분류라고 여겨진다.

3) 인접 학문과의 관계

　　대학선교학과 가장 밀접하게 관련되는 신학 분과로는 조직신학, 선교학, 기독교교육학을 들 수 있다. 조직신학은 대학선교학이 기독교적 창립 정신을 학문적인 개념체계로 제시하는 일과 다학제적인 다양한 연구를 하는 데 필수적인 도움을 준다. 기독교교육학은 대학선교학의 장이 고등교육기관이라는 점에서 매우 중요하다. 대학의 운영, 채플 및 기독교이해과목의 효과적 교육을 위해서 많은 도움을 준다. 선교학은 대학선교학의 선교학적 기반을 제공하는 중요한 역할을 하게 된다. 이 외에도 신학의 여러 분야가 대학선교학과 긴밀한 관계를 맺는다. 대학선교학의 학문적 정체성은 이런 다

　　(9, 2005, 83-106); 박정세, "학원 선교 진작에 대한 장기적 대안 고찰 - 전공별 신앙지도교수 모임을 중심으로," (10, 2006, 67-87); 조용훈, "기독교수의 정체성에 대한 한 연구," (15, 2008, 197-220).

63) 김광률, "학원선교와 대학교회의 역할- 한남대학교회를 중심으로," (19, 2010, 71-99); 정종훈. "연세 기독학생 리더십 아카데미, 그 비전과 전망," (17, 2009, 69-112); 조재국, 박정세, 박명철, 한인철, 정종훈, 이대성, "기독교적 리더십 배양을 위한 현황분석에 관한 연구," (18, 2010, 109-150).

양한 분과의 학문적 관심의 산술적인 합을 넘어서는 새로운 학문적 관심 영역의 창조에 있다고 할 수 있다.

그렇다면, 대학선교학이 고유한 분과로 독립하는 것은 현실적으로 가능할까? 가능하다면 어떻게 가능할까? 이와 같은 논의를 할 때 중요하게 고려해야 할 사항은 한국연구재단의 학술연구분야 분류표이다.[64] 이 분류표는 한국연구재단에서 학술연구지원 사업을 추진하는 데 연구과제 심사와 평가 등에 중요하게 활용되고 있다. 이 표는 순수하게 논리적인 체계에 따라 학문 분야를 분류한 것이 아니고, 각 분야의 학회, 연구자, 논문 등의 학술적 활동의 결과들을 반영하여 조정된 것이다.[65]

2016년 2월 현재의 학술연구분야 분류표에 따라 대학선교학의 자리를 찾아보자면 인문학(대분류명), 기독교신학(중분류)에 속하게 된다.[66] 기독교신학 아래에 13개의 소분류 중 대학선교학은 특별히 조직신학, 기독교교육, 선교신학과 직접적인 연관이 있지만, 실천신학, 문화신학, 목회상담학, 기독교윤리 등과도 긴밀한 관계를 맺고 있다고 볼 수 있다. 이 분류표를 검토해 볼 때 주목할 점은 가톨릭신학(중분류) 아래는 영성신학(Spiritual Theology), 교부학(Patrology), 교회법(Church Law), 교리교육학(Doctrine

---

64) 한국연구재단 홈페이지 참고: http://www.nrf.re.kr/nrf_tot_cms/show.jsp?show_no= 182&check_no=178&c_relation=0&c_relation2=0

65) 한국연구재단에서는 이 분류표에 이의가 있을 때 개정 요청을 받고 있으며, 포괄성, 유사성, 규모성, 보편성 등의 분류 원칙에 따라 연구 분야의 연구자 수 및 재단 지원 과제 건수 등을 고려하여 개정하는 길을 열어 놓고 있다. 또한, 정기적으로 분류표를 개선하기 위해 개편을 하고 있다. 현재 분류표는 1999년 11월에 큰 폭으로 개편한 것을 사용하는 것이다. 앞의 홈페이지.

66) 기독교신학(Christian Theology) 아래 다음과 같은 13개의 소분류가 있다: 구약학, 신약학, 교회사, 조직신학, 기독교윤리, 기독교교육, 실천신학, 여성신학, 선교신학, 교회음악, 목회상담학, 문화신학, 기타 기독교신학.

Education), 일치신학(Match Theology), 동방교회신학(Orthodox Theology) 등 매우 독특하고 구체적인 분야가 포함되어 있다는 점이다. 현재 개신교 신학에 서도 영성에 관한 많은 연구가 축적되었지만 가톨릭신학 내에만 영성신학이 포함되었다는 점을 통해 볼 때 분류표가 특정 분야의 역사와 학문적인 성숙도를 반영하여 변경될 수 있다는 점을 확인할 수 있다. 또한, 기독교신학 아래는 구약학, 신약학이 분리되어 있으나 가톨릭신학 아래는 성서학(신/구약)으로 통합되어 있다는 점도 학회, 연구자, 논문 등의 변수가 연구 분야 분류에 중요한 역할을 함을 확인시켜준다.

이상의 학술연구분야 분류표의 검토가 대학선교학의 장래와 관련하여 시사하는 것은 대학선교학이 기독교신학 내의 하나의 소분류로 신설될 가능성이 있다는 점이다. 대학선교학이 한국의 대학 전반에 미치는 영향력과 학문적인 질적 양적 성숙도를 고려해 볼 때 이는 충분히 실현할 수 있는 목표라고 생각된다. 현재 기독교신학 하의 13개의 소분류는 한국기독교학회 산하 지학회의 구성을 그대로 반영하고 있으므로, 대학선교학회를 한국기독교학회 산하 독립된 지학회로 가입시키는 것이 우선 이루어야 할 과제라고 할 수 있다.[67]

4) 대학선교학의 명칭에 대해

대학선교학의 학문적 요건을 논하면서 마지막으로 검토해보려는 문제는 명칭에 관한 것이다. 이미 지적한 바와 같이 한국대학선교학회의 학문적

----

[67] 한국기독교학회 산하 13개 지학회 중 한국교회사회사업학회만 분류표에 들어가 있지 않다.

고유 영역에 대한 공식 명칭에 관해 지금까지 깊은 토의를 한 적이 없었다. 학회의 이름에서 쉽게 대학선교학(University Mi- ssion Studies)이라는 명칭을 따올 수는 있지만, 그것이 가장 좋은 명칭인지는 재고의 여지가 있다. 본 연구는 지금까지 합의된 다른 명칭이 없으므로 편의상 그 명칭을 사용해 온 것이다. 대학선교학이라는 명칭은 선교학의 하부 분야라는 인상을 강하게 주어서 실제로 학회에 속한 학자들에 의해 추진되는 연구의 범주를 충분히 포용하지 못한다는 한계가 있다. 또한, 대학선교학이라는 명칭은 교회나 선교단체에 의해 추진되는 학원선교와 혼동될 우려가 있다. 그리고 복음주의 진영과 에큐메니칼 진영에서 공히 기존의 선교방식의 한계를 인식하고, 서구 중심이나 교회 중심이 아닌 주변(margin) 중심의 선교론을 모색하는 현재의 상황에서 대학선교학이라는 명칭은 구태의연한 느낌을 준다.[68] 학회의 학술지「대학과 선교」라는 명칭에서 따온 "대학과 선교학"(Studies on University and Mission)도 고려할 수 있겠으나 적절하지는 않다.[69] 본 연구는 대안적인 명칭으로 "교목학(The Study of School Chaplaincy)"을 제안한다. 위에서 살펴본 것처럼 대학선교학의 연구 분야는 기독교 대학에서 교목

----

68) 다음을 참고: Jooseop Keum ed., *Together Towards Life: Mission and Evangelism in Changing Landscapes* (Geneva: WCC Publications, 2013).

69) "대학"을 "선교"에 종속시키지 않고, "대학"과 "선교"라는 두 주제를 모두 부각시키기 위해 "대학과 선교학"이라는 명칭을 고려할 수 있을까? 한국연구재단 학술연구분야분류표에는 대분류 8, 중분류 152, 소분류 1551, 세분류 2468, 총 4179개의 고유한 학문분야 명칭이 나온다. 이 중 명칭 안에 접속조사 "과"나 "와"가 포함된 명칭은 하나도 없고, 접속부사 "및"이라는 단어가 포함된 것은 총 235개이다. 영어로 번역된 명칭 중 "and"라는 단어가 포함된 것은 330개이다. "및"이나 "and"가 사용된 경우 대부분 서로 보완되거나 밀접한 연관이 되는 같은 범주의 용어들이 사용되었다. 몇 가지 예를 들면 다음과 같다: "종교 및 민속신앙", "예술인류학 및 민속예능", "시각 및 의료광학." 그런 점에서 "대학과 선교학"이나 "대학 및 선교학"은 적절한 명칭으로 받아들이기 힘들 것 같다.

이 수행하는 역할을 중심으로 연결된다고 볼 수 있으므로 교목학이라는 명칭이 더 적절하다고 여겨진다.[70] 또한, 교목학이라는 명칭은 대학선교학회의 모체가 되는 한국기독교 대학교목회와 더 밀접하게 연결되기 때문에 더 연원이 깊은 명칭이라고도 할 수 있다. 학문분야의 명칭에 관한 문제는 중대한 사안이어서 시간을 두고 다양한 측면을 고려하면서 신중하게 논의되어야 하므로, 본 연구에서는 교목학이라는 명칭을 대안으로 제안하는 정도까지만 논의를 전개하려고 한다.

　지금까지 대학선교학의 학문적 내적 요건에 대해 살펴보았다. 여기서 다룬 문제들은 아직 충분한 논의도 합의도 거치지 않은 경우가 대부분이기 때문에, 이에 관한 판단은 확실한 근거에 입각한 보편적인 평가나 예측이라기보다는 특수한 경험과 주관적 관점의 영향 아래에서 이루어진 하나의 시론이라는 한계를 갖고 있다. 앞으로 여러 학자들에 의해 많은 논의가 이루어져서 대학선교학의 학문적 내적 요건에 대한 더 확고하고 보편적인 규준들이 마련될 것을 기대한다.

---

70) 교목학이라는 명칭을 채택할 때 얻어지는 효과 중 하나는 교목학이 원목, 군목, 경목 등 대학이 아닌 다른 세속 영역에서 이루어지는 목회와 선교를 위한 학문적 토대를 제공할 수 있다는 것이다. 영어로는 Chaplain이라는 용어로 이미 밀접한 연관을 갖고 있는 이 분야는 점차로 그 영향력이 확대되고 있어서, 가칭 "채플린학"(The Study of Chaplaincy)이라는 학문 분야가 언젠가는 국내에서 태동하게 될 것으로 예측된다. 교목학이 학문적 정체성을 확고히 할 때, "채플린학"의 발전에 지도적 역할을 할 수 있다. 채플린학은 비기독교인이 다수인 공공영역을 그 장으로 삼는다는 점에서, 교회나 교인을 주 대상으로 삼고 연구되는 기존 신학과는 근본적으로 다른 성격의 학문이 될 것으로 예측된다.

3. 대학선교학의 영향력과 공헌

대학선교학의 학문적 발전을 위해 고려해야 할 세 번째 사항은 대학선교학이 지속적으로 영향력을 확대하고 더 큰 공헌을 할 수 있는 제도적인 틀이 마련되어 있는가를 검토하는 것이다. 한국의 대부분의 기독교 대학에서 학생들에게 채플과 기독교이해 과목을 이수하도록 요구하고 있고, 또 기독교적 창립 정신의 구현을 위해 교목실을 두고 있다는 사실은 대학선교학이 신학의 다른 어떤 분과보다도 큰 영향력을 발휘하고 있다고 판단하는 근거가 된다.

그러나 신학의 타 분과와 비교해 볼 때 대학선교학을 전공하는 학사, 석사, 박사 과정이 한 군데도 설치되어 있지 않은 것은 대학선교학의 취약점이다. 과연 대학원 수준에서 대학선교학 전공 과정을 운영하는 것이 필요한가, 그리고 가능한가 하는 의문을 제기할 수 있다. 이에 대한 답을 얻기 위해 구체적인 사례를 들어 보자. 어떤 대학의 신학과에서 구약학 교수를 채용할 경우 자격요건으로 당연히 구약학 박사학위를 요구할 것이다. 그러나 교목실 교수를 채용할 경우 전공을 지정하지 않는다. 또한, 대학에서 시간강사를 뽑을 때, 구약학 분야 강의를 위해서는 구약학 학위 취득자 중에서 뽑는다. 그러나 기독교이해 과목 강의를 위한 시간강사는 전공을 불문하고 뽑는 것이 현재의 실정이다. 이러한 관행의 배후에는 대학선교학이 고유한 전문적 학문 영역이 아니라는 잘못된 인식이 깔려있다. 즉 대학선교학 분야의 연구와 강의는 신학 내 어떤 분야 전공자라도 기회가 주어지면 충분히 잘 수행할 수 있다는 잘못된 인식이다. 이와 같은 잘못된 인식이 생기게 된 이유는 대학선교학이 고유한 분과 학문으로 독립하지 못했고, 대학선교학 전공 석·박사 과정이 존재하지 않았고, 교목제도의 발전 과정에서 오랫동안 교목의 학문적 역할보다는 목회적 역할이 강조되어 왔기 때문이다. 대학선교학의 학문적 발전과 전공 석·박사 과정의 운영은 서로 밀접한 연관을 가질 수밖에 없다.

대학선교학 전공 석·박사 과정을 설치하는 것은 먼 미래에나 이루어질 수 있는 어려운 일이다. 그러나 대학원 교육 과정에 대학선교학을 포함시키기 위한 노력은 지금부터 이루어져야 한다. 교목들이 대학선교학 전공 교수로 대학원에 소속되어 이 분야 강의를 체계적으로 구상하여 강의하고, 대학선교학을 부전공이나 필수연계영역으로 운영하는 것 등도 고려해볼 만하다. 특히 교목으로 임용되거나 기독교이해 과목을 강의하기 위해서 필수적으로 이수해야 하는 대학선교학 핵심 커리큘럼을 학회 차원에서 개발하여 시행하는 것도 필요하겠다.

V. 결론

지금까지 대학선교학의 학문적 정체성과 신학 내 독립된 분과로서의 발전 가능성에 대해 다양한 각도에서 살펴보았다.

대학선교학의 학문적 위상에 대해 긍정적으로 평가할 수 있는 부분은 오랜 기간의 예비 역사와 학회 창립 및 학술지 창간 이후의 꾸준한 발전, 그리고 한국의 기독교 대학 전체를 연결하는 선교, 연구, 교육의 네트워크이다. 대학선교학이 학문적으로 보완해야 할 부분은 대학선교학의 학문적 면모, 즉 목적, 대상, 방법론, 이론, 세부 영역 등에 관한 명확한 규정과 지속적으로 학문을 발전시킬 수 있는 석·박사 과정의 운영이다.

대학선교학이 이러한 장점을 강화시키고 약점을 보완하여 확실한 학문적 정체성을 확보하고 고유한 분과로 독립하는 것이 쉬운 일은 아니다. 그러나 오늘날 국내외의 학문적 경향이 새로운 세부분과의 출현을 장려하는 쪽으로 흐르고 있고, 더 나아가 독립된 분과로서의 학문적 정체성을 확보하지 않은 연구분야는 도태될 위험이 많은 것을 생각해 볼 때, 대학선교학은 그 어려운 길을 가야만 한다.

대학선교학이 현재 확보하고 있는 인적, 물적, 학문적 역량은 다른 어떤 신생 세부분과보다도 건실하기 때문에 대학선교학이 의도적으로 학문적 발전을 위한 시도를 한다면 그 효과는 대단할 것이다.

대학선교학이 학문적인 정체성을 확고하게 할 때, 대학선교는 기독교 대학의 창립 정신을 구현하는 사명을 더 효과적으로 수행할 수 있을 것이다. 더 나아가, 전통적인 신학 교육과 연구가 신학교가 중심이 되어 주로 교회와 기독교인을 대상으로 행해진 것과는 대조적으로, 대학선교학은 비기독교인을 대상으로 공공의 영역에서 인문학적인 용어와 논리를 갖춘 공적 담론의 형태로 연구되고 교수된다는 점에서, 신학의 새로운 패러다임의 모델이 될 수도 있다.

대학선교학의 학문적 발전은 기독교 대학과 교회가 사회에 좋은 영향력을 더 효과적으로 끼치게 하는 데 크게 공헌할 것이라고 기대해본다.

정관에 나타난 기독교 대학의
창립 정신과 그 구현 방안

I. 기독교 대학 정관의 중요성

모든 기독교 대학은 대학의 기독교적 정체성 구현을 위해 여러 제도적 장치를 유지하고 있는데, 그중에 가장 중요한 것이 학교 법인의 정관이다. 모든 정관은 "제1장 총칙", 아래 "제1조 목적"에서 대학의 기독교적 교육 이념을 명확하게 밝히고 있으며, 기독교적 교육 이념을 구체적으로 어떻게 기술하는가는 학교마다 조금씩 차이가 있었다. 또한, 그 목적을 구현하기 위한 구체적인 조항을 두어 학교의 기독교적 정체성을 유지하기 위한 다양한 장치를 마련하고 있다. 정관이 이렇게 중요하지만 이에 대한 체계적 분석이나 연구는 부족한 상태이다. 이 장에서는 우리나라에 있는 모든 기독교 대학의 정관을 살펴보고 그 내용을 분석하려고 한다. 총 52개의 기독교 대학과 10개의 중요 기독교 전문대학, 4개의 중요 가톨릭 대학의 정관 전문을 분석 대상으로 삼았다. 전국 기독교 대학의 정관 전체를 한 자리에 놓고 비교하며 검토해 보는 것은 각 대학이 기독교적 정체성을 유지하기 위한 제도적 방안을 마련하는데 필수적인 자료가 될 것으로 생각한다.

이 글의 순서는 다음과 같다. 우선, 정관 자체를 제시하고 분석하기 전에 지금까지 기독교 대학의 정관에 관해 어떤 연구가 있었는지를 살펴보려고 그 그 내용을 기술하려 한다. 그 후, 일반 대학의 정관과 비교해 볼 때 기독교 대학의 정관에서만 찾아볼 수 있는 기독교적 정체성 유지를 위한 조항은 어떤 것이 있으며, 어떤 방식으로 기술되어 있는지를 살펴보려고 한다. 그다음, 개신교 대학과 가톨릭 대학의 정관을 비교해보고 양자 간에 어떤 차이가 있는지 분석하려고 한다. 구체적으로, 최근 개신교 법인에서 가톨릭 법인으로 운영자가 바뀐 구 관동대학과 현 가톨릭관동대학의 정관이 어떤 차이가 있는지도 검토하려 한다. 그리고 마지막 부분에서는 각 대학의 정관의 내용 전문을 검토한 결과를 제시하려고 한다. 정관의 내용 중 기독교와 관련이 있는 모든 조항의 내용을 택하여 수록하고, 문맥상 없어도 되는 부분은 삭제하여 최소한의 분량으로 만들고, 기독교와 관련되는 모든 조항을 한 번에 살펴볼 수 있도록 가공하고, 기독교와 관련되는 단어에 밑줄을 쳐서 쉽게 내용을 파악할 수 있게 표시하였다. 모든 개신교 대학의 정관을 수록한 후, 중요 기독교 전문대의 정관과 일부 가톨릭 대학의 정관도 수록하려고 한다.

II. 기독교 대학의 정관에 관한 기존의 연구

기독교 대학의 정관에 관심을 둔 대표적인 연구자 집단은 기독교 대학의 교목들이다. 이들은 정관의 중요성을 인식하고 이와 관련된 연구를 수행하여 논문이나 책자로 발표한 경우가 많이 있는데 그중 중요한 연구의 내용을 살펴보려고 한다. 그동안 「대학과 선교」 학술지에 실린 논문 중에 정관을 한 번이라도 언급한 논문을 확인해보니 총 14편이 있는데, 그중 이 단어를 월등하게 많이 사용한 논문은 다음의 두 편이었다: 박용우, "기독교 채플을 통한 선교"(1집, 2000년, 44회 언급); 정종훈, "기독교 대학의 현실적 위기와 대책 찾기"(26집, 2014년, 38회 언급).

첫 번째로 살펴보려고 하는 연구는 박용우의 "기독교 채플을 통한 선교"이다.[1] 박용우는 이 논문 63-72쪽에서 채플에 관한 본격적인 논의를 하는데, 그에 앞서 53-63쪽의 11쪽에 달하는 지면을 할애하여 기독교 대학의 정체성과 교목실의 위상에 관한 내용을 다루고 있다. 박용우는 연세대학교, 숭실대학교, 한남대학교, 계명대학교의 정관을 분석하면서 대부분 대학이 정관 1장 총칙 제1조에 기독교 대학의 교육 목표를 밝히고 있다는 점을 확인한다(53-54). 이 조항은 공통적으로 대한민국의 교육 이념에 입각하여 기독교 정신에 조화되는 기독교적 지도자를 양성하는 것을 목적으로 한다는 내용을 담고 있다. 박용우는 "기독교적 지도자 양성"이라는 것이 기독교인으로 개종시킨다는 의미보다는 "기독교적 가치관을 지닌 지도자"를 양성한다는 의미로 해석해야 한다고 주장하면서, "기독교 대학의 설립 목적과 대학선교의 목적이 이 정도 수준에서 정의되기 때문에 법률상 정당성을 인정받게 되는 것이며, 다른 한편으로는 신앙의 자유에도 위배되지 않고 다원주의 사회에서 기독교 대학으로서 존재하게 되는 것이다"라고 평을 한다(55). 1998년 숭실대학교 채플에 관한 대법원의 판결은 이 점을 더욱 명확히 한다고 그는

---

1) 「대학과선교」 1 (2002), 49-73. 앞으로는 쪽 번호를 본문에서 괄호 안에 표시함. 이후의 참고문헌도 연속해서 나오는 경우 본문에 괄호로 표시함.

지적한다.[2] 이는 교회적으로 보나 선교적으로 보면 많은 제한이 있어 아쉬운 면이 있을 수 있지만, 대학선교는 교회의 선교와 다를 수밖에 없으므로 받아들여야 하고, 교목실은 교내 기독교 신자들, 선교단체들, 그리고 교단에 이런 제한에 관해 충분히 이해시켜야 하며, 교목실과 교회의 학원선교에 관한 역할분담에 대해 진지하게 논의해야 한다고 서술한다.

박용우는 다음으로 정관과 관련하여 매우 민감한 문제를 다루고 있는데, 기독교 대학의 사유화에 관한 것이다. 그는 구체적으로 계명대의 경우를 예로 들면서 1996년 대한예수교장로회 총회가 계명대를 사유화한 정관을 폐기하고 원래대로 환원하라는 결의를 한 내용을 자세하게 다루고 있다 (57-58). 그는 많은 기독교 대학이 사유화의 위험에 노출되어 있다고 지적한다. 1975년에 개정된 사립학교법에 의하면 학교법인의 정관 변경은 이사 정수 3분의 2의 찬성으로 결의하여 문교부 장관이 인가하면 확정되는데, 이는 어느 때라도 이사회가 설립자의 뜻에 반하여 정관을 변경하여 학교를 영구히 사유화할 수 있는 길을 열어 준 것이라고 그는 우려한다(58). 박용우는 따라서 기독교 대학의 창립 정신을 유지할 수 있는 별도의 장치를 마련해야 하는데 숭실대와 한남대 같은 경우는 정관 변경을 위해서 교단 총회의 인준이 필요하다고 정하고 있고, 연세대는 기독교적 정신으로 교육한다는 정관 제1장 제1조에 나타나는 학교법인의 목적을 불변조항으로 규정하고 있으며, 장로회신학대학 등 다수의 기독교 대학들은 개정된 사립학교법에도 불구하고

---

2) "복음 전도나 종교인의 양성에 직접적인 목표가 있는 것이 아니고, 신앙을 가지지 않을 자유를 침해하지 않는 범위 내에서 학생들에게 종교 교육을 함으로써 진리, 사랑에 기초한 보편적 교양인을 양성하는 데 목표 두고 있다고 할 것이므로, 대학 예배의 6학기 참석을 졸업 요건으로 정한 위 대학교의 학칙은 헌법상 종교의 자유에 반하는 위헌무효의 학칙이 아니라고 판단하였다." Ibid. 51에서 재인용. 원 자료: 대법원 제1부 판결 (사건 96다37268 학위수여이행),1998. 11. 10.

설립자의 인준 조항을 그대로 유지하고 있다고 설명한다(59). 박용우는 기독교 대학이 사유화될 때 "교목실은 예언자적인 사명을 감당하지 못하고 학교 운영자의 기분을 맞추는 데 주력하게 되고 채플을 통한 선교에 힘 있는 메시지가 전달되기 어려운" 상황이 된다면서 정관과 대학 선교 간의 연관성을 강조한다(58).

두 번째로 살펴보려고 하는 연구는 정종훈의 "기독교 대학의 현실적 위기와 대책 찾기"이다.[3] 박용우의 논문보다 12년 뒤에 써진 이 논문에서도 정관 변경을 통한 기독교 대학의 사유화 혹은 비기독교화가 중요한 문제로 다뤄진다. 정종훈은 계명대, 명지전문대, 이화여대의 이사 구성에 관한 정관 내용의 변화를 검토하면서 많은 기독교 대학에서 기독교적 정체성이 약화되어 가고 있다고 우려한다(79-80). 그는 특히 2011년 10월 27일에 이루어진 연세대학교 이사회 임원의 선임방법에 관한 정관개정에 대한 교계의 우려를 소개하면서,[4] 자칫 잘못하면 연세대학교의 기독교적 정체성이 약화될 수도 있다고 진단하고 있다.[5]

....

3) 「대학과선교」 26 (2014), 73-108.

4) 개정 이전에는 12명의 이사 중 대한예수교장로회, 기독교대한감리회, 한국기독교장로회, 대한성공회에서 각각 1인 씩 추천된 총 4인과 사회유지(5인) 중 2인(협력교단의 교계인사로 구성)을 합해서 총 6인이 기독교 교단의 인사로 구성되게 되어 있었다. 개정 후에는 기독교계 2인으로만 되어 있다. 이로써 연세대학교의 이사회는 한국 교계의 인사들 6인을 통해서 어떤 경우에도 기독교적 정체성을 지키려고 노력해온 전통을 떠나게 된 것이다. 앞으로 보완이 없으면 연세대학교의 기독교적 정체성이 상실되거나 무력화될 위험이 도사리고 있다고 하겠다(Ibid., 80 참고.).

5) 이와 같은 정관개정에 대해 연세대학교 교목실 소속 교수들(박명철, 박정세, 이대성, 정종훈, 한인철)은 학교법인 연세대학교 이사장에게 다음과 같은 건의문을 전달하였다. "우리는 교단파송이사제도가 연세대학교의 기독교적 정체성을 자동으로 보장한다고 생각하지는 않습니다. 그렇지만 대학의 운영에 대해 이사회가 행사하는 영향력을 고려할 때, 교계인사의 대폭 축소는 연세대학교의 기독교적 정체성이 훼손될

정종훈은 또한 2007년에 공포된 사립학교법이 각 대학의 정관의 상위법으로서 어떤 영향을 미칠 것인지에 대한 분석을 하였다. 두 가지의 상반된 입장이 있는데, 한편에서는 사학법이 이사장이나 설립자 1인에 의한 학교운영의 독주를 막을 수 있어서, 학교의 운영을 더 투명하게 만드는 긍정적인 효과가 있다고 평가하고, 다른 편에서는 사학법은 사학의 생명이라 할 수 있는 창립 정신을 약화시키고, 사학의 기초 자체를 뒤흔들어 결국 사학의 발전을 방해하는 악법이라고 평가한다(85, 86). 사학법에서 특히 문제가 되는 것은 개방이사에 관한 규정인데, 이 제도도 위와 같이 이중적으로 작용할 수 있다. 사학법과 기독교 대학의 정체성 유지의 관계는 앞으로 더 깊이 연구해야 할 주제이다.

정종훈은 기독교 대학이 정체성을 더욱 충실하게 구현하기 위한 정관상의 제안을 몇 가지 하는데, 그중에 가장 중요한 것은 이사회 구성에 있어서 모든 이사가 기독교인이어야 한다는 것을 명시적으로 규정해야 한다는 주

수 있는 가능성을 열어놓은 것으로 우려됩니다. 교단파송이사제도는 역사적으로 볼 때 연세대학교의 설립에 기여한 세계교회와 한국교회의 연합정신이 반영된 것으로서, 연세대학교의 기독교 정신을 보장케 하는 안전장치 역할을 해 왔습니다. 그러나 이사회는 연세대학교의 정체성에 영향을 줄 수 있는 중대한 사안을 연세 구성원들과 학교 유관기관의 의견청취와 공론화 그리고 합의의 과정 없이 처리했다고 판단됩니다. 우리는 자유롭고 합리적인 대화, 민주적인 합의 등의 과정 없이 연세대학교 정관이 개정되는 것을 보며, 연세대학교의 미래를 염려하지 않을 수 없습니다… 이에 우리는 연세대학교 재단 이사회에 다음과 같이 건의합니다. 1. 연세대학교의 발전과 연세 공동체의 화합을 위해서 이사회는 교단파송이사제도의 원래 취지와 관련된 조항을 회복시켜 주시기 바랍니다. 2. 교단이사파송제도는 연세대학교가 역사적 사명에 충실하고, 연세대학교의 발전에 실질적으로 기여할 수 있는 방향으로 개선되기를 바랍니다. 이를 위해서 이사파송교단은 학교와 교단 간의 유대강화, 재정적 지원, 그리고 대학발전에 공헌할 수 있는 전문적 식견을 가진 분의 파송 등을 고려해야 할 것입니다…"(Ibid., 94에서 재인용).

장이다. 연세대학교의 경우 이미 정관 25조에 "이사 및 감사와 이 법인에 소속되는 전임의 교원 및 사무직원은 ··· 기독교 성경이 가르치는 기독교인의 신앙생활을 하는 자라야하며···"라는 규정이 있는데, 실효적으로 지켜지지 않고 있는 것이 현실이다. 따라서 개방이사를 포함한 모든 이사가 기독교인이어야 함을 더욱 확실하게 명시적으로 규정해야 하며, 그 규정대로 이사가 선임되지 않을 때 이는 불법이 되어 관리청이 선임을 당연히 취소하는 절차가 따라야 그 규정이 사문화되지 않을 것이라고 주장한다(93).

이상 살펴본 두 논문 외에, 정관과 관련된 최근의 중요 출판물로는 『기독교 대학의 규정과 교육활동』를 들 수 있다.[6] 이 책은 연세대학교, 이화여자대학교, 서강대학교, 명지대학교 등 4개 대학의 정관과 규정 및 교육활동 등을 조사하여 분류하고 분석한 것이다. 이 책 뒷부분에 다섯 가지 결론을 내렸는데, 정관과 관계된 것은 다음의 두 가지로 그 내용은 아래와 같다.

첫째, 헌장 및 정관은 각 대학이 모두 성경말씀 혹은 성경의 가르침을 대학의 설립목적에 넣어 창립 정신의 기독교적 기초를 분명히 하고 있었고, 대한민국 교육 이념에 의거한 교육을 실시함을 주장하고 있었다···
둘째, 각 대학이 법인이사회의 구성과 행정조직에서 창립 정신의 구현을 위한 확고한 제도와 장치를 두고 있었고··· 대부분의 대학들이 법인이사의 자격요건에 기독교 신앙을 중요시하고 있었고, 선교위원회 등을 두어 법인 차원에서 정책적인 조언이 가능하도록 한 대학도 있었다. 개방이사의 선임에서도 기독교인 자격을 적용하거나 기독교 정신의 교육목적에 적합한 자로 자격을 제한하고 있었다. 모든 대학이 직제규정에서 행

---

6) 조재국 편, 『기독교 대학의 규정과 교육활동』(서울: 신앙과지성사, 2016)

정조직의 필두에 교목실 혹은 교목처를 설치하여 그 위상을 분명히 하고 있었고, 그 장을 교원으로 보하여 교육과 활동을 통괄하도록 하고 있었으며 종교위원회 등을 설치하여 교원들의 정책 제안을 수렴할 수 있게 하였다.[7]

위 자료집은 대학의 정관뿐 아니라 위로 건학정신과 이념, 아래로 학칙과 규정을 총망라하여 분석했다는 점에서 의미가 있다. 앞으로 모든 기독교 대학에 대해 이와 유사한 연구를 하여, 기독교 관련 규정들을 유형별로 구분하고 장단점들을 비교하는 작업을 체계적으로 하는 것이 필요하겠다. 그런 작업은 한국의 각 기독교 대학이 창립 정신 구현을 위해 노력하는 데에 큰 지침이 될 것으로 생각한다.

III. 한국의 기독교 대학의 정관에 명시된 기독교 관련 문구

1. 정관의 심장, 제1장, 제1조[8]

모든 기독교 대학은 정관 제1장 총칙 아래, 제1조 목적에서 대학의 기독교적 교육이념을 명확하게 밝히고 있다. 이 조항은 매우 짧은 문장이지만 정관 전체에서 가장 중요한 구절이어서 정관의 심장이라고 할 수 있겠다. 뒤에 모든 대학의 정관 1장 1조를 소개하겠지만, 그중 특징적인 몇몇 대학이 정관

---

7) Ibid., 217-218.

8) 정관이나 규정을 소개할 때 기독교적 창립 정신과 관계된 부분에 밑줄을 쳐서 알아보기 쉽게 처리하였다. 이후에도 동일한 방식으로 처리하였다.

에서 정하는 대학의 목적을 표현하는 방식을 먼저 제시하면 다음과 같다.

계명대학교: 이 법인은 대한민국의 교육이념에 입각하여 국가사회 및
               기독교적 지도자를 양성하기 위하여 교육을 실시함을 목
               적으로 한다.

남서울대학교: 이 법인은 대한민국의 교육이념과 기독교 정신에 입각하
               여 고등교육을 실시함을 목적으로 한다.

명지대학교: 이 법인은 순수한 복음주의 기독교 정신과 대한민국의 교
               육이념에 입각하여 고등교육 중등교육 초등교육 및 유치
               원교육을 실시함을 목적으로 한다.

목원대학교: 이 법인은 대한민국의 교육이념과 기독교대한감리회 신
               앙전통에 입각하여 고등교육을 실시함으로써 국가와 교
               회와 사회에 봉사할 수 있는 유능하고 성실한 기독교적
               인물의 양성을 목적으로 한다.

백석대학교: 이 법인은 대한민국 교육이념을 기초로 기독교 세계관과
               기독교 교육이념에 입각한 고등교육과 전문직업인에게
               필요한 전문교육과 유아교육을 실시함을 목적으로 한다.

서울여자대학교: 이 법인은 대한민국 교육의 근본이념과 대한예수교장로
               회총회의 성경적 신앙에 입각한 기독교 정신으로 기독교
               지도자와 국가사회의 지도자를 양성하기 위하여 학령 전
               아동교육, 초등·고등교육을 실시함을 목적으로 한다.

숭실대학교: 이 법인은 기독교 신앙과 대한민국의 교육이념에 의거하
               여 국가와 사회 및 교회에 봉사할 수 있는 유능한 지도적
               인재를 양성하기 위하여 고등교육을 실시함을 목적으로

한다.

연세대학교: 이 법인은 <u>진리와 자유정신을 체득한 기독교적 지도자의 양성</u>을 위주하여 <u>기독교 교의</u>에 조화하고 대한민국의 교육이념에 의거하여 고등교육을 실시함을 목적으로 한다.[9]

이화여자대학교: 이 법인은 대한민국 교육의 근본이념에 기하여 <u>기독교 정신</u>에 입각한 고등교육·중등교육·초등교육 및 유아교육을 실시함을 목적으로 한다.

한남대학교: 이 법인은 <u>기독교 원리</u>하에 대한민국의 교육이념에 따라 과학과 문학의 심오한 진리탐구와 더불어 인간영혼의 가치를 추구하는 고등교육을 이수시켜 국가와 교회와 사회에 봉사할 수 있는 유능한 지도자를 배출함을 목적으로 한다.

한동대학교: 이 법인은 대한민국의 교육이념에 입각하여 국가사회 발전에 공헌하는 <u>기독교 지도자</u>를 양성하기 위하여 지성·인성·<u>영성적</u> 측면에서 초등, 중등 및 고등교육을 실시함을 목적으로 한다.

한신대학교: 이 법인은 <u>기독 정신과 대한민국의 교육이념에 의거하여</u>

----

9) 연세대학교의 경우 <연세대학교 학칙, 제1장(목적), 제1조(목적)>을 다음과 같이 기술하고 있다. "본 대학교는 <u>기독교 정신</u>에 기하여 학술의 심오한 이론과 광범 정치한 응용 방법을 교수 연구하며, 국가와 인류 사회 발전에 공헌할 지도적 인격을 도야함을 목적으로 한다." (http://www2.yonsei.ac.kr/rule/new/ [2016.2.1.접속]. 이 사이트는 연세대학교의 모든 규정의 내용을 업데이트하여 제공하고 있다.) 대부분의 대학은 정관의 하위 규정을 통해 기독교적 창립 정신을 구현하는 구체적인 방안에 대한 규정을 정하고 있다.

	한국기독교장로회 총회 관할하에서 한국 기독교 교역자와 기독 정신에 입각한 국가사회의 지도자를 양성하기 위하여 고등교육 및 중등교육을 실시함을 목적으로 한다.
협성대학교:	이 법인은 대한민국의 교육이념과 기독교 대한감리회의 기독교 정신과 상동교회의 민족정신을 토대로 하여 중등교육 및 실업에 관한 전문교육과 고등교육을 실시하고 복지국가 실현을 위한 사회복지사업을 실시함을 목적으로 한다.

가장 많은 대학이 지도자를 양성·배출하는 것을 목적으로 정하고 있으며, 어떤 지도자를 어떻게 양성할 것이냐는 부분에 기독교적 내용을 담고 있다. 대다수 대학이 일반적인 의미로서 "기독교"적 이라는 표현을 사용하였다(기독교적 지도자, 기독교적 인물, 기독교 정신 등). 그러나 특정한 교단에 속한 대학들은 "기독교"를 더 한정하여 해당 교단의 정신에 입각한 기독교라는 식으로 구체적으로 표현하였다(목원대, 서울여자대, 한신대, 협성대). 또 다른 학교들은 교단적 연관이 아니고 신학적 입장에 근거해 "기독교"라는 의미를 더 구체적으로 한정하였다(명지대, 백석대, 연세대).[10] 가톨릭 대학들은 "가톨릭 정신" "가톨릭 세계관 및 예수회 교육이념" 등으로 정체성을 표현했다. 수원 가톨릭대학은 "가톨릭 정신이라 함은 '예수 그리스도의 인류애를 본받아 국가 사회와 세계복음화에 기여하는 인간을 육성한다'는 것을 의미하며, 가톨릭학교교육헌장을 구현하는 것을 일컫는다"라고 매우 상세하게

---

10) 김천대학 같은 경우는 특이한 사례이다. 이 대학은 정관에는 기독교적 정체성이 명확하게 표현되지 않았지만 실제 교육 현장에서는 기독교적 교육을 실시하고 있다. 이와 유사한 대학은 더 있을 수 있으나 이런 경우를 파악하기는 매우 힘들다.

기술하고, 정관 끝에 가톨릭학교교육헌장 전문을 첨부하였다. 모든 기독교 대학의 정관 1장 1조는 기독교적 정체성을 확인하게 되는 가장 중요한 지표가 된다.[11]

2. 정관의 변경에 관한 규정

앞의 기존 연구에 관한 분석에서 정관의 변경에 관한 규정이 기독교 대학의 정체성 유지와 매우 밀접한 연관이 있다는 것을 살펴보았다. 우리나라 대부분의 기독교 대학은 "정관 제1장 제5조(정관의 변경)"에 "이 법인의 정관은 이사 정수의 3분의 2 이상의 찬성에 의한 이사회의 의결로 변경하고 관할청에 보고한다"라는 조항을 갖고 있다. 예외적으로 정관 변경을 위해 교단 총회의 인준을 받아야 하는 것으로 정한 대학은 고신대학교, 대전신학대학교, 성결대학교, 숭실대학교, 영남신학대학교, 전주대학교, 한남대학교, 한일장신대학교, 호남신학대학교이다. 이 중에는 대한예수교장로회(통합)에 속한 대학이 많은데, 이는 앞에서 언급한 계명대의 사례의 영향 때문으로 판단된다. 정관 변경에 관해 표준적 규정을 갖고 있는 많은 대학들은 이사의 자격에서 기독교적 정체성을 철저하게 규정하고 있으므로 대학의 기독교적

---

11) 연세대학교의 경우 각 대학원과 단과대학은 정관의 목적에 기반하여 각 대학의 목적을 더욱 구체적으로 정하여 창립 정신을 실효적으로 구현하려는 노력을 하고 있다. 그 몇 가지 예를 소개한다: <경영전문대학원 학칙, 제1장 총칙, 제1조(목적)> 본 경영전문대학원은 기독교 정신에 입각하여 경영학 이론과 실무를 과학적 방법으로 연구 교수하며, 창의적이고 윤리적이며 국제적 시각을 갖춘 전문경영인을 양성하여 국가와 사회 발전에 기여함을 목적으로 한다. <법학전문대학원 학칙, 제1장 총칙, 제2조(교육이념)> 대학원은 기독교 정신에 입각하여 섬김의 리더십을 실현하는 글로벌 법조인 양성을 교육이념으로 한다.

창립 정신이 약화될 위험은 적다. 모든 가톨릭 대학은 일반적인 정관 변경 규정을 따르고 있다. 문제가 되는 것은 이사의 자격에 대학의 기독교적 정체성을 확보하기 위한 장치가 약하고, 정관의 변경도 이사 3분의 2 이상의 찬성으로 정한 경우이다. 연세대나 이화여대가 이 경우에 해당한다. 이런 대학은 이사회가 어떻게 구성되느냐에 따라 대학의 정체성이 근본적으로 바뀔 수 있는 가능성을 열어두고 있는 셈이다.12)

3. 구성원(임원, 교직원)의 종교에 관한 규정

또한, 대부분의 정관은 "3장 기관"에서 "임원의 선임방법"을 규정하는데, 이 부분도 기독교적 정체성을 드러내는 중요한 항목이다. 이사의 자격, 개방이사의 자격 등이 학교마다 조금씩 다르게 정해져 있다. 학교에 따라 교

---

12) 정관 변경과 함께 기독교 학교의 정체성에 근본적인 영향을 끼치는 변화는 법인의 해산일 것이다. 법인의 해산에 관한 절차와 잔여재산의 귀속에 관한 사항은 대부분 대학이 표준적 내용으로 정관에서 정하고 있다. 이 장에 수록한 기독교 대학의 정관 분석에는 법인 해산 관련 부분은 싣지 않았는데, 대신 대표적인 사례로 연세대학교와 서강대학교의 경우를 이곳에 소개한다. <연세대학교 정관 제5장 해산, 제40조(해산)> 이 법인을 해산하고자 할 때에는 이사정수 4분의 3 이상의 찬성으로 관할청의 인가를 받아야 한다. <제41조(잔여재산의 귀속)> 이 법인을 해산하였을 때의 잔여재산은 재적 이사 4분의 3 이상의 동의에 의하여, 관할청에 대한 청산 종결의 신고가 종료된 후, 이 법인과 동일 또는 유사한 목적을 가진 학교법인이나 교육사업을 경영하는 학교 기독교 단체에게 기부하여 귀속하게 한다.; <서강대학교 정관, 제5장 해산, 제40조(해산)> 이 법인이 제 1 조의 목적달성이 불가능하여 해산하고자 할 때에는 예수회의 동의를 받아 이사회 이사정수 3분의 2 이상의 찬성으로 관할청장의 인가를 받아야 한다. <제41조(잔여재산의 귀속)> 이 법인을 해산하였을 때의 잔여재산은 합병 및 파산의 경우를 제외하고는 예수회의 동의를 받아 이사회 이사정수 3분의 2 이상의 찬성으로 관할청장에 대한 청산종결의 신고가 종료된 후, 이 법인과 동일 또는 유사한 목적을 가진 천주교 단체가 고등교육기관을 경영하는 학교법인에 기부하여 귀속하게 한다.

단 소속 목사나 장로, 집사 이상, 세례교인, 기독교인 등으로 자격을 한정하는 경우도 있고 연세대와 같이 이사 중 일정 수가 기독교인이어야 한다고 규정하는 경우도 있다.[13] 교단에 속한 대학은 이사의 임명에 총회의 인준이 필요한 경우가 많다.[14]

---

13) 연세대학교의 경우 정관시행세칙에서 임원의 자격과 기독교 창립 정신 구현을 위한 이사회의 책임에 관해 더 자세한 규정을 두고 있다: <정관시행세칙, 제4조(기독교계 이사)> 정관 제24조 제1항 제1호의 기독교계 이사는 세브란스의학전문학교와 연희전문학교의 창립에 크게 공헌한 교단에 소속된 목사로 하되, 이 법인의 설립 정신을 존중하고 그의 발전에 크게 기여하는 자로 한다.; <제5조(사회유지 이사)> 정관 제24조 제1항 제4호의 사회유지 이사는 연세대학교 출신 2인과 기독교계 인사 2인으로 한다.; <제14조(선교위원회)> ① 위원은 기독교계 이사를 포함하여 5인 내지 7인으로 한다. ② 본 위원회는 이사회에서 위임하는 교목실 활동을 중심으로 하는 선교 문제에 관한 사항을 심의·처리한다. ③ 본 위원회에 교목실장과 원목실장이 배석할 수 있다.

14) 한신대학의 경우는 정관시행세칙 "제9장 총회의 인준"을 별도 항목으로 두어 총회의 인준이 필요한 사안을 추가로 모아서 기술하고 있다: <정관시행세칙, 제9장 총회의 인준, 제16조(총장의 인준)> 이사회에서 선임된 총장은 한국기독교장로회 총회의 인준을 받아 취임한다. <제17조(정관의 변경)> 이 법인의 정관변경은 이사 정수 3분의 2 이상의 찬성에 의한 이사회의 의결을 거쳐 총회와 관할청에 보고하여야 한다. <제18조(재산의 관리)> 정관 제6조 제2항의 규정에 의한 기본재산의 매도·증여·교환 또는 용도를 변경하거나 담보에 제공하고자 할 때에는 재적이사 3분의 2 이상의 찬성에 의한 이사회 의결을 거쳐 관할청에 허가를 득한 후 총회에 보고한다. <제19조(해산)> 이 법인을 해산하고자 할 때에는 이사정수 3분의 2 이상의 찬성에 의한 이사회 의결과 총회의 인준을 얻어 관할청의 인가를 받아야 한다.; 2016년 5월 10일 수원지방법원에 한신대학교 개방이사 김복기 목사(하늘뜻동문교회)가 총장 선임 결의 무효 확인 청구 소송을 제기했다. 김복기 목사는 자신을 포함한 두 명의 개방이사가 정식 이사임에도 불구하고 총장 선임 투표권을 행사하지 못했기 때문에 총장 선임 절차 자체에 하자가 있었다고 주장하였다. 한신대의 경우 이사의 임명에 총회의 인준을 요구하고 있는데, 김복기 목사는 사립학교법상 개방이사는 교육부의 승인을 얻고 등기를 마치면 곧바로 법률상 효력을 갖게 되므로, 이런 조항이 사립학교법과 상충된다고 주장하여 소송을 제기한 것이다. 교단의 입장은 교단 법상 한신대 개방이사는 총회 공천위원회와 실행위원회를 거쳐서 인준을 받아야 활동할 수 있다는 것이라고 한다. 해당 소송에 대한 법원의 판단은 본서의 출판 당시

그다음에 "교직원"에 관한 규정도 기독교적 정체성이 잘 드러나는 항목이다. 숭실대는 교원의 자격으로 "무흠한 기독교인", 한남대는 "무흠한 기독교 세례교인"으로, 연세대는 "기독교 성경이 가르치는 기독교인의 신앙생활을 하는 자"로 규정하고 있다.15)

4. 교목실, 교목, 교목실장에 관한 규정

그다음 중요한 규정은 교목실의 설치에 관한 항목이다. 대개 "직제"에 관한 장 아래 "하부조직"이라는 조에서 교목실의 설치와 교목 및 교목실장의 자격에 관해 기술하고 있다. 강남대 같은 경우는 교목실장을 "부교수 이상의 목사교원 또는 5급 이상의 목사직원"으로, 교목은 "조교수 이상의 목사교원 또는 별정직 목사로" 보한다. 백석대는 교목부총장을 두며, 세종대는 "대

아직 결정되지 않았으나 그 귀추는 매우 주목된다. 한편 정관과 사립학교법의 내용이 상충하여 다른 학교에서도 문제가 발생하는 경우가 종종 있다. 총신대학교는 2013년 길자연 총장 선임 당시 정년 문제로 교단과 이사회 사이에 갈등이 있었으며 길자연 총장의 사임 이후에도 양자 간에 합의에 이르지 못하고 있다고 한다. 침례신학대학교도 기독교한국침례회가 추천한 이사를 이사회가 거부하면서 총회와 학교가 대립하고 있다. 총회는 이사회를 징계하겠다고 하고, 이사회는 사립학교법에 따라 학교를 운영하는 것이라고 맞서고 있다. 총장 선임이나 학교의 중요한 사안에 대해 분규가 있을 때 정관의 내용과 그 해석이 매우 중요한 사안이 된다. 정관의 규정 중 어떤 사항이 상위법과 상충되는지의 판단에 따라 정관 조항의 유효성이 결정되므로 법률 전문가의 도움을 받아 정관의 내용을 점검하고 보완하는 일이 기독교 대학 연합 차원에서 필요할 것으로 보인다.
참고: "한신학원 이사, 총장 선임 무효 소송 제기" 뉴스앤조이. 2016년 5월 13일. http://www.newsnjoy.or.kr/news/articleView.html?idxno=203417 [2016.5.15. 접속]
15) 연세대학교는 <직원인사규정, 제3장 임용, 제13조(결격사유)>에서 "기독교를 반대하는 자"는 직원에 임용될 수 없다고 정하고 있다. 이는 운영 직원, 교육전문연구원, 계약 직원의 경우에도 동일하게 적용된다.

학교 교목실을 두며, 실장은 전임교원 또는 비전임교원으로" 보한다. 숭실대는 총장의 직할로 교목실을 두는 것으로 기술하고 있다. 인덕대학교는 특이하게 "① 대학교에 건학이념을 실천하기 위하여 교목실을 둔다"라고 교목실 설치의 근거를 규정한 후 "② 제1항 이외 대학교의 하부조직으로 기획처, 교무처⋯를 둔다"라고 기술하고 있다. 케이씨대학교(전 그리스도대학교)는 "교목실에 정관 제1조의 목적을 달성하기 위하여 법인의 신앙담당이사 및 교목실장과 교목들을 둘 수 있다. 교목실장은 별정직이나 부교수이상의 교원으로" 보한다고 정하고 있다. 모든 기독교 대학의 정관들을 비교해보면 교목실의 위상, 교목의 직위와 자격과 임기, 교목실장의 자격 등에 관한 사항이 학교별로 그 내용의 차이가 많은 것을 알 수 있다.

대부분 대학에서 교목실이 학교의 기독교적 정체성을 구현하기 위해 어떤 권한과 임무를 위임받았는지를 세부규정에서 정하고 있는데, 연세대학교의 경우 다음과 같은 다양한 차원과 영역에 연관되는 규정들이 있다.

〈직제규정, 제4장 행정부서, 제7조(교목실)〉 ① 교목실은 기독교 복음을 교직원과 학생에게 전하며 또한 대학교회의 운영을 관장한다. ② 전항의 업무를 수행하기 위하여 교목실에 선교지원팀을 둔다.

〈제6장 부속기관, 제15조(부속기관)〉 ① 본 대학교에 다음 각 호의 부속기관을 둔다. 1. 대학교회⋯ 22. 삼애교회. ③ 부속기관의 업무 및 직제는 다음의 각 호와 같다.1. 대학교회. 가. 대학교회는 서울캠퍼스에 위치하며 교직원, 학생 및 주민에게 복음을 전한다. 나. 대학교회는 교목실장이 관장한다⋯ 25. 삼애교회. 가. 삼애교회는 삼애캠퍼스에 위치하며 교직원, 학생 및 주민에게 복음을 전한다. 나. 삼애교회는 교목실장이 관장한다.

〈업무분장규정, 제3장 행정부서, 제10조(교목실)〉 교목실에 선교지원
팀을 두고 다음 사항을 분장한다. 1. 일반 학생채플과 영어채플에 관
한 업무, 2. 교내 종교활동 및 종교의식에 관한 업무, 3. 신앙상담,
4. 기독교의 이해 영역과 다양한 성서연구 및 기타 교육활동에 관
한 업무, 5. 대학교회 및 삼애교회 운영, 6. 교직원 수양회에 관한
업무, 7. 기숙사 입사생을 위한 선교 업무, 8. 기독학생 동아리 지
도 및 기타 선교활동 업무.

앞에서 살펴본 대로 인덕대와 케이씨대학교는 기독교적 교육이념을 구
현하는 데 교목실이 중요한 역할을 하는 것으로 정관에서 정하고 있다. 연세
대학교의 경우는 지금까지 살펴본 정관이나 하부 규정 어디에도 교목실이
학교의 창립 정신 구현을 위한 정책 수립과 실천에 관여한다는 구절이 없
다. 특이하게도 그런 구절은 연세대학교의 종교위원회규정에 나와 있
다. 그 내용 중 중요 사항은 다음과 같다.

〈종교위원회 규정, 제1조(목적)〉
이 규정은 연세대학교의 기독교적 창립 정신의 구현과 선교의 활성화
를 위한 종교위원회(이하 "위원회"라 한다)의 조직, 기능 및 그 운영에
관한 사항을 규정함을 목적으로 한다.
〈제2조(기능)〉
위원회는 위원장이 안건으로 부의하는 다음 각 호의 사항을 자문한다. 1.
선교정책의 수립, 2. 채플 및 절기예배, 3. 선교관련 교과목, 4. 교직
원의 종교상황, 5. 교직원 수양회, 6. 타종교의 활동, 7. 기타 교목실이
주관하는 각종 선교활동.

〈제3조(구성)〉

① 위원회는 다음 각 호의 위원으로 구성한다. 1. 당연직 위원 : 교목실장(위원장), 의료원원목실장, 원주교목실장, 연합신학대학원장, 신과대학장, 학생복지처장, 교회음악과장, 교목 2. 임명직 위원 : 문과대학, 상경대학… 간호대학 등 각 대학장의 추천을 받은 단과대학별 교수 1인. ② 간사는 교목실 선교지원부장으로 한다.

〈제4조(임기)〉

당연직 위원의 임기는 보직 재임기간으로 하고, 그 밖의 위원의 임기는 2년으로 하되, 연임할 수 있다.

〈제5조(위원장 등의 직무)〉

① 위원장은 위원회를 대표하며 위원회의 회무를 통리한다.

〈제6조(회의)〉

① 회의는 위원장이 한 학기에 1회 소집하는 것을 원칙으로 하고, 위원장이 필요하다고 인정할 때는 예외로 한다. ② 회의는 재적위원 과반수의 출석으로 개회하고, 출석위원 과반수의 찬성으로 의결한다.

위에서 보는 것처럼 종교위원회는 "연세대학교의 기독교적 창립 정신의 구현과 선교의 활성화"를 위해 조직된 것으로, 다루는 안건은 채플, 예배, 수양회 등의 구체적인 프로그램뿐 아니라 선교정책의 수립, 선교관련 교과목, 타종교의 활동 등의 정책적인 사안도 포함된다. 이 위원회의 위원장은 교목실장이 맡고, 모든 교목들은 당연직 위원으로 되어 있으므로 이 위원회의 운영에 교목실이 주도적 역할을 한다고 볼 수 있다. 그러나 이 위원회는 위의 사안에 대해 결정을 하거나 시행을 하는 것이 아니고 자문을 하는 역할을 하는 것이므로 그 기능이 제한적이다. 교목실의 입장에서 볼 때 종교위원회는 창립 정신 구현을 위한 중요한 정책에 대해 학교 전체의 여론을 청취하고 수렴하는 통로의 역할을 한다고 볼 수 있다. 그러나 종교위원회의 결의는 자문의 성격을 갖고 있으므로 이것을 교목실이 학교 본부나 이사회와 어떻게 소통하여 실행하느냐에 따라 교목실의 영향력이 정해진다고 볼 수 있다.

IV. 개신교와 가톨릭 대학의 정관 비교

1. 가톨릭교회의 공식 문헌에 나타난 교육 이념

전 세계 가톨릭 대학은 공통적으로 가톨릭교회의 공식적 입장에 따라 교육 이념을 설정하고, 각각의 상황에 맞춰 그것을 구현하려는 노력을 하고 있다. 국내적으로도 "한국 가톨릭 학교 교육 헌장"(부록에 수록)을 통해 공통된 목표를 규정하고 있다. 가톨릭교회의 고등교육에 관한 가장 중요한 두 문헌은 "그리스도교 교육에 관한 선언"(Gravissimum Educationis)과 "교회의 심장부로부터"(Ex Corde Ecclesiae)이다.16)

"그리스도교 교육에 관한 선언"은 1965년 제2차 바티칸 공의회 공식 문서에 포함되었는데, 고등교육에 관한 중요한 사항은 선언 제10조에 담겨 있

---

16) "Gravissimum Educationis" 바티칸 홈페이지. http://www.vatican.va/archive/hist_co uncils/ii_vatican_council/documents/vat-ii_decl_19651028_gravissimum-educationi s_en.html [2-16.3.1. 접속]; "Ex Corde Ecclesiae" 바티칸 홈페이지. http://w2.vatican. va/content/john-paul-ii/en/apost_constitutions/documents/hf_jp-ii_apc_15081990_ex -corde-ecclesiae.html [2016.3.1. 접속]; 가톨릭 대학의 교육 이념에 관해 다음 논문이 잘 다루고 있다. 최준규, 김정이, 원순식, "가톨릭고등교육의 정체성 구현을 위한 발전방안 연구- 가톨릭대학교를 중심으로," 「종교교육학연구」 26 (2008): 195-218.

다. 그 핵심적 내용에 대해 최준규 등은 다음과 같이 요약하고 있다. 첫째, 대학이 학문의 자유를 누리면서 각 학문 영역별로 고유한 원칙과 방법을 갖고 연구할 수 있는 여건을 보장해야 한다. 둘째로 신앙과 이성을 분리시키지 말고 연구의 성과를 통해 신앙과 이성이 어떻게 진리에 합치되는가를 더 깊이 이해하도록 노력해야 한다. 셋째로, 학생들이 학문적으로 우수한 실력을 갖추도록 교육하여 이들이 사회에서 중요한 역할을 감당하기에 충분한 자질을 갖추도록 교육하고, 사회에서 신앙의 증인으로 살도록 교육해야 한다. 넷째로, 가톨릭 대학이 세계 곳곳에 적절하게 분포되어 교육에 기여하며 몇몇 학교는 특별히 학문적인 탁월성을 확보하기를 바란다. 다섯째로, 교육의 기회를 확대하기 위해 경제적인 여건이 어려운 학생이나 신생국가 출신의 학생들이 그리스도교 고등교육의 기회에서 소외되지 않도록 노력해야 한다.17)

"교회의 심장부로부터"는 1990년에 발표된 교황문헌인데, 이 문헌에서는 가톨릭 대학교의 본질, 사명, 공동체로서의 특징, 교회와의 관계를 다루고 있다. 가톨릭 대학교의 본질에 관해서는 가톨릭대학교는 "하나의 대학으로서 인간의 존엄성과 문화적 유산을 보호하고 증진시키는 데 기여하는 학문공동체이며, 고유한 사명을 수행하는 데 필요한 학문의 자유를 보장"해야 한다고 밝힌다.18) 대학의 사명에 대해서는 엄격한 학문적 방법론에 입각한 교육과 연구, 학생과 지역의 요구에 응답하는 봉사가 매우 중요함을 강조한다. 일반 대학에서도 사명으로 삼고 있는 연구, 교육, 봉사는 가톨릭 대학의 경우 그 내용이 차별되어야 하는데 요점은 모든 분야에 기독교적 영감과 비

---

17) Ibid., 198.
18) Ibid.

전이 반영되어야 한다는 것이다.19)

2015년은 "그리스도교 교육에 관한 선언" 발표 50주년과 "교회의 심장으로부터" 발표 25주년을 맞는 해였다. 교황청 가톨릭교육성(Congregation for Catholic Education)에서는 이 중요한 해를 대비하여 2014년 4

---

19) 구체적으로 교육, 연구, 봉사의 영역에서 그리스도교 정신이 어떻게 반영되는지에 관한 최준규 등의 분석을 요약하면 다음과 같다. 1. 교육 영역: (1) 학생과 교수와의 관계는 단순한 지식이 아닌 진리를 사랑하고, 진리를 탐구하는 기쁨을 함께 나누는 동반자의 관계여야 하고, 긴밀한 영혼의 관계가 그 바탕이 되어야 한다. (2) 지식과 진리, 이성과 신앙, 지성과 사랑을 통합하는 교육이어야 한다. (3) 대학의 교육은 교회와 밀접한 관계를 맺으면서 교회의 생활과 사명에 동참하고 신앙과 도덕에 관한 사항에서 교회의 가르침을 충실히 따를 필요가 있다. 2. 연구 영역: 연구가 반드시 고려해야 할 요소는 (1) 인식의 통합(인간의 본성 안에 새겨진 진리에 대한 갈망과 염원을 모아 과학만능주의와 물질만능주의적 지식추구로부터 참다운 지적 분별력을 회복하고, 이를 위해 다양한 분과 학문이 유기적으로 협력하여 궁극적인 진리를 탐구하는데 통합적으로 노력해야 한다.), (2) 신앙과 이성의 대화(각 분과 학문이 각기 다른 내용과 방법론을 갖고 있지만, 그것들이 도덕적인 규범의 차원에서 그리스도교 신앙과 일치할 때엔 신앙과 결코 충돌하지 않는 것이다.), (3) 도덕적 관심(연구결과들이 인간의 윤리적 도덕적 관점에서 어떤 의미를 지니는지를 늘 고려해야 하고, 학문적 사고의 기초에 학문적 양심이 자리 잡아야 한다.), (4) 신학적 전망(학문 활동에서 얻어진 결과들이 어떻게 인간과 사회 그리고 하나님을 위해서 사용될 수 있을까에 대해 신학적 전망의 인도를 받아 분별하도록 노력해야 한다.) 등이다. 3. 봉사 영역: 가톨릭 대학은 다음과 같이 일반 대학과는 다른 차원의 봉사를 해야 한다. (1) 교회와 사회에 대한 봉사로 인재 양성, 시대의 문제를 해결할 과학적 탐구의 결과를 제공, 현대의 심각한 문제를 다루는 주제- 예를 들어 생명의 존엄성, 자원의 공정한 분배, 정의로운 정치경제적 질서-에 관한 연구, 그리스도교 인간학과 삶의 질 문제에 관한 연구, 사회 정의를 위한 노력, 교육기회 확대를 위한 노력을 통한 봉사. (2) 대학 내에서 구성원들에게 가톨릭적 가치관에 기반한 종교적, 도덕적 원리를 알리고, 타종교나 무종교의 입장에 있는 구성원들과도 공유할 수 있는 존중할만한 인간적 가치를 세우고, 교내외적으로 고통을 겪고 있는 사람들을 돌보는 봉사. (3) 복음과 문화의 풍요로운 대화를 위해 다양한 문화를 깊이 이해하고 현대 사회의 가치 가운데 무엇이 중요한 것인지를 식별하는데 봉사하여, 인간의 존엄성, 책임감, 초월적인 차원으로의 개방성, 가정의 소중함 등의 관해 건강한 인식을 하도록 돕는 일. (4) 복음화. Ibid., 199-200.

월 7일에 가톨릭 교육에 관한 공식 문헌을 발표했는데 제목은 "Educating Today and Tomorrow. A Renewing Passion"이다.[20] 이 문서는 가톨릭 교육에 관한 가장 최근의 공식 문서이므로 그 내용을 더 깊이 분석해보는 것은 매우 중요하다. 이 문서는 변화된 환경 속에서 가톨릭 대학의 정체성에 대해 다음과 같이 요약하고 있다.

교육은 학생들이 현실을 직면하게, 즉 세상에 대해 올바른 인식과 책임감을 갖게 인도해야 한다. 이를 위해서 정보와 지식을 습득하는 것도 필요하지만, 더 중요한 것은 인격적인 변혁을 체험하는 것이다. 그런 의미에서 동기부여가 전제 조건이면서 도달해야 하는 목표다.

가톨릭 고등교육은 비판적 사고를 할 수 있고, 고도의 전문성과 너그러운 인격을 동시에 갖추고, 배운 기술을 통해 공공의 선을 위해 봉사할 인재를 길러내는 것을 목적으로 한다. "필요할 때는, 가톨릭 대학은 대중이 듣기 싫지만, 진실 되고 좋은 사회를 지키기 위해 불편한 진실도 말해야 한다"(*Ex Corde Ecclesiae*, .n.32). 이런 사명을 이루기 위한 연구, 교육, 그리고 다양한 활동은 서로 유기적으로 연결되어 대학 교육의 근간의 역할을 해야 한다. 가톨릭 교육은 지식과 인간성이라는 이중적 영역에서의 성장을 위해 공헌해야 한다. 가톨릭 대학에서는 그리스도교적 영감이 학문적인 삶 전체에 스며들고, 연구를 조장하고, 젊은이들이 그들의 전문영역을 넘어서 더 넓고 의미 있는 것들을 바라볼 수 있도록 돕는다. 가톨릭 대학의 교수들은 파편화된 전문 지식의 체계를 극복하는데 고유

---

20) "Educating Today and Tomorrow. A renewing passion," http://www.vatican.va/roman_curia/congregations/ccatheduc/documents/rc_con_ccatheduc_doc_20140407_educa re-oggi-e-domani_en.html. [2016.3.1. 접속]

한 공헌을 하도록 부름 받았다. 그들은 모든 것에 의미를 주는 단 하나의 진리의 인도함을 받아, 다양한 학제간의 대화를 촉진하고, 고정관념에 사로잡히지 않은 유연한 사고방식으로 지식을 통합하려고 노력하여야 한다. 이런 대화에서 신학이 핵심적인 공헌을 한다.[21]

지금까지 가톨릭 고등교육에 관한 중요한 세 문서를 살펴보았다. 전 세계의 가톨릭 대학은 서로 유기적으로 연결되어서, 교육이념이나 중요한 신학적 기초에 대해서는 전체적인 합의를 이루면서, 각 대학은 지역이나 분야의 다양한 요구에 맞춰 그 정신을 구현하기 위해 노력하고 있다. 교황이 가톨릭 고등교육에 관해 직접 관심이 있고, 교황청의 교육성이 시대의 변화에 따라 교육의 목표를 계속 수정해 오고 있으므로 신학적으로 매우 깊고 균형 잡힌 관점을 유지해 올 수 있었던 것으로 보인다. 가톨릭교회가 고등교육을 위해 그동안 노력한 내용은 개신교 기독교 대학에 중요한 본보기가 된다.

2. 관동대학교와 가톨릭관동대학교의 정관 비교

관동대학은 학교법인 명지학원에 의해 설치되어 경영되는 학교였다.[22] 관동대학이 2014년 6월에 인천가톨릭학원에 인수되어 교명이 가톨릭관동대학교로 바뀌게 되었다. 명지학원은 관동대학교 외에 명지대학교, 명지전문대학교, 그리고 고등, 중등, 초등학교와 유치원을 경영하고 있었다.[23] 인

---

21) Ibid.

22) 대부분의 정관 제1장 총칙, 제3조(설치 학교)에 "이 법인은 제1조의 목적을 달성하기 위하여 다음의 학교를 설치, 경영한다"라는 조항을 포함한다. 좀 어색하지만 법인이 학교를 "경영"한다는 것이 공식적인 용어이다.

천가톨릭학원은 가톨릭관동대학과 인천가톨릭대학교을 경영하게 되었다. 관동대 교직원들과 학생들은 학교의 경영자가 바뀌어서 큰 변화를 겪어야 했지만, 학교법인의 정관상으로는 아주 작은 변화만 있었다. 이미 두 법인은 대학을 운영하고 있었으므로 기존의 정관에서 한 법인은 관동대학을 삭제하고, 다른 법인은 관동대학을 추가한 후, 그에 따른 세부 사항을 조정하는 정도의 변동이 있었을 뿐이다. 관동대학이 가톨릭관동대학으로 바뀌면서 정관상에 구체적으로 어떤 변화가 생겼는지 살펴보는 것은 매우 흥미롭고 중요한 과제이다.

우선 제1장 총칙, 제1조(목적)은 다음과 같이 바뀌었다.

명지학원: 이 법인은 순수한 복음주의 기독교정신과 대한민국의 교육이념에 입각하여 고등교육 중등교육 초등교육 및 유치원교육을 실시함을 목적으로 한다.

인천가톨릭학원: 이 법인은 대한민국의 교육 이념과 가톨릭 정신에 입각하여 고등교육을 실시함을 목적으로 한다.

결국, 가장 중요한 변화는 "순수한 복음주의 기독교정신"과 "가톨릭 정신"의 차이인 셈이다.

세부적인 내용을 비교해보기 전에 우선 눈에 띄는 차이가 하나 있다. 명지학원 정관은 산하 각종 학교 전반에 적용되는 내용(자산과 회계, 기관, 수

---

23) 2016년 3월 26일에 개정된 명지학원정관에는 제1장, 제3조(설치학교)에 관동대학교가 2014년 6월 16일자로 삭제한 것으로 표기되어 있다. 현재 고등교육을 실시하는 대학은 명지대학교와 명지전문대학교뿐이다.

익사업, 해산, 교직원 등에 관한 규정들)을 다룬 후, 직제에 관한 내용은 소속 학교별로 구분하여 다루고 있다. 그러나 인천가톨릭학원의 정관은 직제에 관한 규정도 산하 학교별로 따로 마련하지 않고 전체를 대상으로 하고 있으며, 필요한 경우에만 "단 인천가톨릭대학교는", "단, 가톨릭관동대학교의 경우는"이라는 식의 문구를 삽입함으로 학교별 상황을 반영한다.[24)]

임원의 선임방법과 자격에 관한 조항을 비교해보면 두 학교 간의 차이가 더 명확해진다.

명지학원: 〈제24조(임원의 선임방법)〉 이사와 감사는 건전하고 순수한 복음주의 기독교 신앙을 가진 자로….

인천가톨릭학원: 〈제16조(임원의 자격)〉 ① 이사 및 감사는 가톨릭 정신에 근간을 둔 '그리스도교 생명문화 창출'이라는 건학이념을 실현할 의지와 능력을 갖춘 자로서… ② 이사 및 감사는 천주교 사제로 서품된 지 5년 이상인 자, 또는 수도자로서 종신서원을 한 지 5년 이상이 경과한 자로서 교구장(또는 소속 수도회의 장)의 지명을 받은 자로 한다.[25)]

두 정관 모두 제7장에서 직제를 다루면서 (가톨릭)관동대학교에 관한 사항을 구별된 절로 정하고 있다. 대부분 내용은 일반적인 것이어서 큰 차이

----

24) 예를 들어 "… 학교의 장은 이사회의 의결을 거쳐 이사장이 임면한다. 단, 인천가톨릭대학교는 천주교 사제인 자로 한다." "학교의 장의 임기는 4년으로 하며 1회에 한하여 중임할 수 있다. 단, 가톨릭관동대학교의 경우 중임의 횟수에 제한이 없다." 중대한 사안에 대해 이처럼 다른 원칙이 적용되는 것은 두 학교의 역사와 성격이 크게 다르기 때문으로 추정된다.
25) 개방이사와 추천감사의 자격도 동일하게 정하고 있다.

가 없어 보인다. 교목실에 관한 부분은 주목해서 살펴야 하는데, 두 정관 모두 대학교에 교목실을 둔다는 조항이 있다.[26] 관동대의 경우는 교목실이 다른 실·처보다 제일 앞에 언급되어 있었고, 가톨릭관동대 경우는 반대로 맨 끝에 나온다. 이런 변화가 무슨 의미를 갖는지 정확하게는 모르겠지만 교목실의 위상이 이전보다는 많이 약화된 것은 사실이라고 판단된다. 또한, 교목실장에 관하여 이전에는 "교목실장은 목사자격을 소지한 교원으로 보하며"라고 되어 있는 것을 새로운 정관에서는 "교목실장은 사제 신분의 교원으로 보한다"라고 바꾼 것이 눈에 띈다.[27] 이전의 대학에 대학교회를 둔다는 조항은 천주교회를 둔다는 내용으로 바뀌었다.[28]

V. 기독교 대학의 정관 본문 분석

1. 기독교(개신교) 대학의 정관

번호	학교	기독교 관련 정관 내용
1	감리교신학 대학교	〈제1장 총칙, 제1조(목적)〉 이 법인은 대한민국 교육이념에 기하여 신학과 기독교교육에 필요한 학술의 심오한 이론과 실제를 교수 연구하며 기독교대한감리교계에 헌신할 교역

---

26) (명)제87조(하부조직), (가)제85조(본부행정조직)

27) (명)97조(하부조직), (가)85조(본부행정조직)

28) (명)<제98조(부속기관)> 대학교에는 대학교교회를 두며 교회에 관한 규정은 별도 정하는 바에 의한다; (가)제87조(부속기관)> 대학교에는 대학교 천주교회를 두며 천주교회에 관한 규정은 별도 정하는 바에 의한다.

		자를 양성하기 위하여 고등교육을 실시함을 목적으로 한다. 〈제3장 기관, 제1절 임원, 제20조(임원의 선임방법)〉 ① 이사와 감사는 <u>기독교대한감리회</u>에 소속된 <u>목회자 및 평신도 임원</u>으로 건학이념을 구현할 수 있는 자로서… 〈제20조의2(개방이사의 자격)〉 ① 이 법인의 개방이사는 <u>기독교대한감리회</u>에 소속된 <u>목회자 및 평신도 임원</u>으로 건학이념을 구현할 수 있는 자 중에서 선임한다.
2	강남대학교	〈제1장 총칙, 제1조(목적)〉 이 법인은 대한민국의 교육이념과 <u>기독교</u> 정신에 의하여 유.초, 중등 및 고등교육과 사회복지사업을 실시함을 목적으로 한다. 〈제3장 기관, 제1절 임원, 제21조의2(개방이사의 자격 등)〉 본 법인의 개방이사의 자격요건은 다음과 같다. 1. 본 법인의 건학이념과 설립목적을 구현할 수 있는 자 2. <u>기독교 세례교인</u>으로써 학식과 경험이 풍부한 자 〈제3장 기관, 제3절 대학평의원회, 제33조의2(평의원회의 구성)〉 ① 평의원회는 교원·직원 및 학생을 대표 할 수 있는 자 및 동문, 학부모, 지역대표, <u>기독교교회</u>지도자, 교육유공자 중에서 학교의 장이 위촉하는 11인의 평의원으로 구성하며… 〈제6장 교직원, 제2절 대학교, 제97조(하부조직)〉 ② <u>교목실장</u>은 부교수 이상의 <u>목사교원</u> 또는 5급 이상의 <u>목사직원</u>으로 보하고… ③ <u>교목실</u>의 교목은 조교수 이상의 <u>목사교원</u> 또는 별정직 <u>목사</u>로 보한다.
3	경성대학교	〈학교법인 한성학원 정관, 제1장 총칙, 제1조〉 이 법인은 <u>기독교 복음</u>을 토대로 대한민국의 교육이념에 입각하여 대학교육을 실시함을 목적으로 한다.
4	계명대학교	〈제1장 총칙, 제1조(목적)〉 이 법인은 대한민국의 교육이념에 입각하여 국가사회 및 <u>기독교</u>적 지도자를 양성하기 위하여 교육을 실시함을 목적으로 한다. 〈제3장 기관, 제24조(임원의 선임방법)〉 ① 이사와 감사는 이사회에서 선임하여 관할청의 승인을 받아 취임한다. 단, 이사 중 3인은 <u>기독교 교인</u>이어야 한다. 〈제6장 교직원, 제43조(자격과 임용 등)〉 ① 이 법인이 설치, 경영하는 학교의 교원의 자격에 관하여는 국립 및 공립학교 교원의 자격에 관한 규정을 준용하되 <u>기독교인</u>임을 원칙으로 한다. 〈제7장 직제, 제2절 대학교, 제96조(의료원)〉 ④ 의료원에는

		기독교 신앙생활의 지도를 위한 원목실과 기획정보처… 감사실을 둔다.
5	고신대학교	〈제1장 총칙, 제1조(목적)〉 이 법인은 대한예수교 장로회(고려파) 총회 직할 하에서 성경에 기초한 개혁주의 신학과 장로회 헌법 및 대한민국 교육이념에 따라 목사와 교회 및 국가 사회 지도자 양성을 위한 고등교육을 실시함을 목적으로 한다. 〈제5조(정관변경)〉 이 정관의 변경은 총회의 인준을 받고, 이사정수의 3분의 2 이상의 찬성에 의한 이사회의 의결로 관할청의 인가를 받아야 한다. 〈제3장 기관, 제1절 임원, 제20조(임원의 선임방법)〉 ① 이 법인의 이사 및 감사는 총회에 속하는 해당 부문의 전문인과 총회 소속의 목사와 장로 중에서 교단 총회의 동의를 받아 이사회의 선임 의결을 거쳐 관할청의 승인을 받아 취임한다. 〈제20조의2(개방이사의 자격)〉 이 법인의 개방이사는 고신교단 소속 목사, 장로 중에서 선임한다. 〈제7장 직제, 제2절 대학교, 제70조(하부조직)〉 ② 교목실장은 목사인 부교수 이상의 교원으로 보하고, 교목은 목사로 보한다.
6	광신대학교	〈제1장 총칙, 제1조(목적)〉 이 법인은 칼빈주의 정통 보수 신학을 기초로 하고 장로회 신조와 대한민국 교육이념에 기하여 대한예수교 장로회 산하 교회 교역자 양성을 위한 고등교육을 실시함을 목적으로 한다. 〈제3장 기관, 제20조의 2(개방이사의 자격)〉 이 법인의 개방이사는 본 총회에 소속한 목사 및 장로 중에서 선임한다.
7	김천대학교	〈제3장 기관, 제1절 임원〉 ⑧ 법인의 건학이념(종교이념) 및 교육목표에 동의하지 않는 자를 임원으로 선임하여서는 아니 된다.29)
8	나사렛 대학교	〈제1장 총칙, 제1조(목적)〉 이 법인은 대한민국의 교육이념과 기독교 정신에 의거하여 국가와 인류사회에 봉사하는 지도자를 양성하고 대한기독교나사렛성결회 교역자 교육을 위하여 고등교육 유아교육 및 국민생활의 기초교육과 종교교육을 실시하고, 국민의 복지증진을 위한 사업을 시행함을 목적으로 한다. 〈제3장 기관, 제1절 임원, 제23조(임원의 임기)〉 ③ 대한기독교나사렛성결회 총회감독과 대학교의 장은 재직기간동안 당연직 이사가 된다. 〈제24조(임원의 선임방법)〉 ① 이사와

		감사는 대한<u>기독교</u>나사렛<u>성결회총회</u> 실행위원회가 복수로 추천하고 이사회에서 선임하여 관할청의 승인을 받아 취임한 다. 〈제24조의 2(개방이사의 자격)〉 이 법인의 개방이사는 대한 <u>기독교</u> 나사렛성결회 <u>신도</u>로서 <u>세례</u>를 받은 자이어야 한다.
9	남서울 대학교	〈제1장 총칙, 제1조(목적)〉 이 법인은 대한민국의 교육이념 과 <u>기독교</u> 정신에 입각하여 고등교육을 실시함을 목적으로 한다. 〈제3장 기관, 제1절 임원, 제20조의 2(개방이사의 자격)〉 법 인의 개방이사는 설립자의 창학 이념을 계승·발전시킬 수 있 는 <u>기독교인</u>으로서 세례를 받은 자이어야 한다. 〈제6장 교직원, 제1절 교원, 제1관 임면, 제44조(임면)〉 ⑦ 이 법인이 경영하는 대학의 교원은 무흠한 <u>기독교</u> 교인이라야 한다. 〈제6장 교직원, 제3절 사무직원, 제74조(임용)〉 ② 제1항의 규정에 의한 임용에 있어서 그 시험과목, 방법, 절차 등에 관 하여는 따로 인사규칙으로 정하되, 일반직원은 무흠한 <u>기독</u> <u>교</u> 교인이라야 한다.
10	대신대학교	〈제1장 총칙, 제1조(목적)〉 이 법인은 대한민국의 교육이념 에 입각하여 대한<u>예수교장로회</u> <u>총회</u>헌법과 <u>개혁주의</u> <u>신앙</u> 이념과 관련하여 고등교육과 유아교육 및 <u>기독교교육</u>에 필 요한 학술의 심오한 이론과 실제를 교수 연구하여 <u>교역자양</u> 성을 위한 신학교육을 실시함을 목적으로 한다. 〈제3장 기관, 제1절 임원, 제23조의2(임원의 자격)〉 대한<u>예</u> <u>수교</u> <u>장로회</u> 총회(합동) 소속의 <u>세례교인</u>이어야 한다. 〈제 24조의 2(개방이사 자격)〉 이 법인의 개방이사는 설치 경영 학교의 건학이념을 구현할 수 있으며 대한<u>예수교</u> <u>장로회총</u> <u>회</u>(합동) 소속의 <u>세례교인</u>이어야 한다. 〈제6장 교직원, 제1절 교원, 제1관 임명〉 ⑫ 이 법인이 설치· 경영하는 학교의 교원은 국립 및 공립학교 교원의 자격에 관 한 규정을 준용하되 대한<u>예수교</u> <u>장로회</u> <u>총회</u>(합동)소속의 <u>세례교인</u>임을 원칙으로 한다.
11	대전신학 대학교	〈제1장 총칙, 제1조(목적)〉 이 법인은 대한민국 교육이념에 입각하고 대한<u>예수교장로회</u> 총회 직할하에서 <u>성서적</u> <u>신학</u> 과 대한<u>예수교장로회</u> 신조와 헌법에 기준하여 <u>교역자</u> 양성 을 위한 고등교육을 실시함을 목적으로 한다. 〈제5조(정관변

		경)〉 이 법인의 정관 변경은 이사정수의 3분의 2 이상의 찬성에 의한 이사회의 의결을 거쳐 총회의 인준을 받아 관할청의 인가를 받는다. 〈제3장 기관, 제1절 임원, 제20조(임원의 선임방법)〉 이사와 감사는 총회가 추천한 자로, 개방이사와 개방감사는 개방이사 추천위원회가 추천한 자를 이사회에서 선임하여 관할청에 승인을 받아 취임한다. 〈제20조의 2(개방 이사의 자격)〉 이 법인의 개방이사는 설치·경영하는 학교의 건학이념을 구현할 수 있는 자로 대한예수교장로회(통합) 교단 소속 목사 또는 장로로 한다. 〈제6장 교직원, 제1절 교원, 제1관 임명, 제36조(임면)〉 ① 이 법인이 설치 경영하는 학교의 총장은 이사회의 의결을 거쳐 총회의 인준을 얻어 이사장이 임명하되…
12	동서대학교	〈제1장 총칙, 제1조(목적)〉 이 법인은 대한민국의 교육이념에 입각하여 기독교 정신 구현과 고등교육 및 유치원교육을 실시함을 목적으로 한다. 〈제3장 기관, 제1절 임원, 제15조의 3(개방이사의 자격)〉 이 법인의 개방이사는 기독교인(세례교인 이상)이어야 한다. 〈제16조(임원선임의 제한) ⑥ 이사는 제1조의 목적을 구현하기 위하여 기독교인으로 선임하여야 한다(세례교인 이상) ⑦ 이 법인의 건학이념(기독교 정신 구현) 및 교육목표에 동의하지 않는 자를 임원으로 선임하여서는 아니 된다. 〈제7장 직제, 제2절 대학교〉 ② 교목실장은 목사자격을 갖춘 부교수이상으로 보하며…
13	루터대학교	〈제1장 총칙〉 제1조(목적) 이 법인은 복음적 종교개혁의 정신과 대한민국 교육법에 명시된 "홍익인간"을 이념으로하여, 복음으로 교회와 사회를 섬길 일꾼을 양성하기 위하여 고등교육을 실시함을 그 목적으로 한다. 〈제3장 기관, 제1절 임원, 제22조 2(개방이사의 자격)〉 개방이사는 제 1조의 설립목적을 구현할 수 있는 기독교 한국루터회에 소속된 자이어야 한다. 〈제24조(임원의 선임 방법)〉 ① 이사와 감사는 기독교 한국루터회 총회와 협의하여 이사회에서 선임하고 관할청의 승인을 받아 취임한다. 〈제7장 직제, 제2절 루터대학교, 제88조(하부조직)〉 ② 교목실장은 목사로 보하고… 〈정관 시행세칙, 제3장 임원, 제5조(임원의 선임)〉 ① 이사 정수의 3분의 2는 이사회의 요청에 따

		라 <u>총회</u> 실행위원회에서 선임한다.
14	명지대학교	〈제1장 총칙, 제1조(목적)〉 이 법인은 순수한 복음주의 <u>기독교</u> 정신과 대한민국의 교육이념에 입각하여 고등교육 중등교육 초등교육 및 유치원교육을 실시함을 목적으로 한다. 〈제3장 기관, 제1절 임원, 제25 조(임원 선임의 제한)〉 이사와 감사는 건전하고 순수한 <u>복음주</u>의 <u>기독교</u> <u>신앙</u>을 가진 자라야 하며… 〈제6장, 제1관 교원, 제1관 임명, 제43조의 2(<u>교목</u>)〉 학교에 <u>교목</u>을 두며 <u>교목</u>은 목사자격을 소지한 자로 보한다. 〈제2관 신분보장, 제44조(휴직의 사유)〉 ① 교원이 다음 각 호에 해당하는 사유로 휴직을 원하는 경우에는 당해 교원의 임면권자는 휴직을 명할 수 있으며 대학교육기관은 학교의 장에게 위임한다… 9. <u>기독교</u> 정신에 위배되는 소행이 있어 학교의 체면을 손상하였을 때. 〈제50조의 4(정년)〉 ① 교직원의 정년은 다음과 같다. 1. 교원의 정년은 교육공무원법의 규정에 따른다. 다만, 학교의 장(부총장, 대학원장, 특수대학원장, 사회교육원장 포함)과 <u>교목</u>의 경우에는 그러하지 아니한다. 〈제7장 직제, 제1절 법인, 제89조(법인사무국)〉 <u>학원선교</u>를 위하여 <u>선교위원회</u>를 둘 수 있으며 위원 및 위원장은 이사장이 위촉한다. 〈제7장 직제, 제2절 명지대학교, 제92조(하부조직)〉 ① 대학교에 교목실, 기획조정실… 를 둔다. ② <u>교목실장</u>은 <u>목사</u>자격을 소지한 교원으로 보하며… ③ <u>교목실</u>은 자연캠퍼스에 <u>선교지원팀</u>을 두며 팀장은 주사 이상의 직원으로 보한다. 〈제94조(부속기관)〉 ⑤ 대학교에는 대학교<u>교회</u>를 두며 <u>교회</u>에 관한 규정은 별도 정하는 바에 의한다. 〈제94조(부속시설)〉 ① 대학교에는 다음의 부속시설을 둘 수 있다. 1. 부속기관 - 도서관… 대학<u>교회</u>… ② 부속시설에 각각 장을 두며, 부속시설의 장은 조교수 이상의 교원으로 겸보한다. ⑤ 제1항 제1호의 부속기관 대학<u>교회</u>는 제2항의 규정에 불구하고 따로 기간을 정하여 <u>전담목사</u>를 임용할 수 있다.
15	목원대학교	〈제1장 총칙, 제1조(목적)〉 이 법인은 대한민국의 교육이념과 <u>기독교대한감리회</u> <u>신앙</u>전통에 입각하여 고등교육을 실시함으로써 국가와 <u>교회</u>와 사회에 봉사할 수 있는 유능하고 성실한 <u>기독교</u>적 인물의 양성을 목적으로 한다. 〈제3장 기관, 제1절 임원, 제23조(임원의 임기)〉 <u>기독교</u> 대한 <u>감리회</u> <u>교회치리법</u>으로 파송되는 <u>교단</u> 학교의 직권상 이사

		(현직감독 3명)의 임기는 감독으로 재임하는 기간동안 이사로 재임한다. 〈제24조(임원의 선임방법)〉 … 이사의 선임은 다음 각 호에 해당하는 협동기관의 추천을 받아 행한다. 1. 기독교 대한감리회 9개 연회 각 1명… 6. 모든 이사는 이 대학교의 건학이념에 찬동하는 기독교 인사로 선임한다.
16	배재대학교	〈제1장 총칙, 제1조(목적)〉 이 법인은 대한민국 교육의 기본이념과 기독교정신을 바탕으로 하여 유아교육, 중등교육 및 고등교육을 실시함을 목적으로 한다. 〈제24조(임원의 선임방법)〉 이사와 감사는 기독교인으로 하되 다음 비율로 이사회에서 선임하여… 1. 기독교 대한감리회 유지 4인 2. 미감리교회 세계선교부 소속 선교사 1인… 〈제24조의 2(개방이사의 자격)〉 개방이사는 기독교인 중 세례교인으로서 배재학당의 건학이념을 구현할 수 있는 자이어야 한다. 〈제7장 직제, 제2절 대학교, 제92조(행정부서)〉 ① 대학교에 교목실, 기획처, 교무처… 를 둔다. ② 교목실장… 은 부교수 이상의 교원으로… 보한다.
17	백석대학교	〈제1장 총칙, 제1조(목적)〉 이 법인은 대한민국 교육이념을 기초로 기독교세계관과 기독교교육이념에 입각한 고등교육과 전문직업인에게 필요한 전문교육과 유아교육을 실시함을 목적으로 한다. 〈제7장 직제, 제2절 백석대학교, 제79조(총장 등)〉 ③ 대학교에 기독교세계관 및 기독교 교육이념의 정체성 확립을 위해 백석정신아카데미를 설치하고, 백석정신아카데미에 총재와 부총재, 사무총장, 본부장 등을 둘 수 있다. ④ 대학교에 대학경쟁력강화위원장, 학사부총장, 교목부총장, 기획조정부총장 등을 둘 수 있다. ⑤ 부총장은 총장을 보좌하며 총장이 사고가 있을 때에는 대학경쟁력강화위원장 학사부총장, 교목부총장, 기획조정부총장 등의 순으로 총장의 직무를 대행하며, 궐위된 부총장의 직무는 총장의 제청으로 이사장이 지명하는 부총장이 그 직무를 대행한다. ⑥ 대학교에 본부장 및 교무처장, 학생처장… 교목실장, 영성훈련실장… 등을 둘 수 있다. ⑨ 본 대학교에 부속시설로 도서관, 기독교박물관, 백석역사관, 백석사회봉사단… 기독교인문학연구소, 기독교학부… 및 백석선교문화원을 두고, 부설기관으로 백석대학교회(천안·서울)를 둘 수 있다. 〈제83조(부설기관)〉 ① 대학교와 대학원(서울)에 백석대학교회(천안·서울)를 둔다. ② 대학교

		에는 평생교육, 직업교육 및 <u>종교</u>교육 등을 위하여 필요한 부설기관을 둘 수 있다.
18	부산외국어 대학교	〈제1장 총칙, 제1조(목적)〉 이 법인은 대한민국 교육이념과 <u>기독교</u> 정신에 입각하여 중등교육과 고등교육을 실시함을 목적으로 한다. 〈제3장 기관, 제1절 임원, 제24조의 3(개방이사의 선임)〉 ③ 이사장은 개방이사 선임 대상자를 추천요청 할 때 다음 각호의 자격요건을 함께 제시할 수 있다. 1. <u>기독교</u> 교인(<u>집사</u>이상)으로서 법인의 건학이념을 구현할 수 있는 자. 〈제7장 직제, 제1절 법인, 제89조(법인 조직)〉 ③ 이 법인과 설치학교의 건학정신 구현 및 <u>선교</u>활동을 위하여 대학<u>교회</u>와 <u>선교위원회</u>를 두며, <u>선교위원회</u>에 관한 세부사항은 이사장이 따로 정한다. 〈제2절 대학교, 제92조(하부조직)〉 ① 대학교에 <u>교목실</u>을 두며, <u>교목</u>은 목사자격자로서 조교수 이상의 교원 또는 별정직으로 보할 수 있다.
19	부산장신 대학교	〈제1장 총칙, 제1조(목적)〉 이 법인은 대한민국 교육이념에 입각하여 대한<u>예수교</u> 장로회 신조를 토대 위에 <u>교회</u>와 국가사회 발전에 기여할 인재를 양성키 위해 고등교육을 실시함을 목적으로 한다. 〈제3장 기관, 제1절 임원, 제20조의2(개방이사 및 감사의 자격)〉 이 법인의 개방이사는 대한<u>예수교장로회(통합)교단</u>의 <u>목사</u>, 장로로서 본 법인의 설립목적에 찬동하는 자 이어야 한다. 〈제20조의 5(추천위원회)〉 ② 추천위원회 위원 정수는 7인으로 하고 그 구성원은 다음 각 호와 같다. 1. 대학평의원회에서 추천하는 자 : 4인, 2. 본 <u>교단</u> <u>총회</u>에서 추천하는 자 : 3인.
20	서울기독 대학교	〈제1장 총칙, 제1조(목적)〉 이 법인은 대한민국의 교육이념에 입각하여 고등교육 및 <u>그리스도의교회</u>의 환원정신에 입각한 <u>교역자</u>와 <u>기독교</u> 지도자 양성을 위한 전문 교육 및 평생교육을 실시함을 목적으로 한다. 〈제3장 기관, 제1절 임원, 제24조의 2(개방이사의 선임)〉 ② 법인의 개방이사는 <u>그리스도의 교회</u>에 출석하는 <u>세례교인</u>으로서 소속 <u>교회</u> 담임<u>교역자</u>의 추천을 받은 자 이어야 한다. 〈제3절 대학평의원회, 제35조의 4(평의원회의 구성)〉 ① 평의원회는 … 11명의 평의원으로 구성하며, 각 구성단위의 정원은 다음 각 호와 같다. 5. 대학발전에 도움이 될 수 있는 자

		2명으로 하되 그 중 1명은 <u>그리스도의교회</u>협의회에서 추천한 자로 한다.
21	서울신학 대학교	〈제1장 총칙, 제1조(목적)〉 이 법인은 대한민국의 교육이념에 의거하여 <u>기독교</u> 대한 <u>성결교회</u>의 정신에 입각한 <u>기독교 교역자</u> 및 지도자를 양성함을 목적으로 한다. 〈제3장 기관, 제1절 임원, 제24조(임원의 선임방법)〉 ① <u>기독교대한성결교회</u>에서 추천한 임원(이사 11인과 감사 1인) 및 개방이사추천위원회에서 추천한 임원(이사 4인과 감사 1인)은 이사회에서 선임하여 관할청의 승인을 받아 취임한다. 〈제24조의2(개방이사의 자격)〉 이 법인의 개방이사는 <u>기독교대한성결교회</u>의 목사 또는 <u>장로</u>이어야 한다. 〈제24조의5(추천위원회)〉 ② 추천위원회의 위원은 <u>기독교대한성결교회</u>에서 추천한 7인으로 구성한다. 〈제5장 해산, 제38조(해산)〉 이 법인을 해산하고자 할 때에는 <u>기독교대한성결교회</u>의 동의를 얻어 이사정수의 3분의 2 이상의 찬성으로 관할청의 인가를 얻어야 한다. 〈제39조(잔여재산의 귀속)〉 이 법인을 해산하였을 때의 잔여재산은 <u>기독교</u> 대한 <u>성결 교회</u>와 오엠에스의 동의를 얻어 이사회가 의결하되 합병 및 파산의 경우를 제외하고는 관할청에 대한 청산종결의 신고가 종료된 후 <u>기독교대한성결교회</u>가 지정하는 학교법인이나 교육사업을 경영하는 자에게 귀속된다. 〈제7장 직제, 제2절 대학, 제90조(하부조직)〉 ② <u>교역처</u>에는 교목실과 생활관을 두며, 처장 1인, <u>교목(목사</u>, 전도사), 생활관장 및 필요한 직원을 둔다. 처장은 <u>목사</u>로서 부교수 이상의 교원 중에서, 생활관장은 조교수 이상의 교원 중에서 보한다.
22	서울여자 대학교	〈제1장 총칙, 제1조(목적)〉 이 법인은 대한민국 교육의 근본이념과 대한<u>예수교장로회총회</u>의 <u>성경적 신앙</u>에 입각한 <u>기독교</u> 정신으로 <u>기독교</u> 지도자와 국가사회의 지도자를 양성하기 위하여 학령 전 아동교육, 초등·고등교육을 실시함을 목적으로 한다. 〈제3장 기관, 제24조(임원의 선임방법)〉 ① 이사와 감사는 이사회에서 선임하여… 다만, 대한<u>예수교장로회총회</u> 파송이사는 <u>총회</u>의 동의를 얻는다. 〈제24조의 2(개방임원의 자격)〉 ① 개방임원의 자격 요건은 다음 각 호와 같다. 3. 대한<u>예수교장로회</u>(통합) 교단의 항존직(恒存職) 이상의 직분을 받은 자. 〈제25조(임원선임의 제한)〉 ① 이 법인의 임원은 전부가 <u>기독교 세례교인</u>으로…

23	서울장신 대학교	〈제1장 총칙, 제1조(목적)〉 이 법인은 대한민국 교육의 근본 이념에 입각하여 대한예수교장로회 총회(통합) 산하에서 장로회신조와 헌법에 기준하여 교회와 국가사회 발전에 공헌할 교육에 필요한 학술의 심오한 이론과 실제를 교수·연구하여 교역자 및 인재 양성을 위한 고등교육을 실시함을 목적으로 한다. 〈제3장 기관, 제1절 임원, 제24조의2(개방이사의 자격)〉 이 법인의 개방이사는 대한예수교장로회 총회(통합) 교인으로서 세례를 받은 자 이어야 한다. 〈제24조의5(추천위원회의 구성)〉 ② 추천위원회의 위원 정수는 7인으로 하고 그 구성은 다음 각호와 같다. 1. 대한예수교장로회 총회(통합)에서 추천하는 자 4인.
24	성결대학교	〈제1장 총칙, 제1조(목적)〉 이 법인은 기독교정신과 대한민국의 교육이념에 의거하여 예수교대한성결교회 총회의 관할하에 기독교 교역자와 성경적 일반사회 지도자 양성을 위한 교육을 실시함을 목적으로 한다. 〈제5조(정관의 변경)〉 이 법인의 정관의 변경은 이사 정수의 3분의 2이상의 찬성에 의한 이사회의 의결을 거쳐 예수교대한성결교회 총회의 인준과 관할청에 보고를 하여야 한다. 다만, 제88조 대학의 하부조직 및 제92조 정원에 관련된 사항은 이사회 의결로 확정하고 총회와 관할청에 보고하여야 한다. 〈제3장 기관, 제1절 임원, 제22조의2(임원의 자격 및 구성)〉 ① 임원은 예수교대한성결교회 소속 목사·장로·권사·안수집사이어야 한다. 다만, 공인회계사인 감사는 예외로 할 수 있다. 〈제24조(임원의 선임방법)〉 ① 이사와 감사는 예수교대한성결교회 총회의 파송(개방임원 제외)을 받아 이사회에서 선임하여 관할청의 승인을 받아 취임한다… ② 개방형 임원은 개방이사추천위원회가 추천하고 이사회에서 선임하여 관할청의 승인을 받아 취임하며 이를 총회에 보고한다. ③ 추천위원회 위원 정수는 5인으로 하고, 대학평의원회에서 추천하는 자 3인, 총회에서 추천하는 자 2인으로 구성하고 임기는 2년으로 한다. 〈제26조(이사장의 선출방법과 그 임기)〉 ① 이사장은 이사 중 이사회에서 비밀투표로 이사정수 과반수 득표자로 선출하여 예수교대한성결교회 총회의 승인을 받아 취임한다. 〈제6장 교직원, 제1절 교원, 제1관 임면, 제40조(임면)〉 ① 이 법인이 설치 경영하는 … 학교의 장의 임명은 예수교대한성결교회 총회의 인준을 받아야 하며… 면직은 예수교대한성

		결교회 총회의 인준을 받아야 한다. 〈제3관 교원인사위원회, 제49조(인사위원회의 기능)〉 ② 인사위원회가 … 임용기간이 만료되는 교원에 대하여 … 임면의 동의를 함에 있어서 전 임용기간중의 다음 사항을 참작하여야 한다. 3. 교육관계법령의 준수 및 예수교대한성결교회 산하 대학교원으로서의 품위 유지 〈제89조(부속시설)〉 ⑤ 대학교에는 대학교회를 두며, 교회에 관한 규정은 따로 정한다.
25	성공회 대학교	〈제1장 총칙, 제1조(목적)〉 이 법인은 대한민국의 교육이념과 기독교의 공 교회인 성공회의 선교 이념에 입각하여 국가와 사회 및 교회에 봉사할 수 있는 지도적인 인재를 양성하기 위한 고등교육과 정신지체자를 위한 특수교육을 실시함을 목적으로 한다. 〈제3장 기관, 제1절 임원, 제22조(임원의 종류와 정수) ③ … 이사 중 다음 각 호는 당연직 이사로 한다. 1. 대한성공회 각 교구장 3인 2. 대한성공회 성직자 대표 1인 3. 대한성공회 평신도 대표 1인 4. 성공회대학교 총장 1인 〈제24조의2(임원의 자격)〉 ① 이사와 감사는 공교회인 성공회 선교정신에 의한 건학이념을 실현, 계승, 발전시킬 수 있는 의지를 갖춘 자로서 대한성공회 교회에서 견진 세례를 받은 신자로서 신앙과 덕망을 갖춘 자이어야 한다.
26	세종대학교	〈제1장 총칙, 제1조(목적)〉 이 법인은 대한민국의 교육이념과 기독교정신에 입각하여 초등보통교육, 고등보통교육 및 대학교육을 실시함을 목적으로 한다. 〈제7장 직제, 제2절 대학교, 제92조(하부구조)〉 ① 대학교에 교목실을 두며, 실장은 전임교원 또는 비전임교원으로 보한다.
27	숭실대학교	〈제1장 총칙, 제1조(목적)〉 이 법인은 기독교 신앙과 대한민국의 교육이념에 의거하여 국가와 사회 및 교회에 봉사할 수 있는 유능한 지도적 인재를 양성하기 위하여 고등교육을 실시함을 목적으로 한다. 〈제5조(정관의 변경)〉 이 법인의 정관 변경은 대한예수교 장로회 총회의 허락을 받아 이사정수의 3분의 2 이상의 찬성에 의한 이사회의 의결을 거쳐 관할청의 인가를 받아야 한다 〈제2장 자산과 회계, 제1절 자산〉 … 기본재산을 매도 증여 교환 또는 용도를 변경하거나 담보에 제공하고자 할 때에는 대

		한예수교 장로회 총회의 허락을 받아 이사회의 의결을 거쳐…〈제3장 기관, 제1절 임원, 제24조(임원의 선임방법)〉① 이사와 감사는 대한예수교 장로회 총회의 인준을 얻어 이사회에서 선임하여 관할청의 승인을 받아 취임한다. ② 임기전의 임원의 해임은 대한예수교 장로회 총회의 허락을 받아 이사회의 의결을 거쳐야 한다 ③ 이사 임원은 다음 각 호와 같이 배정한다. 1.대한예수교 장로회 총회 2인… ⑥ 임원은 기독교 세례교인으로서 10년 이상 세례교인의 의무를 다한 자라야 한다.〈제6장 교직원, 제1절 교원, 제1관 임명〉⑥ 이 법인이 경영하는 대학교의 교원은 무흠한 기독교인이라야 한다.〈제7장 직제, 제2절 대학교, 제92조(본부 및 하부조직)〉① 대학교에 총장의 직할로 교목실 비서실 기획조정실을 본부 행정기관으로 교무처 학생처 총무처 관리처 지식정보처 연구.산학협력처 대외협력처 입학처를 둔다. ② 전항의 부서장은 부교수 이상의 교원 또는 3급 이상의 일반직원으로 보한다.
28	아세아연합신학대학교	〈제1장 총칙, 제1조(목적)〉이 법인은 1968년 싱가폴 아세아-태평양 전도대회에서 설립, 결정된 복음주의적, 국제적, 교회연합적 신학대학원으로서 기독교 종교의 핵심적 신앙과 신학을 연구 및 교육함으로서 아세아와 세계복음화에 기여함을 목적으로 한다.
29	안양대학교	〈제1장 총칙, 제1조(목적)〉이 법인은 대한민국의 교육이념에 입각하여 기독교 정신을 바탕으로 진리를 탐구·교육·실천하여, 고매한 인격을 함양하고 모든 사람과 사회와 자연에 대한 의무와 책임을 다하여, 저마다의 한구석을 밝혀 나가는 아름다운 리더를 육성함을 목적으로 한다.
30	연세대학교	〈제1장 총칙, 제1조(목적)〉제1조(목적) 이 법인은 진리와 자유정신을 체득한 기독교적 지도자의 양성을 위주하여 기독교 교의에 조화하고 대한민국의 교육이념에 의거하여 고등교육을 실시함을 목적으로 한다.〈제3장 기관, 제1절 임원, 제24조(임원의 선임방법)〉①… 이사는 다음 각 호에 따라 선임한다… 1. 기독교계 2인〈제25조(임원선임의 제한)〉① 이사 및 감사와 이 법인에 소속되는 전임의 교원 및 사무직원은 … 기독교 성경이 가르치는 기독교인의 신앙생활을 하는 자라야하며…

		〈제5장 해산, 제41조(잔여재산의 귀속)〉 이 법인을 해산하였을 때의 잔여재산은 … 이 법인과 동일 또는 유사한 목적을 가진 학교법인이나 교육사업을 경영하는 학교 기독교 단체에게 기부하여 귀속하게 한다. 〈제7장 직제, 제2절 대학교, 제92조(본부행정조직)〉 ① 대학교에 교목실, 기획실, 교무처, 입학처, 학생복지처, 연구처, 총무처, 시설처, 학술정보원, 대외협력처, 국제처를 둔다.② 각 본부행정조직에 실장, 처장 또는 원장을 두며, 교수, 부교수 또는 국장으로 보한다. 〈제96조(의료원)〉 ④ 의료원 본부 행정조직에는 실장, 처장을 두고… 교수, 부교수 또는 국장급 직원으로 보한다. 단, 원목실장 겸 교목실장은 교원 또는 원목으로 보한다.〈제96조의 2(원주캠퍼스)〉 ③ 원주캠퍼스 행정조직으로 원주교목실, 원주기획처… 원주총무처를 두고, 각 행정조직에 실장, 처장을 둔다. 〈제96조의 3(원주의료원)〉 ③ 원주의료원에 …원목실…을 둔다. ④ … 원목실장은 교원 또는 원목으로 보한다.
31	영남신학 대학교	〈제1장 총칙, 제1조(목적)〉 이 법인은 성서적인 토대위에 대한민국 교육이념과 장로회 신조와 헌법에 입각하여 교역자 및 평신도 지도자 양성을 위한 고등교육을 실시함을 목적으로 한다. 〈제5조(정관변경)〉 이 법인의 정관은 이사회가 대한예수교장로회총회의 인준을 얻어 이사정수의 3분의2 이상의 찬성에 의한 이사회의 의결을 거쳐야 한다.
32	예수대학교	〈제1장 총칙, 제1조(목적)〉 이 법인은 대한민국의 교육이념에 따라, 기독교 정신에 입각한 고등교육을 실시함을 목적으로 한다. 〈제3장 기관, 제1절 임원, 제20조(임원의 선임방법)〉 ① 이 법인의 이사와 감사는 세례를 받은 복음주의적 진실한 기독교인으로서 교회일에 공이 있는 자로 이사회에서 선임하여 관할청의 승인을 받아 취임한다.
33	이화여자 대학교	〈제1장 총칙, 제1조(목적)〉 이 법인은 대한민국 교육의 근본이념에 기하여 기독교 정신에 입각한 고등교육·중등교육초등교육 및 유아교육을 실시함을 목적으로 한다. 〈제3장 기관, 제1절 임원, 제20조의 2(개방이사의 자격)〉 이 법인의 개방이사는 설립이념인 기독교 정신의 교육목적에 적합한 자이어야 한다. 〈제7장 직제, 제2절 대학교, 제92조의 2(총장직속기관)〉 총

		장의 직속기관으로 비서실, <u>교목실</u>, 교육혁신단 및 감사실을 둔다. 〈제93조(부속기관)〉 ① 이화여자대학교에는 이화학술원, 중앙도서관… <u>대학교회</u>, <u>다락방전도협회</u> 등 필요한 부속기관을 둘 수 있다.
34	장로회신학대학교	〈제1장 총칙, 제1조(목적)〉 이 법인은 대한민국의 교육이념에 입각하여 대한<u>예수교장로회</u> <u>총회</u> 직할하에서 <u>신학</u>과 <u>기독교</u> 교육에 필요한 학술의 심오한 이론과 실제를 교수 연구하여 <u>교역자</u> 양성을 위한 고등교육을 실시함을 목적으로 한다. 〈제5조(정관의 변경)〉 ①이 법인의 정관의 변경은 <u>총회</u>의 인준을 얻어 이사 정수의 3분의 2 이상의 찬성에 의한 이사회의 의결을 거쳐야 한다. 〈제3장 기관, 제1절 임원, 제20조(임원의 선임방법)〉 ①이사와 감사는 <u>총회</u>의 인준을 얻어 이사회에서 선임하여 관할청의 승인을 받아 취임한다. 〈제20조의2(개방이사의 자격)〉 이 법인의 개방이사는 대한<u>예수교장로회</u>(통합) <u>교단</u>의 <u>목사</u>, <u>장로</u>로서 본 법인의 설립 목적에 찬동하는 자이어야 한다. 〈제20조의5(추천위원회의 구성)〉 ①추천위원회는 <u>장로회신학</u>대학교 대학평의원회에 두고, 위원 정수는 7인으로 하며 다음 각 호와 같이 구성한다. 1. 대한<u>예수교장로회</u> <u>총회</u>에서 추천하는 자 4인… 〈제6장 교직원, 제1절 교원, 제1관 임용, 제39조(임면)〉 ①이 법인이 설치·경영하는 학교의 장은 이사회의 의결을 거쳐 <u>총회</u>의 인준을 얻어 이사장이 임면하되 그 임기는 4년으로 하며 1회에 한하여 중임할 수 있다.
35	전주대학교	〈제1장 총칙, 제1조(목적)〉 이 법인은 대한민국의 교육기본이념과 진리·정의·사랑의 <u>기독교</u>적 정신에 입각하여 중등과 고등교육을 실시함을 목적으로 한다. 〈제5조(정관변경)〉 이 법인의 정관의 변경은 <u>총회</u>의 인준을 얻어 이사 정수의 3분의 2 이상의 찬성에 의한 이사회의 의결을 거쳐야 한다. 〈제3장 기관, 제1절 임원, 제24조의2(개방 이사와 감사의 자격 및 선임 방법)〉 ① 이 법인의 개방이사 및 … 감사는 10년 이상 <u>교회</u>에 출석한 안수<u>집사</u> 이상의 <u>신자</u>로서 학교법인 신동아학원 건학이념을 구현할 수 있는 자로 판단되는 자로 한다. 〈제7장 직제, 제2절 대학교, 제91조(하부조직)〉 ① 전주대학교에 선교봉사처, 교무처…총무처를 둔다. ⑤ <u>선교</u>봉사처에는 <u>선교</u>지원실을 둔다.

36	중부대학교	〈제1장 총칙, 제1조(목적)〉 이 법인은 사립학교법에 의거 대한민국의 교육이념과 <u>기독교</u> 정신에 입각하여 학술적 이론과 그 응용방법을 교수, 연구하여 국가와 인류사회의 발전에 공헌할 수 있는 성실하고 창조적인 인재의 양성을 목적으로 한다.
37	창신대학교	〈제1장 총칙, 제1조(목적)〉 이 법인은 대한민국의 교육이념에 입각하여 <u>기독교</u>정신에 기하여 고등교육을 실시함을 목적으로 한다. 〈제3장 기관, 제1절 임원, 제21조(임원선임의 제한)〉 ⑦ 임원은 <u>기독교 교인</u>(<u>집사</u> 이상)으로서 이 법인의 건학 이념을 구현할 수 있는 자 이어야 한다. 〈제3절 대학평의원회, 제33조(평의원회의 구성 등)〉 ① 대학평의원회 평의원은 대학의 교원, 직원, 학생, 동문, 학부모, 지역<u>기독교</u> 인사 중에서 학교의 장이 위촉하는 평의원으로 구성한다 〈제34조(평의원의 구성 단위별 정수)〉 평의원은 이 법인의 설립목적 및 교육목적에 찬동하는 자로서 정수는 12인으로 하고, 다음 각 호의 자격을 갖춘 구성단위별로 선임한다. 6. 지역<u>기독교</u>인사 1인 〈제7장 직제, 제2절 대학교, 제120조(하부조직)〉 ① 대학교에 기획처, 교무처… <u>교목실</u>…, 을 둔다. ②…교목실장은 <u>목사</u> 또는 조교수 이상으로 한다.
38	총신대학교	〈제1장 총칙, 제1조(목적)〉 이 법인은 대한민국의 교육이념에 의거하여 고등교육 및 <u>신학</u>교육을 실시하되 대한<u>예수교</u> 장로회총회의 지도하에 <u>성경</u>과 개혁<u>신학</u>에 기초한 본 <u>교단</u>의 헌법에 입각하여 인류사회와 국가 및 <u>교회</u> 지도자를 양성함을 목적으로 한다.
39	침례신학대학교	〈제1장 총칙, 제1조(목적)〉 이 법인은 대한민국의 교육 이념에 입각하여 <u>기독교</u> 학문과 <u>기독교</u> 사역에 관련된 학술의 이론과 실제를 교수·연구하여 <u>기독교</u>한국침례회 목회자 및 <u>기독교</u> 지도자를 양성함을 목적으로 한다.
40	칼빈대학교	〈제1장 총칙, 제1조(목적)〉 이 법인은 대한민국의 교육이념과 칼빈<u>신학</u>에 뿌리를 둔 <u>기독교</u> 정신에 입각하여 <u>기독교</u>지도자 및 <u>성경</u>적 일반사회 지도자를 양성하기 위하여 고등교육을 실시함을 목적으로 한다.
41	케이씨대학교	〈제1장 총칙, 제1조(목적)〉 이 법인은 대한민국의 교육이념에 입각하여 <u>그리스도</u>의 <u>교회</u> 정신과 교육이념을 바탕으로

		민족복음화와 세계선교의 비전을 구현하기 위한 인류구원, 복리증진 및 문화 창달을 위하여 유아교육, 중등교육 및 고등교육을 실시함을 목적으로 한다. 〈제7장 직제, 제2절 대학교, 제91조(교목실) ①교목실에 교목팀, 선교팀, 대학교회를 둔다 ②교목실에 정관 제1조의 목적을 달성하기 위하여 법인의 신앙담당이사 및 교목실장과 교목들을 둘 수 있다. 교목실장은 별정직이나 부교수이상의 교원으로 보하고, 각 팀의 교목은 교원이나 교역자 중 총장이 추천하여 이사장이 보한다. ③보수 및 교목실 운영에 관한 사항은 정관운영시행세칙으로 정한다.
42	평택대학교	〈제1장 총칙, 제1조(목적)〉 이 법인은 대한민국 교육의 근본이념에 기하여 기독교적 고등교육을 실시함을 목적으로 한다. 〈제3장 기관, 제1절 임원, 제18조의 2(임원의 자격)〉 이 법인의 임원은 세례를 받고 5년 이상 된 기독교인으로서 건학이념을 구현할 수 있는 자이어야 한다. 〈신설 2006. 12.7〉 〈제6장 교직원, 제1절 교원, 제1관 임면, 제44조(임면)〉 ⑧대학교의 교원은 세례를 받은 기독교인이어야 한다.
43	한국성서 대학교	〈제1장 총칙, 제1조(목적)〉 제1조(목적) 이 법인은 그리스도의 정신을 통하여 겨레의 속죄구원과 민족교화와 복지국가를 이룩하며 전 인류의 행복을 증진함에 이바지하고자 대한민국의 교육 이념에 입각하여 고등 교육을 실시함을 목적으로 한다. 〈제3장 기관, 제1절 임원, 제24조의2(개방이사의 자격)〉 이 법인의 개방이사는 아래 각 호에 해당하는 자로 한다. 1. 그리스도인으로서 세례 받은 자(단, 이단종파 제외)로 민·형사상 결격 사유가 없는 자 〈제7장 직제, 제2절, 제91조(하부조직)〉 ① 대학교에 일립(신앙)교육부/교목실… 을 둔다. ② 일립(신앙)교육부에 교목실, 신앙훈련과, 성서적세계관교육과, 학생생활상담센터, 밀알사회봉사단을 둔다.
44	한남대학교	〈제1장 총칙, 제1조(목적)〉 이 법인은 기독교 원리하에 대한민국의 교육이념에 따라 과학과 문학의 심오한 진리탐구와 더불어 인간영혼의 가치를 추구하는 고등교육을 이수시켜 국가와 교회와 사회에 봉사할 수 있는 유능한 지도자를 배출함을 목적으로 한다. 〈제5조(정관의 변경)〉 이 법인의 정관변경

		은 대한예수교장로회 총회 허락을 받아 이사 정수의 3분의 2 이상의 찬성에 의한 이사회의 의결을 거쳐 변경하며, 변경 후 14일 이내에 관할청에 보고하여야 한다. 〈제3장 기관, 제1절 임원, 제24조(임원의 선임방법)〉 ①이사와 감사는 대한예수교장로회 총회의 인준을 얻어 이사회에서 선임하여… ②임기전의 임원의 해임은 대한예수교장로회 총회의 허락을 받아 이사회의 의결을 거쳐야 한다. ③ 이사 임원은 다음 각 호와 같이 배정한다. 1. 대한예수교장로회 총회 2인 ⑥ 임원은 기독교 세례교인으로서 10년 이상 세례교인의 의무를 성실히 이행한 자라야 한다. 〈제6장 교직원, 제1절 교원, 제1관 임명, 제43조(임면)〉 ⑫이 법인이 경영하는 대학의 교원은 무흠한 기독교 세례교인이라야 한다. 〈제3관 교원인사위원회, 제53조(인사위원회의 조직)〉 ① 대학교의 인사위원회는 교무연구처장과 교목실장을 당연직으로 하고…
45	한동대학교	〈제1장 총칙, 제1조(목적)〉 이 법인은 대한민국의 교육이념에 입각하여 국가사회 발전에 공헌하는 기독교 지도자를 양성하기 위하여 지성·인성·영성적 측면에서 초등, 중등 및 고등교육을 실시함을 목적으로 한다. 〈제3장 기관, 제1절 임원, 제20조의2(개방이사의 자격)〉 이 법인의 개방이사는 기독교인으로써 세례를 받은 자이어야 한다. 〈제7장 직제, 제2절 대학교, 제76조(하부조직)〉 ②교목실장은 안수받은 목사로 보하고…
46	한세대학교	〈제1장 총칙, 제1조(목적)〉 이 법인은 대한민국의 교육이념과 기독교 정신에 입각하여 교회와 국가 사회발전에 공헌할 지도자를 양성하기 위한 고등교육을 실시함을 목적으로 한다. 〈제3장 기관, 제1절 임원, 제20조(임원의 선임방법)〉 ① 이사와 감사는 건전하고 순수한 신앙을 가진 기독교 세례 교인으로서 이사회에서 선임하여 관할청의 승인을 받아 취임한다. 〈제6장 교직원, 제2절 교원징계, 제54조의2(징계의 사유 및 종류)〉 ① 교원이 다음 각 호의 1에 해당하는 때에는 이사장은 징계의결을 요구하여야 하고, 징계의결의 결과에 따라 징계처분을 하여야 한다. 4. 기독교 정신에 위배되는 소행이 있어 학교의 명예를 크게 실추시켰을 때 〈제7장 직제, 제2절 대학교, 제74조(하부조직)〉 ③ 각 처(실,

		원)에는 교직원으로 처(실, 원)장을 보하며, 필요시 부처(실, 원)장을 보할 수 있다. 다만, 교목실장은 목사자격을 소지한 자로 보한다.
47	한신대학교	〈제1장 총칙, 제1조(목적)〉 이 법인은 기독정신과 대한민국의 교육이념에 의거하여 한국기독교장로회 총회(이하 "총회"라 한다) 관할하에서 한국 기독교 교역자와 기독정신에 입각한 국가사회의 지도자를 양성하기 위하여 고등교육 및 중등교육을 실시함을 목적으로 한다. 〈제3장 기관, 제1절 임원, 제14조(임원의 자격과 종류 및 구성)〉 1. 임원의 자격. 본 총회의 목사와 장로로 하되, 이사회 추천이사 중 재정기여 이사는 세례교인으로 할 수 있다. 다만, 공인회계사인 감사는 예외로 할 수 있다. 3. 이사의 구성. 총회추천이사 8인, 이사회 추천이사 2인, 총장 1인, 개방이사 4인으로 구성한다. 〈제15조(개방이사와 감사의 자격 및 선임)〉 ① 개방이사는 본 교단의 목사와 장로로 한다. ⑤ 이사회는 추천위원회로부터 추천을 받은 후보 중 소요정수를 이사정수 과반수의 찬성으로 선임하고 이를 총회에 보고한다. 〈제17조(임원의 선임 방법)〉 ① 이사와 감사는 이사회에서 선임하여 총회에 보고하고 관할청의 승인을 받아 취임한다… ⑤ 총회가 추천한 임원이 이사로 재임 중 추천근거지 노회로부터 타 노회로 이명전출 시에는 전 노회 소속교회 시무 사임한 날로부터 본 이사회 임원직도 자동 사임한 것으로 한다. 〈제6장 교직원, 제1절 교원, 제1관 임면, 제37조(기본 자격과 임면)〉 ① 이 법인이 설치 경영하는 학교의 교원은 기독교 세례교인으로 한다. ② 이 법인이 설치 경영하는 학교의 장은 이사회의 의결을 거쳐 이사장이 임명하되 그 임기는 4년으로 하고 중임 할 수 있다. ③ 총장의 자격은 한국기독교장로회 총회의 목사로서, 학식과 덕망이 있는 자라야 한다. ⑩ 신학대학원장의 자격은 한국기독교장로회 총회의 목사로서, 교육경험이 있는 자라야 한다. ⑬ 이사회에서 선임된 신학대학원장은 한국기독교장로회 총회의 인준을 받아 취임한다.
48	한영신학 대학교	〈제1장 총칙, 제1조(목적)〉 이 법인은 대한민국의 교육이념과 기독교정신에 의거하여 교회와 국가 및 인류사회에 봉사할 유능한 인재를 양성하기 위하여 신학교육, 고등교육을 실시함을 목적으로 한다.

		〈제2장 자산과 회계, 제8조(경비와 유지방법)〉 이 법인의 경비는 기본재산에서 나는 과실 및 수익사업의 수입과 교회의 헌금과 기타의 수입으로 한다. 〈제3장 기관, 제1절 임원, 제24조의2(개방이사의 자격)〉 이 법인의 개방이사는 기독교인으로서 세례를 받은 자 이어야 한다. 〈제6장 교직원, 제1절 교원, 제2관 신분보장, 제48조(직위해제 및 해임)〉 ① 임면권자는 다음 각 호에 해당하는 교원에 대하여는 직위를 해제할 수 있다. 5. 기독교 정신에 위배되는 행위를 한 자. 〈제7장 직제, 제1절 법인, 제91조(하부조직)〉 ① 학교에 교목실, 총무처, 교무처 및 학생처와 기획실을 둔다. ② 교목실장은 목사자격을 소지한 자로 보하며…
49	한일장신 대학교	〈제1장 총칙, 제1조(목적)〉 이 법인은 성경정신과 대한민국의 교육이념에 입각하여 대한예수교장로회 총회 직할하에서 장로회 신조와 헌법에 기준하여 한국교회와 사회의 교역자 및 지도자 양성을 위한 고등교육을 실시함을 목적으로 한다. 〈제5조(정관변경)〉 이 법인의 정관변경은 이사정수 3분의2이상의 찬성에 의한 이사회 의결을 거쳐 총회에서 인준을 받아 관할청의 인가를 받아야 한다. 다만 학교법인 및 학교의 사무기구와 정원에 관련된 사항은 이사회 의결로 확정하고, 이를 관할청에 보고하여야 한다. 〈제3장 기관, 제1절 임원, 제20조(임원의 선임방법)〉 ① 이사와 감사는 대한예수교장로회 총회의 인준을 얻어 이사회에서 선임하여 관할청의 승인을 받아 취임한다. 〈제20조의 2(개방이사의 자격)〉 이 법인의 개방이사는 대한예수교장로회(통합)교단의 목사·장로로서 본 법인의 설립목적에 찬성하는 자이어야 한다. 〈제20조의 5(추천위원회)〉 ① 추천위원회는 한일장신대학교 대학평의회에 둔다. ② 추천위원회 위원 정수는 7인으로 하고 그 구성원은 다음 각 호와 같다. 1. 대학평의회에서 추천하는 자: 3인 2. 본 교단 총회에서 추천하는 자: 4인. 〈제6장 교직원, 제1절 교원, 제1관 임명, 제39조(임면)〉 ① 이 법인이 설치·경영하는 대학교의 장은 이사회의 의결을 거쳐 총회 인준을 얻어 이사장이 임면하되 그 임기는 4년으로 하며 1회에 한하여 중임할 수 있다.
50	협성대학교	〈제1장 총칙, 제1조(목적)〉 이 법인은 대한민국의 교육이념

		과 <u>기독교</u> 대한감리회의 <u>기독교</u>정신과 상동<u>교회</u>의 민족정신을 토대로 하여 중등교육 및 실업에 관한 전문교육과 고등교육을 실시하고 복지국가 실현을 위한 사회복지사업을 실시함을 목적으로 한다. 〈제3장 기관, 제1절 임원, 제22조(임원의 종류와 정수)〉 ② 이사는 다음 각 호의 기준에 의하여 선출한다. 1. <u>기독교</u> 대한감<u>리회</u> 입교인으로서 건학이념을 구현할 수 있는 자. 2. <u>기독교</u> 대한 감독회 <u>감독회장</u>을 임기중 이사로 한다. 3. <u>기독교</u> 대한감리회 감독회에서 추천된 사람 약간명.4. 상동교회 담임<u>목사</u>는 당연직 이사로 한다 5. 상동<u>교회</u>에서 추천된 사람 약간명. 〈제24조의 3(개방이사의 자격)〉 법인의 개방이사는 건학이념을 구현할수 있는 <u>기독교대한감리회 목사</u> 및 <u>장로</u>이어야 한다 〈제7장 직제, 제2절 대학교, 제92조(하부조직)〉 ②교목실장은 부교수 또는 4급 이상의 별정직목사로 보하고 총무처장은 3급 이상으로 보하며, 각 처장은 교수, 부교수로 보한다.
51	호남신학 대학교	〈제1장 총칙, 제1조(목적)〉 이 법인은 성서적 <u>신학</u>에 입각하고 <u>장로회</u> 신조와 대한민국의 교육이념에 기하여 대한<u>예수교장로회</u> 산하에서 <u>교회 교역자</u>와 지도자 양성을 위한 고등교육을 실시함을 목적으로 한다 〈제5조(정관의 변경)〉 이 법인의 정관의 변경은 대한<u>예수교장로회 총회</u>의 인준을 얻어 이사정수의 3분의2 이상의 찬성에 의한 이사회의 의결을 거쳐… 〈제3장 기관, 제1절 임원, 제20조(임원의 선임방법)〉 ① 이사와 감사는 <u>장로회 총회</u>의 인준을 얻어 이사회에서 선임하여 관할청의 승인을 받아 취임한다… 〈제20조의2(개방 이사의 자격)〉 이 법인의 개방 이사는 대한<u>예수교장로회</u>(통합) 교단의 목사·<u>장로</u>로서 본 법인의 설립목적과 건학이념을 구현할 수 있는 자라야 한다. 〈제20조의 5(추천위원회의 구성)〉 ① 추천위원회는 호남<u>신학</u>대학교 대학평의회에 둔다. ② 추천위원회 위원정수는 7인으로 하고 다음 각 호와 같이 구성한다. 1. <u>장로회 총회</u>에서 추천하는 자 3인. 2. 대학평의원회에서 추천하는 자 4인. 〈제6장 교직원, 제1절 교원, 제1관 임면, 제36조(임면)〉 ① 본 법인이 설치 경영하는 학교의 장은 이사회에서 재적이사 3분의2 이상의 출석과 출석이사 3분의2 이상의 의결로 <u>장로회 총회</u>의 인준을 얻어 이사장이 임면하되, 그 임기는 4년으로 한다.

52	호서대학교	〈제1장 총칙, 제1조(목적)〉 이 법인은 <u>기독교</u>정신을 바탕으로 진리를 탐구하고 대한민국 교육이념에 입각하여 고등교육·중등교육 및 유아교육을 실시함을 목적으로 한다. 〈제3장 기관, 제1절 임원, 제18조의2(임원의 자격기준)〉 임원은 <u>기독교인</u>의 <u>신앙</u>생활을 하는 자로서 이 법인의 설립목적에 찬동하여야 하며…

2. 중요 기독교 전문대학의 정관

번호	학교	기독교 관련 정관 내용(축약)
1	경민대학교	〈제1장 총칙, 제1조(목적)〉 이 법인은 대한민국 교육이념과 <u>기독교</u> 정신에 입각하여 전문직업인 양성을 위한 고등교육, 중등교육 및 유아교육을 실시함을 목적으로 한다.
2	경인대학교	〈제1장 총칙, 제1조(목적)〉 이 법인은 대한민국의 교육이념과 설립자의 설립이념인 정의, 사랑, 창조라는 <u>기독교</u> 정신에 입각하여 전문직업인을 양성하는 고등교육과 유아교육을 실시함을 목적으로 한다.
3	계명문화대학교	〈제1장 총칙, 제1조(목적)〉 이 법인은 대한민국의 교육이념에 입각하여 국가사회 및 <u>기독교</u>적 지도자를 양성하기 위하여 교육을 실시함을 목적으로 한다.
4	구세군사관학교	〈제1장 총칙, 제1조(목적)〉 한국<u>구세군</u>의 학교들과 교육기관들을 위한 이 법인의 목적은 <u>구세군 신앙</u>의 <u>목회자</u> 임명을 위한 교육과 훈련과정이며, 한국구세군의 가치와 전통들과 대한민국의 중고등교육법과 교육이념에 바탕을 둔 프로그

....

29) 김천대학은 정관 총칙에서 기독교적 설립이념을 밝히지는 않으나 학교 공식 홈페이지에서는 설립이념을 다음과 같이 규정하고 있다: "대한민국의 교육이념과 기독교정신에 입각해 인의와 사랑을 실천하고 국가와 인류발전에 공헌하는 인재 양성." http://www.gimcheon.ac.kr/site/gimcheon/html/sub1/010201.html [2016.3.22. 접속]

		램과 학업의 과정들을 제공하기 위함이다. 이 법인은 한국구세군의 일부이며 대한민국의 법률과 세계구세군과 한국구세군의 교리와 군령군율 그리고 정책을 준수한다.
5	기독간호대학교	〈제1장 총칙, 제1조(목적)〉 이 법인은 대한민국의 교육이념에 입각하여 예수그리스도의 이름으로 전문적인 간호교육을 실시하여 인류사회 발전에 공헌할 간호사를 양성함을 목적으로 한다.
6	명지전문대학교	〈제1장 총칙, 제1조(목적)〉 이 법인은 순수한 복음주의 기독교정신과 대한민국의 교육이념에 입각하여 고등교육, 중등교육, 초등교육 및 유치원교육을 실시함을 목적으로 한다.
7	배화여자대학교	〈제1장 총칙, 제1조(목적)〉 이 법인은 기독교대한감리회 계통 학원으로서 대한민국 교육의 근본이념과 기독정신에 의거하여 교육을 실시함을 목적으로 한다.
8	선린대학교	〈제1장 총칙, 제1조(목적)〉 이 법인은 대한민국의 교육 이념에 입각하여 기독교적 정신을 바탕으로 한 전문교육을 실시함을 목적으로 한다. 〈제7장, 제2절 대학, 제91조(하부조직)〉 ① 대학에 교목실, 비서실… 을 두며… ② 교목실장은 교원의 자격을 갖춘 목사로 겸보하고…
9	숭의여자대학교	〈제1장 총칙, 제1조(목적)〉 이 법인은 대한민국의 교육이념과 기독교 정신에 의거하여 교육을 실시함을 목적으로 한다.
10	인덕대학교	〈제1장 총칙, 제1조(목적)〉 이 법인은 대한민국의 교육이념과 기독정신에 의거하여 공업전문 교육을 실시함을 목적으로 한다. 〈제6장 교직원, 제1절 교원, 제1관 임명〉 ①이 법인이 설치·경영하는 대학의 장은 신앙이 독실한 기독교인으로 이사회의 의결을 거쳐 이사장이 임면하되… 〈제7장 직제, 제2절 대학교, 제88조(하부조직)〉 ①대학교에 건학이념을 실천하기 위하여 교목실을 둔다. ②제1항이외 대학교의 하부조직으로 기획처, 교무처, 산학협력처, 학생처, 입학처, 사무처를 둔다… ③교목실장 및 기획·교무…·입학처장은 부교수 이상의 교원으로 겸보하며… ④제1항 제2항의 규정에 의한 분장업무는 따로 규칙으로 정한다.

3. 중요 가톨릭 대학의 정관

번호	학교	기독교 관련 정관 내용 (축약)
1	가톨릭 상지대학	〈제1장 총칙, 제1조(목적)〉 ① 본 법인은 대한민국의 교육이념과 가톨릭정신에 따라 영유아교육, 초·중등교육 및 고등교육을 실시함을 목적으로 한다. ② "가톨릭정신"이라함은 예수그리스도의 인류애를 본 받아 국가 사회와 세계복음화에 기여하는 인간을 육성한다는 것을 의미하며, 가톨릭학교 교육헌장을 구현하는 것을 일컫는다.
2	가톨릭 관동대학교	〈제1장 총칙, 제1조(목적)〉 이 법인은 대한민국의 교육 이념과 가톨릭 정신에 입각하여 고등교육을 실시함을 목적으로 한다.
3	서강대학교	〈제1장 총칙, 제1조(목적)〉 이 법인은 대한민국의 교육이념을 기초로 가톨릭세계관 및 예수회교육이념에 입각한 고등교육을 실시함을 목적으로 한다. 〈제3장 기관, 제1절 임원, 제24조 의2(임원 및 개방이사의 자격)〉 이사는 제1조의 목적을 구현할 수 있는 다음 각 호의 자격을 갖춘 자 중에서 선임한다. 1. 천주교 사제로 서품된 지 5년 이상인 자, 또는 수도자로서 종신서원을 한 지 5년이 경과한 자로서 교구장 또는 소속 수도회의 장의 지명을 받은 자… 〈제26조(이사장의 선출방법과 그 임기)〉 이사회는 호선으로 예수회원인 이사 중에서 이사장을 선출한다. 〈제5장 해산, 제40조(해산)〉 이 법인이 제1조의 목적달성이 불가능하여 해산하고자 할 때에는 예수회의 동의를 받아 이사회 이사정수 3분의 2이상의 찬성으로 관할청장의 인가를 받아야 한다. 〈제41조(잔여재산의 귀속)〉 이 법인을 해산하였을 때의 잔여재산은 합병 및 파산의 경우를 제외하고는 예수회의 동의를 받아 이사회 이사정수 3분의 2이상의 찬성으로 관할청장에 대한 청산종결의 신고가 종료된 후, 이 법인과 동일 또는 유사한 목적을 가진 천주교 단체가 고등교육기관을 경영하는 학교법인에 기부하여 귀속하게 한다.
4	수원 가톨릭	〈제1장 총칙, 제1조(목적)〉 ① 이 법인은 대한민국 교육이념

대학교		과 <u>가톨릭</u>정신에 입각하여 초·중등교육과 대학교육을 실시함을 목적으로 한다. ② <u>가톨릭</u>정신이라 함은 "예수 <u>그리스도</u>의 인류애를 본받아 국가 사회와 세계<u>복음</u>화에 기여하는 인간을 육성한다."는 것을 의미하며, <u>가톨릭</u>학교교육헌장을 구현하는 것을 일컫는다.

V. 맺는말

기독교 대학이 창립 정신 구현을 위한 교육을 하는 데 가장 중요한 근거가 되고 지침이 되는 것이 정관이다. 정관에 명확하게 창립 정신과 그 구현 방안을 명기하는 것, 대학 구성원이 정관에 관심을 두고 필요한 경우에는 합리적인 절차에 따라 정관을 수정·보완해 나가는 것, 그리고 정관에 정한 내용을 그대로 지키려고 최선을 다하는 것은 한국 기독교 대학이 계속해서 교육적·선교적 사명을 효과적으로 수행하기 위해 반드시 요청되는 사항이다. 앞으로 이에 관해 국내 기독교 대학 간에 활발한 토의가 많아져 각 대학의 경험과 지혜를 나누며 깊은 연구가 이루어지기를 기대한다.

한국 가톨릭 학교 교육 헌장
— 주교회의 2006년 추계 정기총회 승인 —

서언

가톨릭 교회는 구원의 신비를 만인에게 선포하고, 그리스도 안에서 만물을 새롭게 하기 위하여 다양한 교육 활동에 참여한다.30) 한국 가톨릭 교회 역시 교육을 중요한 임무로 받아들여 최초의 근대 교육의 문을 열었고31), 복음의 바탕 위에서 인간의 기본권인 교육의 진보와 확대에 기여하고 있다.

한국 가톨릭 교회는 스승이신 그리스도의 가르침을 따라 가톨릭 학교 교육의 본질과 사명 그리고 원칙을 밝히고, 그 사명의 실현을 위한 기본적 지침을 담은 이 헌장을 반포한다.

1. 가톨릭 학교의 의의

1.1. 가톨릭 학교의 정의

가톨릭 학교는 가톨릭 교회가 설립 또는 인가한 학교를 말한다.

---

30) 제2차 바티칸 공의회, 그리스도교인 교육에 관한 선언 「교육의 중대성」(이하 그리스도인 교육 선언) 서언 참조
31) 1855년에 개교한 요셉신학교가 한국 근대 교육의 시초라고 받아들여짐.

곧 교회의 인가와 동의가 있을 경우에만 가톨릭 학교라는 명칭을 붙일 수 있다.[32] 가톨릭 학교는 그 구성원들이 그리스도를 인생의 모범으로 삼고, 그리스도교의 안목을 지니며, 교회의 선교 사명에 헌신하는 교회적 특성을 지닌다. 이와 동시에 다른 일반 학교들과 마찬가지로 지식과 정보를 전달하고, 문화적 유산을 전수하며, 인격을 도야하는 일반적 특성도 지닌다.[33]

1.2. 가톨릭 학교의 사명

가톨릭 학교의 사명은 복음화(福音化)와 전인교육에 공헌하는 것이다. 우선 신앙 교육을 통하여 학생들이 교회의 사명인 복음을 선포하고 따르는 인생관을 확립하도록 도우며,[34] 동시에 전인교육을 통해서 학생들이 지식과 정보를 습득하고 도덕성과 정서를 함양하고 사랑하고 협력하는 태도를 익혀 균형 잡힌 인격체로 성장하도록 돕는다.[35]

2. 가톨릭 학교 교육의 기회

2.1. 교육 기회 확대를 위한 교회의 관심

가톨릭 신자인 부모는 자녀를 가톨릭 학교에 취학시킬 의무를 지니므로[36] 가톨릭 교회는 가톨릭 교육의 기회를 확대하도록 충분한

---

32) 『교회법전』 제803조 참조.
33) 「가톨릭 학교에 관한 지침」 26-28항 참조.
34) 「그리스도교인 교육 선언」 2항; 「학교 내의 가톨릭 평신도」 17항 참조.
35) 「제삼천년기 문턱에 서 있는 가톨릭 학교」 9항 이하 참조.

노력을 기울인다.

2.2. 소외된 청소년을 위한 기회 배려

가톨릭 교육의 기회는 원하는 모든 사람들에게 제공될 수 있어야한다. 특히 사회 경제적인 어려움이나 정신적 신체적 장애 등이 가톨릭 학교 취학 기회를 막지 않도록 노력한다.

2.3. 가톨릭 학교 입학의 요건

가톨릭 학교는 원칙적으로 가톨릭 신앙을 받아들인 이들이 취학하는 교육기관이다. 그러나 가톨릭 학교는 학생과 부모의 선택을 존중하여 종교적 신념에 관계없이 학생을 받아들인다. 그리고 학생과 학부모는 가톨릭 학교를 선택하여 가톨릭 교육 이념과 그 이념에 바탕을 둔 교육 과정을 적극적으로 수용한다는 의사를 표시한다.

2.4. 가톨릭 학교 선택의 권리 옹호

가톨릭 학교는 학교 선택권이 확보되었을 때 보다 나은 교육을 할수 있다. 신앙에 따른 학교 선택권이 보장되지 않으면 가톨릭 학교 교육 이념의 실현이 어렵게 된다. 그러므로 가톨릭 교회의 모든 구성원은 물론 사회 관계자들은 가톨릭 학교를 선택하는 학부모와 학생의 권리가 존중되고 실현될 수 있도록 협조한다.

---

36) 『교회법전』 제798조 참조.

3. 가톨릭 학교의 운영

3.1. 가톨릭 학교법인

가톨릭 학교법인은 가톨릭 학교 교육 정신과 일반 학교 교육 목표 실현의 주체로서 그 교육의 내용과 방법에 관한 지침을 마련하고 실천한다. 이를 위하여 가톨릭 학교법인은 교회(교구)와 지역사회 그리고 국가가 학교와 협력하도록 노력한다.

3.2. 가톨릭 학교의 교육 과정

가톨릭 학교는 일반 학교와 마찬가지로 국가에서 인정하는 교육 과정을 운영한다. 그리고 가톨릭 학교는 영적 성장과 복음적 삶에 필요한 고유한 교육 과정 운영으로 통합적인 전인교육을 추구한다. 전인교육은 종교교육과 종교행사, 봉사활동과 인성교육, 그리고 학생 자치활동 등을 통하여 이루어진다.

3.3. 가톨릭 학교의 교육 방법

가톨릭 학교는 가톨릭 정신에 일치되는 방법으로 진리와 가치를 일깨우는 교육을 한다. 가톨릭 학교는 하느님의 모습으로 창조된 모든 학생들의 교육적 권리와 잠재력을 존중한다. 또한 학생들의 다양성을 북돋우고 조화를 꾀하며, 하느님께서 부여하신 개성이 온전하게 발휘되도록 돕는다.

3.4. 가톨릭 학교의 교직원

가톨릭 학교의 교직원은 가톨릭 공동체의 구성원이 되므로 다음과 같은 요건을 갖춘다.

학교 사명의 수용과 실천

가톨릭 학교의 교직원은 가톨릭 학교의 기본 사명의 수용과 실천
에 적극적으로 참여한다.

교사 전문성 확보

가톨릭 학교의 교직원은 자신이 맡은 교과와 임무에 합당한 전문
성을 갖춘다.

신앙과 영성의 심화

가톨릭 학교의 교직원은 가톨릭 신앙과 생활에 모범이 되어[37] 동
료 교직원과 학생들이 그리스도의 신비와 교회의 전통을 이해하고
받아들일 수 있도록 돕는다.

학습과 신앙 공동체 실현

가톨릭 학교의 교직원은 서로 원만히 소통하며 교직원 조직을 학
습과 신앙의 공동체로 만드는 데 노력하고 이를 기반으로 하여 가톨
릭 교회의 전통을 학교 문화로 나타내도록 한다.

4. 가톨릭 학교의 교육 방향

가톨릭 학교는 특히 아래와 같은 주제를 중심으로 모든 이들이 일

---

37) 『교회법전』 제803조 참조.

반 교육 과정에 담긴 진리의 요소들을 그리스도교 정신으로 비추어
볼 수 있도록 한다.

4.1. 생명존중 교육

가톨릭 학교는 모든 이들이 인간 생명은 하느님의 모습으로 창조
되어 신성불가침하다는 진리를 깨닫도록 한다.

4.2. 평화와 정의 교육

가톨릭 학교는 모든 이들이 지상의 평화와 사회 정의를 실현하
며,[38] 인간의 탁월한 존엄성을 인종, 성, 종교, 사상의 차이와 관계
없이 존중하고 보장하도록 한다.[39]

4.3. 봉사 교육

가톨릭 학교는 모든 이들이 교회, 가정, 사회, 국가 등 전체 공동체
에서 서로에게 봉사하며 가톨릭 교회의 정신을 실현할 수 있도록 한
다.[40]

4.4. 문화적 대화 교육

가톨릭 학교는 모든 이들이 서로 다른 종교, 철학, 학문, 그리고
신념을 추구하는 이들과 대화를 나누며, 상호 이해와 공동선의 증진

---

38)『간추린 사회교리』203항;『가톨릭 교회 교리서』2305,2308항 참조.
39)『가톨릭 교회 교리서』1928, 1929항 참조.
40)『가톨릭 교회 교리서』340항 참조.

을 위하여 기꺼이 노력할 수 있도록 한다.[41]

4.5. 환경보전 교육

가톨릭 학교는 모든 이들이 자연은 하느님 보시기에 좋게 창조된 것으로 남용이나 착취의 대상이 될 수 없다는 사실을 알도록 한다.

5. 가톨릭 학교를 위한 협력

5.1. 교회(교구)의 협력

교회(교구)는 모든 종류의 학교를 설립하고 운영할 권리가 있다. 그리고 특히 종교 교육은 어떠한 학교에서 이루어지더라도 언제나 교회의 권위에 예속되는 것이다.[42] 그러므로 교회는 가톨릭 학교에서 그리스도교 정신에 따라 교육이 이루어지도록 이끈다.

5.2. 수도회의 협력

교육을 고유 사명으로 삼는 수도회들은 그 사명에 충실하면서 교구장 주교의 동의를 얻어 설립한 학교들을 통하여 가톨릭 교육에 헌신한다.[43]

---

41) 『가톨릭 교회 교리서』 39항; 「그리스도교적 교육 선언」, 1항 참조.
42) 『교회법전』 제800조, 제804조 1항 참조.
43) 『교회법전』 제800조 2항 참조.

5.3. 가정의 협력

최초의 학교인 가정은 자녀의 전인적 성장을 위해 가톨릭 학교와
협력한다.

5.4. 학교 공동체의 협력

가톨릭 학교는 학문적 교육과 더불어 그리스도교의 생활 방식을
익히게 하는 데 모든 도움을 제공할 책임이 있는 공동체이다. 이 목
적의 달성을 위하여 학교 공동체의 구성원인 교사, 학부모, 학생 그
리고 학교 운영진은 일치하여 협력한다.

5.5. 지역 사회의 협력

가톨릭 학교는 비가톨릭 신자를 비롯하여 모든 이에게 학교를 개
방하고 있다. 또한 지역 사회의 특성에 맞는 정신적 자질과 사회적
문화적 가치들을 인정하고 보호하되 가톨릭 학교의 특수한 목적과
방법을 온전히 보전한다.[44] 이에 상응하여 지역 사회는 가톨릭 학
교 교육이 그 설립 정신에 따라 이루어지도록 협력한다.

5.6. 국가의 협력

국가는 현세의 공동선을 위하여 보조성의 원리에 따라 국가 독점
을 배제하면서 학교와 교육 기관을 설립하고 다양한 교육 활동에 참
여한다. 국가는 현대 사회의 다원성을 고려하여 정당한 종교의 자유
를 보호하며 모든 학교에서 종교적 도덕적 원리에 따라 교육이 이루

---

44) 「가톨릭 학교에 관한 지침」 85항 참조.

어질 수 있도록 협력한다.[45)](#)

결언

가톨릭 학교는 길이요 진리요 생명이신 그리스도의 가르침을 따라 그리스도교 정신과 이에 따르는 가톨릭 교회의 사명의 실현을 위해 설립 운영되는 교육기관이다.

가톨릭 학교의 교육은 학생들이 일반 교육 과정에서 진리의 요소들을 배우고 이를 그리스도교 정신으로 조명하며, 영적 성장에 필요한 학습과 활동을 통하여 그리스도인의 길로 나아가도록 이끈다.

가톨릭 학교는 복음화를 통한 전인 교육의 실현을 위하여 교회(교구), 수도회, 지역사회, 그리고 국가의 이해와 협력을 필요로 하며 선의의 모든 사람들과 함께 하느님의 뜻이 이 세상에서 이루어지도록 노력한다.

----

45) 「가톨릭 학교에 관한 지침」 3, 6, 7항 참조.

국가적 교목제도와 국가적 종교교육
─ 호주와 아일랜드를 중심으로

    공교육에서 국가 예산을 들여 종교교육을 하는 것은 정교분리의 원칙에 어긋난다는 생각이 보편적이지만 몇몇 나라에서는 중고등학교 차원의 종교교육을 위한 국가적 체계를 갖추고 있고, 학교에서 활동하는 교목의 급여를 국가가 부담하고 있다. 이는 책임 있는 사회 구성원이 되기 위한 교육에 종교가 매우 중요하다는 인식이 깔려 있기 때문이다. 이런 나라들의 종교교육은 공공의 영역에서 공정한 방식으로 행해지므로 전통적으로 교회가 주도한 기독교 교육과는 여러 면에서 차이가 있다. 그중 개종 시도 금지와 다종교(비종교인까지 포함)에 대한 개방적 입장은 교회 중심의 종교교육 관점에서는 논란의 여지가 있을 수 있다. 이 글에서는 호주와 아일랜드의 공교육에서 종교교육이 차지하는 위상을 살펴보려고 한다. 호주의 경우는 국가적 교목제도에 대해, 아일랜드의 경우는 종교교육 제도에 대해 집중적으로 살펴본다.

I. 호주의 국가적 교목제도

호주 정부는 2014-15학년도에서 2017-18학년도까지 총 2억5천만 달러에 가까운 예산을 책정하여 2,900개의 학교가 교목을 둘 수 있도록 지원한다고 발표하였다.[1] 이는 아보트(Abbott) 정부가 선거 공약으로 제시했던 "국가적 교목 프로그램"(National School Chaplaincy Programme, NSCP)을 실천하기 위함인데 이 프로그램의 목적은 교목을 통하여 학생들에게 목회적 보살핌을 제공하는 것이었다.[2] 정교가 분리된 국가에서 교목을 위해 국가 예산을 책정하고 집행하는 것은 매우 특이한 일이다. 호주 교육부 장관은 2014년 11월 17일에 모든 학교장에게 다음과 같은 공문을 발송했다.

> 정부는 모든 주정부와 지역정부, 연방정부와의 최종적 합의를 거친 후, 모든 국립학교, 가톨릭학교, 그리고 독립 학교가 "국가적 교목 프로그램"(NSCP)에 지원할 것을 요청합니다… 주정부와 지역정부는 곧 모든 학교에 교목을 위한 년 20,000달러의 재정지원(벽지 학교는 24,000달러) 신청서를 보낼 것입니다… 현 호주 정부는, "국가적 교목과 학생 복지 프로그램"(National School Chaplaincy and Student Welfare Programme, NSCSWP)에 대한 지원을 중단했던 이전의 노동당 정부와 달리, 총 4년 동안 243,800,000달러를 교목을 지원하는 데 사용하기로 결정했습니다.
>
> NSCP 프로그램에 참여 여부는 각 학교에서 자발적으로 결정하며, 교목

---

1) 호주 1달러는 2016년 3월의 환율에 따르면 850원이다.
2) 이는 초중고교를 대상으로 시행된 프로그램이다. 호주 정부 교육부 웹사이트. https://www.education.gov.au/national-school-chaplaincy-programme [2016.3.1.접속]

은 어떤 종교에 소속되어도 상관없고, 개종을 하여서는 안 됩니다. 교목은 다른 사람의 관점과 가치와 신앙을 존중하고 용납해야 합니다. 지난 6월에 호주 대법원이 지난 정부가 NSCSWP를 위해 책정한 예산이 불법이라고 판결함에 따라, 연방정부는 직접 학교에 예산을 지원하는 대신 주정부와 지역정부를 통해 예산을 지원하는 새로운 "국가적 교목 프로그램"을 재정했습니다. 기존의 NSCSWP는 12월에 만료됩니다.3)

이 공문에서 보는 것처럼 기독교 학교뿐 아니고 국립학교를 포함한 모든 학교에 교목을 채용하는데 정부가 예산을 지원한다는 것에 대해 많은 찬반 논란이 있었다. 호주의 현행 국가적 교목 프로그램의 성격을 파악하기 위해서는 역사적 배경을 이해할 필요가 있다. 호주에서 모든 학교의 교목을 국가 예산으로 지원하는 프로그램이 처음 생긴 것은 2006년 하워드(Howard) 정부가 NSCP를 위해 9천만 불의 예산을 책정하면서부터이다.4) 이러한 정책을 펼 수 있었던 것은 호주 교육부가 학교 교육에서 도덕과 영적 교육을 중요한 부분으로 인정했기 때문이다. 1999년에 발표된 호주 정부의 "21세기 학교 교육의 국가적 목표에 관한 에딜라이드 선언"(Adelaide Declaration on Natio- nal Goals for Schooling in the Twenty-First Century)은 다음의 구절을 포함하고 있다: "학교 교육은 젊은 세대 호주시민에게 지적, 육체적, 사회적, 도덕적, 영적, 미적 발달의 기초를 제공해준다." 이런 내용은 2008년 Melbourne 선언에서도 호주 교육부의 공식 입장으로 재확인되었다.5)

---

3) https://ministers.education.gov.au/ryan/school-chaplaincy-funding-be-available-time-2 015-school-year [2016.3.1.접속]

4) http://www.scseec.edu.au/archive/Publications/Publications-archive/The-Adelaide-De claration.aspx [2016.3.1. 접속]

국가적 교목은 모든 종교인이 지원할 수 있도록 열려 있었지만, 대부분이 기독교인이었다. 2008년 당시 전국적으로 총 2,850명의 교목이 NSCP의 지원을 받고 활동을 했다.

정부는 교목의 활동에 대해서 상세한 가이드라인을 규정했는데, 그 내용을 보면 교목에게는 다음의 활동이 금해져 있다: (1) 종교교육 제공,[6] (2) 개종이나 전도를 통해 학생을 다른 종교로 회심하게 하는 것,[7] (3) 특정한 관점이나 영적인 신앙심을 강요하거나 그런 방향으로 유도하기 위해 믿음에 관한 토론을 개시하는 것. (4) 학생의 종교를 폄하하려는 시도, (5) 블로그, 페이스북, 학교 홈페이지, 뉴스레터 등 소셜 미디어나 기타 방법을 통해

---

5) 호주 내 기독교 계통의 독립 학교의 연합체인 Christian Schools Australia(CSA)는 단체 소속 학교의 공통된 교육목표를 다음과 같이 설정하고 있다: "기독교 학교의 사명은 학생들의 전인적인 영적, 교육적, 정서적, 사회적, 육체적 발달이다." CSA는 이 사명이 멜버른 선언에서 확인된 국가의 교육 정책을 충실하게 반영한 것이라고 강조하면서 종교교육이 공교육에서 차지하는 중요성을 강조한다. CSA는 "Connecting Learners with God's Big Story"라는 문서를 통해 호주 교육 체계 하에서의 기독교 교육의 성격과 방안에 관한 철학을 기술하고 있다. 이 단체의 홈페이지에는 종교교육에 관한 공식문서와 교육과정 자료 등 많은 자료들이 있어서 호주 교육 시스템에서 종교교육이 차지하는 역할을 살피기 위해서 유용하게 활용될 수 있다. http://www.csa.edu.au/about/about-christian-schools [2016.3.1. 접속]

6) 어떤 경우는 한 사람이 정부 보조를 받는 교목의 역할을 일부 수행하고, 다른 시간에는 특정한 종교에 속한 역할을 수행하는 경우도 있는데, 가능하면 각 사람에게 구별된 업무를 주는 것을 원칙으로 하지만, 만일 한 사람이 겸직할 경우 그 내용을 학교가 정해야 한다고 규정하고 있음. Rex Tauati Ahdar, "A Real Threat or a Mere Shadow? School Chaplaincy Programs and the Secular State," *University of Queensland Law Journal* 33, no. 1 (2014): 34.

7) 구체적으로 다음의 사항이 금지되어 있다: 학생에게 종교적 내용을 담고 있는 활동에 강제로 참석하게 하는 것; 학생에게 개종이나 회심을 유도하거나 요구하는 것; 미리 허락이나 동의를 받지 않고 특정한 관점이나 종교적 신앙을 조장하는 행동에 참여시키는 것; 학생이 조정당하거나 강요당했다고 느끼게 하는 집중적인 대화. Ibid.

학생을 개종/전도하려는 시도.

　2011년에 길라드(Gillard) 정부가 정권을 잡게 되면서 국가적 교목제도에 대한 비판적 입장이 대두하였고, 이 제도에 대한 지원은 조금 약화되었고, 일부 교목의 자질에 관한 우려가 표명되기도 했다. 길라드 정부는 학교에서 교목을 원치 않을 경우 쉽게 교목과 유사한 역할을 할 수 있는 세속적 전문인을 고용할 수 있게 제도를 바꾸었고, 또한 교목의 자질을 유지하기 위해서 "청소년 사역과 목회적 돌봄에 관한 자격증 4"(Certficate IV in Youth Work, Pastoral Care)나 이에 상응하는 자격증을 모두에게 요구하게 되었다.[8] 2014년 6월 19일에는 대법원에서 "윌리암스 대 연방정부"(Williams v Commonwealth) 재판에서 연방정부가 지역의 단체에 교목을 위한 재정을 직접 지원하는 것이 불법이라고 판단을 내렸다. 판결문은 다음과 같은 구절을 담고 있다.

　학교의 교목에게 재정을 지원하는 것은 정교분리에 반하는 것이다. 교목에게 공적 자금을 지원하는 것은 특정한 종교를 재정적으로 원조하고 승인하는 것으로 여겨질 수 있다. 이것은 국가종교 체제에 의한 오랜 상처를 다시 드러내는 것이고 종교를 갖지 않은 사람을 배제하는 정책이다. 이것은 다문화적이고 다종교적인 사회에서 장기적으로 특정한 소수에게 이익을 주는 잘못된 길로 가는 첫걸음이 된다.[9]

----

8) 자격증 제도를 도입한 데는 종종 규정을 지키지 않은 경우가 발생하고, 또 자질이 낮은 교목도 있었기 때문이었다. Collins, Sarah-Jane, "New Choice for School Chaplaincy Program," *The Age*, 8 September, 2011.

9) Rex Tauati Ahdar, "A Real Threat or a Mere Shadow? School Chaplaincy Programs and the Secular State," 29에서 재인용.

현재 시행되고 있는 국가적 교목 프로그램은 아보트 정부가 2014년 선거로 정권을 잡고, 대법원의 판결에도 불구하고 프로그램의 이름과 집행방식만 조금 바꾸어 계속 지속시키고 있는 것이다. 아보트 정부는 학교에서 사역하는 교목을 위해 정부 예산을 지원하는 정책을 충실하게 시행하려고 노력하였다. 그 일환으로 이전 정부에서는 비종교적 학교가 교목을 위한 예산을 지원받은 후 교목 대신 이에 상응하는 세속적 전문가를 고용하는 것을 금지했다.[10]

호주에서는 이처럼 교목직이 많이 생겨났고, 교목으로서 필수적으로 취득해야 하는 자격증도 요구되기 때문에 교목이 되기 원하는 사람들을 교육하기 위한 기관도 많이 생겼다. 그 중 대표적인 기관이 Access Ministries이다.[11]

Access Ministries는 교목이 되고자 하는 사람들에게 정보를 제공하고 필요한 교육을 하며, 직장을 연결해주는 역할을 하고 있다.[12] Access Ministries가 제공하는 정보에 의하면 교목의 역할은 호주 학교 내의 카운슬러, 간호사, 사회복지사, 심리상담사와 같은 영역의 전문가들과 유사하다. 그렇지만 교목은 개인과 공동체 전체의 영적인 문제를 도와주는 전문가라는 점에서 고유한 직책이다. 구체적으로 교목은 다음과 같은 세 가지의 역할을 하게 된다: (1) 일반적인 영적 지원[13], (2) 특수한 종교적 지원[14], (3) 위

---

10) Knott, Matthew, "Anti-gay Chaplains Driving Children to Self-harm, Says Outgoing Labor Senator Louise Pratt," *The Sydney Morning Herald*, 18 June 2014.

11) 원래 "학교의 기독교 교육을 위한 협의회" (Council for Christian Education in Schools, CCES)라는 명칭을 갖고 있었으나 개명을 했다. 이 단체는 11개의 교단에 의해 지원을 받고 있다.

12) https://www.accessministries.org.au/chaplains

13) 교목은 학생들이 겪게 되는 큰 영적인 주제를 다루게 된다. 교목은 자신의 종교 체계

기 해결 지원.[15] 국가적 교목이 되기 위해서는 교단에서 안수를 받거나 파송을 받아야 하는 등 특별한 자격을 갖추어야 한다. 또한, 교목이 되고자 하는 자는 정부에서 발행하는 CHCCS016 (Respond to Client Needs)과 CHCMHS001 (Work with the mental health issues) 자격증을 갖추어야 한다.[16]

II. 아일랜드의 국가적 종교교육 제도

아일랜드의 중고등학교 교육 기관은 크게 세 부류로 나눌 수 있다. 첫째 부류는 자율 학교군(voluntary school sector)으로 칭할 수 있는데, 가장 많은 학교가 이 부류에 속한다. 이 학교들은 가톨릭이나 개신교에 의해 운영되며, 대부분의 예산은 국가에서 지원받는다. 두 번째 부류는 직업학교군(vocation school sector)이라 칭할 수 있는데, 직업교육위원회(Vocational

---

를 학생에게 주입시키지 않으려는 주의를 기울이면서 학생이 자신들의 인생에서 중요한 문제에 대해 잘 사고하도록 도와준다. Chaplaincy Service Division, "The Distinctiveness of Chaplaincy within a Framework of School Support Services," (ACCESS Ministries), 8.

14) 교목은 특정한 종교를 믿고 있는 학생들에게 지원과 격려를 줄 수 있다. 교목은 일반적이거나 구체적인 종교적·영적 주제에 대해 토론할 수 있는 장을 제공한다. Ibid., 9.

15) 학생이 가족이나 친구의 죽음과 같은 위기를 겪게 될 때 인생의 무엇인가라는 큰 문제에 관해 질문하게 된다. 학생들은 삶의 유한성, 선과 악, 정의와 공정성, 상실과 상심 등에 관해 고민하게 된다. 위기의 상황에서 교목은 그들이 어떻게 생각하고 어떻게 위기를 극복할 수 있는지 같이 고민하고 도와주는 특별한 역할을 할 수 있다. Ibid., 9.

16) 다음 사이트에 이 자격증에 대한 자세한 설명이 있음. https://training.gov.au/Training/Details/CHC50413

Education Committee, VEC)의 감독을 받는 학교들이다. 예산은 전적으로 국고에 의존하고 운영은 다양한 교단에 의해 이루어진다. VEC은 국가로부터 예산을 지원받아 각 지역 자치단체장과 지역 학교의 교사·학부모 대표 등으로 구성된 전국적, 지역적 위원회를 통하여 배분한다. 세 번째 부류는 지역학교군(community school sector)이라고 칭할 수 있는데, 이 부류에는 이전에 교단에 의해 설립·운영되었으나 그 관계가 약화된 학교와 신생학교가 포함된다. 이 부류의 학교의 운영에는 기존의 교단 소속 이사회나 학부모, 교사, 지역 VEC 위원 등이 관여하고 예산은 전적으로 국고의 지원을 받는다.17)

2000년 이전까지 아일랜드 정부의 교육과정에 의하면 종교교육이 고등학교를 졸업을 하는데 필수적으로 요구되지 않았다. 그렇지만 대다수의 학교에서는 종교교육을 실시하고 있었으며 그 내용은 교리교육적(catechesis) 성격이 강했다. 이는 아일랜드의 공교육의 역사에서 교회가 차지한 역할이 컸고, 또한 국민 대다수가 가톨릭이나 개신교 신앙을 갖고 있었기 때문인 것으로 판단된다. 이러한 상황에서 종교교육의 내용은 지역적, 교단적 배경에 따라 차이가 많았고, 교육의 질도 표준적으로 관리되지 않았다. 그러던 중 2000년에 도입된 중학교 학력인정을 위한 종교교육(Junior Certificate Religious Education Syllabus, JCRES) 제도는 전국적으로 통일된 종교교육을 실시하게 하는 획기적인 계기가 되었다.18) 이 제도를 통해 모든 중학생

---

17) Paul King and James Norman, "Evaluating the Impact of a State Religious Education Syllabus for the Religious Education Teacher and the School Chaplain," in *International Handbook of the Religious, Moral and Spiritual Dimensions in Education,* edited by Marian de Souza et al.,(Dordrecht: Springer Netherlands, 2006), 1019-1020.

18) 아일랜드 학제에 따르면 초등학교 이후 3년 과정을 마친 학생은 대개 14-15세 사이

들은 3년에 걸쳐 종교교육 과목을 들어야 하고, 이 주제에 대한 시험을 통과
해야 졸업장을 받을 수 있게 되었다. 곧 고등학교 학력인정을 위한 종교교육
(Leaving Certificate Religious Education Syllabus)로 확립되어 아일랜드에
서는 중고등학교에서 종교교육이 필수과목으로 지정되었다.

그렇다면 아일랜드 교육부는 왜 종교교육을 강화하기로 결정했으며, 종
교교육의 목적과 그 효과에 대해 어떤 기대를 하고 있으며, 어떤 내용을 교
육하고 있으며, 또한 교육의 보편적인 목적인 인성교육과 종교교육의 관계
를 어떻게 이해하고 있는가?

아일랜드 교육부는 중고등학교 교육에서 종교교육을 해야 하는 중요한
이유는 종교가 인류의 소중한 자산이고, 특히 아일랜드의 문화 형성에 기독
교가 기여한 바가 중대하며, 오늘날 복잡해진 사회 속에서 다양한 종교적 입
장에 대한 이해를 하는 것이 필수적이기 때문이라고 제시한다.[19) 종교교육

에 중학교학력인정(Junior Certificate) 시험을 보게 되고, 그 후 2-3년의 과정을 마치
면 고등학교학력인정(Leaving Certificate) 시험을 17-18세 나이에 보게 된다. 학생
들은 국가에서 시행하는 이 시험을 통과하여야 졸업을 인정받을 수 있다. 아일랜드
교육부 홈페이지: http://www.education.ie/en/The-Education-System/Post-Primary/
[2016.3.1. 접속]

19) "인간의 성장은 성찰과 상상력과 창의성을 가진 인간이 자신을 타인과 분리된 고유
한 자아로 인식하면서 참됨 · 착함 · 아름다움의 이상을 향하여 전진하는 과정이다.
고대로부터 의미를 추구하는 인간의 체험은 삶의 종교적 해석을 통해 표현되었다.
여러 종교적 전통은 인류의 역사 발전에 공헌하였다. 아일랜드의 경우, 기독교는
우리의 풍성한 문화적 유산의 한 부분이고, 우리 자신과 세계, 그리고 타인과의 관
계를 보는 관점에 중대한 영향을 끼쳤다. 그러나 급속히 복잡해지는 문화 속에서 더
효율적인 삶을 살기 위해 우리는 다양한 종교적 전통에 관한 이해를 필요로 하고,
아일랜드 내에서뿐 아니라 유럽, 그리고 전 세계에서 접하게 되는 인류의 중요한 종
교적 전통의 소중함에 대한 인식이 요청된다." Department of Education and Science
Ireland, *Religious Education Syllabus for the Leaving Certificate - Ordinary and Higher
Levels* (Dublin, Ireland: Stationery Office, 2003), 3.

의 목적에 대해서는 학생이 지식, 이해, 기술, 태도의 영역에 걸쳐 종교에 대한 균형 잡힌 파악을 함으로 학생의 인격적 성장과 영적 성숙을 도와주고, 학생이 인간의 삶에 관한 깊은 성찰을 통해 스스로 삶을 이해하고 해석할 줄 아는 능력을 갖게 함에 있다고 기술하고 있다.[20] 종교교육의 내용은 비종교적 입장을 포함한 다양한 종교적 전통의 소개와 관용과 상호 이해의 중요성, 타종교인과 대화할 수 있는 기술 습득, 종교에 대해 합리적이고 비판적으로 사고할 수 있는 능력 등이 포함된다. 이러한 종교교육의 효과로는 학생들이 종교의 역사적 기원과 다양한 문화·사회적 표현에 대해 배우게 됨으로 자신의 종교에 대해 객관적이고 비판적으로 검토하게 되며, 다른 종교적·문화적 표현에 대해서도 선입관 없이 판단함으로 성숙한 문화적 태도를 갖추게 된다는 점을 든다. 또한, 종교교육은 다양한 형태의 윤리 규범과 도덕 체계와도 밀접하게 연결되므로 학생들은 합리적이고 비판적인 도덕적 판단을 스스로 할 수 있는 능력을 갖추게 되며 이는 앞으로 이들이 성인이 되어 사회와 세계 속에서 활동할 때 중요한 도덕적 자질로 작용하게 된다고 설명한다.[21]

종교교육 수업의 구체적인 내용은 교육부에서 자세하게 규정하고 있는데, 고등학교 과정의 종교교육은 다음과 같이 세 부분으로 나누어진 10개의 주제로 구성되어 있다.[22]

Unit 1

Section A The Search for Meaning and Values[23]

....

20) Ibid.
21) Ibid.
22) Ibid., 7.

Unit 2 (셋 중 둘만 선택)

　Section B Christianity: Origins and Contemporary Expressions

　Section C World Religions

　Section D Moral Decision-Making

Unit 3 (두 주제는 코스워크로 다룸)

　Section E Religion and Gender

　Section F Issues of Justice and Peace

　Section G Worship, Prayer, and Ritual

　Section H The Bible: Literature and Sacred Text

　Section I Religion: the Irish Experience

　Section J Religion and Science

　이 중 가장 중요하게 다뤄지는 주제인 Section B의 교육 내용을 자세하게 살펴보면 다음과 같다.

　"기독교: 그 기원과 그리고 현대적 표현"의 교육 목표

1. 기원에 관한 연구가 기독교의 현재 상황과 대안적 미래를 위한 제안을 이해하는 기초가 됨을 가르침.

2. 초기 기독교 운동의 의미와 오늘의 기독교적 표현과의 연관성을 이해함.

3. 1세기 팔레스타인과 그리스-로마 사회의 역사·사회·종교적

---

23) 다루는 구체적인 내용은 다음을 포함한다: 현대의 종교적 상황; 언어와 상징, 고대 사회에서의 신, 계시의 개념, 신의 이름, 공동체적 가치의 근원으로서의 종교, 공동체적 가치의 세속적 근원. Ibid., 11-20.

배경 속에서 기독교가 갖는 고유한 종교적 특징을 살펴봄.

4. 원시 기독교가 어떻게 당시 사람들의 삶의 의미 추구 욕구를
다양하고 적합하게 만족시켰는지 살펴봄.

5. 기독교의 기원과 초기 형태에 근거하여 기독교 신앙의 현대적
의미를 검토함.[24]

교육부에서는 종교교육의 평가 기준과 방식에 대해서도 자세한 규정을
마련하고 있다. 종교교육 평가 기준은 다음 표와 같다.[25]

〈표 1〉 종교교육의 평가 기준

지식 (Knowledge)	이해 (Understanding)	기술 (Skills)	태도 (Attitudes)
중요 용어, 정의, 설명, 구분	삶에 대한 다양한 종교적/ 비종교적 이해	분석, 적용, 종합	이 주제를 진지하게 다룸
정보의 정확성과 적절성	중요 개념과 그것을 다양한 상황에 적용할 수 있는 능력	비교와 대조	종교적 전통들의 심오함에 대한 이해와 존중
단계에 적합한 지식의 깊이	믿음과 실천의 관계 이해 (특히 도덕과 관련)	종교적 믿음의 근거에 관한 분별력	삶을 비종교적으로 해석하는 입장의 이해와 존중
연구 능력	신체적, 감정적, 영적, 지적, 도덕적, 사회적 차원의 인	원인과 결과의 관계를 인지	개인과 집단의 의미 추구 방식에 대한 열린 자세

---

24) Ibid., 21.
25) Ibid., 9.

	간 경험의 상호 작용에 관한 이해		
이 과목 내 다른 주제와 상호 연결 관계 인지	종교적 믿음이 표현될 수 있는 다양한 방식을 이해	텍스트와 다른 자료들을 적절하게 사용하고 비판적으로 성찰할 수 있는 기술	상호 이해를 위한 대화와 탐구에 열린 자세

이런 기준을 갖고 종교교육의 학습 결과를 평가하는 구체적인 방식은 다음과 같다. 평가는 코스워크와 필기시험, 두 단계로 이루어진다. 첫 번째 단계인 코스워크는 각 학생이 교사의 지도하에 특별한 주제에 관해 심도 있는 연구를 하고 그 결과를 에세이로 제출하여 평가받는 방식이다. 위의 Unit 3의 여섯 가지 주제 중 두 주제는 코스워크의 대상이 되며, 그 두 주제는 필기시험에서 제외되고, 학생은 한 주제를 택하여 연구를 하게 된다. 어떤 주제가 코스워크로 교육되는지는 매해 정해진다.[26] 두 번째 단계인 필기시험은 2시간에서 2시간 30분의 시간에 걸쳐 종교교육 과목 내용 전체에 관한 시험을 본다.[27] 점수의 배정은 코스워크가 20%, 필기시험이 80%이다.

....

26) 어떤 형태의 질문이 제시되는지 알아보기 위해 아일랜드 국가고시위원회(State Examinations Commission)가 발표한 2017년 시험의 예를 들어보자. 이 시험에는 주제 I와 주제 J가 선정되었고, 각 주제별 두 질문은 다음과 같다: (J-1) 땅을 신성하게 여기는 이해가 기독교 도입 이전의 아일랜드 종교와 예수 당시 유대교의 경우에 어떻게 표현되었는지 비교하라. (I-2) 얼마나 다양한 유형의 종교적 입장이 존재하는지 아일랜드와 유럽의 다른 한 나라의 경우를 비교하여 서술하라. (J-1) 오늘의 환경 문제에 관한 신학자들과 과학자들의 관점의 특징을 설명하라. (J-2) 갈릴레오의 발견 중 특정한 한 가지를 택하여, 그것이 종교와 과학의 관계에 어떤 영향을 끼쳤는지 연구하라. "Leaving Certificate Religious Education 2017: Prescribed Titles for Practical Coursework" in https://www.examinations.ie/misc-doc/EN-EX-24643463.pdf [2016.3.1. 접속]

27) 필기시험은 객관식이 아니고 서술식이며 몇 가지 질문의 예를 들면 다음과 같다: 예

III. 한국의 기독교 교육 현장에 주는 교훈

지금까지 호주의 국가적 교목 프로그램과 아일랜드의 국가적 종교교육 제도에 관하여 살펴보았다. 이는 두 나라의 초중고 학교를 대상으로 시행된 제도이지만 한국의 기독교 대학의 상황과 연관하여 많은 시사점을 주고 있다.

첫째로, 종교나 영성의 차원을 빼놓고는 어떤 교육과정도 완전할 수 없다는 것을 확인할 수 있다. 호주의 경우 국가적 교목제도에 반대하는 사람들은 많았지만, 이들이 학교교육에 영적 발달을 위한 교육이 포함되는 것을 반대하는 것은 아니었다. 이들이 우려하는 것은 특정 종교가 너무 혜택을 받는 것과, 가이드라인에 금지되어 있음에도 불구하고 개종을 하려는 시도가 보고된다는 것과, 자격을 갖추지 않은 교목들도 있다는 등의 문제들이었다. 정교분리의 원칙은 호주 헌법에 정확하게 규정되어 있지는 않지만 전세계적으로 대다수 국가에서 일반적으로 받아들여지고 있는 통념이다.[28] 많은 국가에서 이 원칙은 절대적인 법칙으로서보다는 신중하게 존중해야 할 가이드라인으로 작용을 한다. 즉 정교분리의 원칙은 모든 형태의 종교를 공공의 영역에서 추방하려는 반종교적 입장을 지지하기 위해 만들어졌다기보다는, 특정한 종교가 지나치게 국가의 정책에 영향을 끼치는 것을 방지하기 위해 만들어졌다는 이해가 보편적이다.[29] 호주의 경우 많은 논란이 있었음에도

수가 그의 설교에서 강조한 하나님의 나라의 네 가지 특징의 개요를 서술하고 그중 두 가지 특징을 유대교의 하나님 나라 이해와 비교하라.; 예수의 죽음과 부활 이후 예수의 제자 중 한 명과 인터뷰를 한다고 상상해보라. 그 제자는 예수의 죽음과 부활이 자신의 종교적 믿음과 실천에 어떤 영향을 미쳤다고 말하겠는가?

28) Rex Tauati Ahdar, "A Real Threat or a Mere Shadow? School Chaplaincy Programs and the Secular State," 30.

29) 현실적으로 종교와 정치를 완벽하게 분리하는 것은 불가능하다. 그리고 종교도 사

국가적 교목제도가 폐지되지 않고 유지되어 온 이유는 종교나 영성 자체를 교육의 중요한 요소로 보는 국민들의 일반적인 여론이 있었기 때문이었다. 아일랜드의 경우도 종교교육을 공교육에 확고하게 포함시킨 데는 종교에 대한 올바른 이해가 오늘의 다문화적이고 다종교적인 복잡한 사회에서 책임 있는 시민으로 살아가기 위해서는 필수적인 역량이 된다는 판단에 따른 것이다.[30] 우리나라에서도 정교분리의 원칙은 존중되어야 하겠지만 그것을 종교를 무용하거나 유해한 것으로 보는 입장과 혼동해서는 안 될 것이다. 공교육에서 종교에 관한 교육을 확대하는 것은 다종교·다문화 현상이 심화되는 상황에서 전세계적인 추세라고 볼 수 있다.[31]

회를 구성하는 많은 집단 중의 하나이기 때문에 정치적 의사를 표현할 수 있다. 그런 의미에서 정교분리의 원칙은 검이 아니라 방패로, 즉 공격의 논리가 아니라 수비의 논리로 그 의미를 갖는다고도 볼 수 있다. John Witte Jr, "Facts and Fiction About the History of the Separation of Church and State," Journal of Church and State 48 (2006), 15, 42, 43. Rex Tauati Ahdar, 39에서 재인용.

30) 미국종교학회(American Academy of Religion)는 공립학교에서 종교교육을 통해 종교적 문맹을 퇴치하는 것이 지구적인 평화 공존을 위해 꼭 필요하다고 분석했다. The AAR Religion in the Schools Task Force, *Guidelines for Teaching About Religion in K-12 Public Schools in the United States* (American Academy of Religion, 2010), 4-6.

31) 호주나 아일랜드 뿐 아니고 유럽의 많은 나라에서도 공교육에 종교교육을 포함시키고 있다. 독일의 경우 공립학교 교육에 종교교육이 정규과목으로 들어가 있고, 영국은 1988년에 개정된 "새 교육헌장"에 학교교육이 학생의 영적인 발달을 증진시켜야 한다고 명시되어 있다. 그리스에서는 종교교육이 의무이고, 정부의 담당 장관에 의해 관리된다. 덴마크는 비교파적인 내용의 종교교육이 시행되는데 교재의 내용은 교회가 아니고 국가 교육부와 국회 산하 교사협회에서 개발한다. 벨기에의 경우는 "다원화된 복합 사회에서 관용의 정신과 책임적인 시민 양성"을 위해 종교교육의 중립성이 강조되고 있다. 이탈리아에서는 가톨릭 종교수업이 공립학교 선택과목으로 되어 있으며, 종교교사들은 주교가 임명하고, 교사교육은 교회가 맡고, 사례는 국가가 지급하는 구조이다. 스위스의 경우 종교교육 교재는 초교파적이 시각에서 문화와 역사적 측면에 집중하여 종교교육을 시행하고 있다. 그 내용은 다음을 포함한다: 종교적 전통에 관한 역사, 지리적 사항; 성경의 주요 본문 소개; 사회문

둘째로, 호주의 국가적 교목제도에서 교목들에게 여러 활동이 금지되어 있는 것을 어떻게 평가할 것인가 하는 것도 중요한 주제이다.[32] 개종을 시키면 안 되고, 특정한 종교를 소개해도 안 되고, 예배에 초대해도 안 되는 등 많은 제약이 있다. 과연 이런 조건하에서 교목이 안수 받은 목회자로서의 역할을 제대로 수행할 수 있는지 의문을 가질 수 있다. 교목들이 자신들이 하는 임무는 성직자의 역할이 아니기 때문에 자신에게 주어진 성직의 소명에 충실하게 응답하지 못하고 월급 때문에 이 일을 하고 있다는 자괴감을 가질 수도 있다. 교단에서는 이런 자리에 목회자를 파송할 필요가 있는지 회의를 가질 수도 있다. 어차피 정부에서 예산을 지원하니 교목을 파송하는 것이지 정부 예산이 중단되면 손을 뗄 것이라는 생각을 할 수도 있다. 여러 면에서 교목의 활동이 제한되는 것 같다. 그러나 다른 한편에서 보면 국가에서 주는 사례를 받는 교목이 공평하고 공정하게 임무를 수행해야 함은 당연하게 요구되는 사항이다. 국가의 지원을 받고 공공 영역에서 활동하는 교목은 상당히 수준 높은 선교신학적인 성찰을 하면서 주어진 제약 아래서 어떻게 효과적으로 교목으로서의 성직을 감당해야 할지 고민할 수밖에 없다. 호주의 대

화적 자원에 대한 이해; 윤리적 성찰; 실존적 반응; 다양한 타종교와 인문적 전통에 대한 관심과 존중. 남은경, "기독교교육: 유럽 개신교회 교육의 위기와 신앙전수의 통로들," 「신학과 선교」 43 (2013): 297-298.;

32) 아일랜드에서도 호주와 마찬가지로 중고등학교 교목의 급여를 정부가 부담하고 있다. "아일랜드는 서구 민주주의 국가 중에서 유일하게 정부의 예산으로 유급 교목의 급여를 지급하는 나라이다"라는 표현이 다음 자료에 나오는데, 이는 호주의 사례에 관한 정보가 없었기 때문으로 판단된다. Paul King and James Norman, "Evaluating the Impact of a State Religious Education Syllabus for the Religious Education Teacher and the School Chaplain," in *International Handbook of the Religious, Moral and Spiritual Dimensions in Education*, ed. Marian de Souza et al. (Dordrecht: Springer Netherlands, 2006), 1012.

부분의 교목들은 학교 구성원들을 개종하거나 전도하려는 의도를 갖지 않고, 그들이 어려움이나 위기를 겪을 때 옆에 있어주고 그들과 함께 아픔을 나눔으로, 그들이 위로를 받고, 힘을 얻고, 새로운 출발을 할 수 있도록 도와주는 것을 그들의 소명으로 생각하고 활동하고 있다.

한국의 기독교 대학의 교목은 호주의 교목과는 다른 여건에서 활동을 하지만, 개종과 전도를 교목활동의 목표로 설정하는 것에 대해 조심스럽게 재고해야 한다.[33] 기독교 대학 내에서 교목실에 의해 추진되는 학원선교는 교회나 기독교 선교단체와는 다른 방식으로 행해져야 한다. 한국 대학의 경우 학교의 재정에 정부의 지원이 차지하는 비중이 무시할 수 없는 규모인데, 정부의 지원은 필연적으로 개입과 규제를 동반한다. 개종주의(proselytism)에 근거한 선교 모델에 대해 근본적으로 재고하고, 외부적인 압력에 의해서 마지못해 선교의 방식을 바꾸기보다는 교목실이 먼저 자발적으로 공평하고 공정한 여건 아래에서 기독교적 정체성 교육을 할 수 있는 환경을 마련하는 것이 장기적으로 한국의 교육 현장에서 종교·영성 교육을 더 확대하기 위한 중요한 발판이 될 것이다.

셋째로, 교목들의 일정한 자질과 자격을 유지하기 위한 교육과 관리의 체계에 관한 고려가 중요하다. 호주에서는 전국적으로 3천명에 달하는 교목직이 생기다 보니 교목이 되기 원하는 사람들을 교육할 교육기관이 많이 필요해졌고, 그들을 체계적으로 가르치기 위한 커리큘럼과 자격증제도가 생겼다. 초기에는 자질이 낮은 교목들도 있어서 문제가 되기도 했지만 범교단적으로 협력하여 제도를 보완하면서 점차 안정적으로 교목의 인력 수급이

---

[33] 박용우는 기독교 대학의 채플이 개종을 목표로 하면 헌법에 위배될 수 있다고 지적한다. 박용우, "기독교 채플을 통한 선교,"「대학과선교」1 (2002), 55.

이루어지게 되었다. 한국의 경우 기독교 계통의 초중고등학교에 교목과 성경교사들이 많이 근무하고 있다. 그들은 대부분 교육대학이나 교육대학원, 혹은 교직과목 취득을 통해 교사자격증을 취득하여 학교에서 가르치고 있는데 세속 영역에서 사역을 하는 목회자인 교목으로서의 특수한 상황에 대한 신학적 교육을 받을 기회를 갖지 못한다. 우리나라에는 교목이 되기 원하는 사람들이 교목의 자질과 자격에 필요한 교육이나 훈련을 받을 기회가 없었고, 그와 관련된 자격증 제도도 마련되어 있지 않다. 이는 앞으로 시급하게 보완되고 개선되어야 할 영역이라고 생각된다.

넷째로, 기독교 대학의 교목은 중고등학교에서의 기독교 관련 교육 내용에 대해 더 깊은 관심을 갖고, 그 분야에 대한 연구를 확대해 나가야 한다. 기독교 대학을 운영하는 학교 법인 중에는 초중고등학교도 같이 운영하는 법인이 있는데, 이런 학교 법인은 하나의 정관으로 초중고대 모든 학교에 관한 사항을 규정하고 있다. 그렇지 않은 법인에 의해 운영되는 대학도 단일한 사학법의 지배를 받고 있으므로, 대학과 그 이전 단계의 학교 교육은 공통점이 많이 있다. 기독교 대학의 교목들이 연구하는 다양한 신학적·목회적 주제들은 초중고등학교 상황에도 적용되는 경우가 많다. 또한, 대학에서 기독교 교육을 할 때 학생들의 선이해를 파악하는 것이 중요하므로, 현재 중고등학교에서 학생들이 종교나 기독교에 대해 어떤 내용을 배우는지 파악하고, 문제가 있다면 개선하려는 노력을 기울이는 것이 필요하다. 우리나라에서는 종교교육이 의무적으로 되어 있지 않고 선택과목으로 되어 있다.[34] 또

---

34) 현재 우리나라 고등학교 교과과정에서 종교("종교학"이라고 칭함)는 보통교과-선택과목-일반선택-교양 안에 포함되어 있으며 생활·교양 교과영역 내 교양 교과군으로 분류된다. 교육부 고시 제2015-80호 [별책 1], 『초·중등학교 교육과정 총론』, 17.; 종교학의 교육내용은 다음과 같다. "종교학 과목은 종교와 연관된 지식, 경험,

한, 종립 학교의 경우 별도의 교육과정을 운영하기도 한다.[35] 기독교 대학의 교목들은 중고등학교 과정에서 사용하는 종교과목 교재의 내용에 대해서도 관심을 갖고 교재 집필에 참여할 방안을 마련해야 하며, 일반 과목(예를 들어 도덕, 역사, 사회 등)에서 종교가 다뤄지는 방식에 대해서도 전반적으로 깊이 있는 평가를 하여야 한다. 장기적으로 호주나 아일랜드처럼 종교를 공교육에 필수과목으로 포함하는 것과 국가적인 교목제도를 도입하는

....

생활 등에 관해 스스로 성찰할 수 있는 안목과 태도를 기르기 위한 과목이다. 이러한 성찰적 안목과 태도는 종교에 관한 인지적 능력과 정의적 능력뿐 아니라 자발적인 실천 능력으로 이어질 수 있다. 세계 각 지역에서는 자연적·문화적 환경에 따라 다양한 종교의 모습이 나타나고 있다. 그리고 교통과 통신 수단 등의 발달과 세계화 추세로 국가 간 이동이 활발해지고 다문화 사회가 조성되면서 종교의 다양성이 확대되고 있다. 다종교 상황에서는 상호 공존의 태도가 중시되지만 때때로 공동체 내부뿐만 아니라 종교와 종교 사이, 국가와 종교 사이에 갈등이 발생하기도 한다. 실제로 세계 각국에서 종교의 유무와 종류에 따른 상이한 입장들이 종종 갈등을 빚고 있다. 이러한 상황에서는 인간과 종교의 관계, 다양한 종교 공동체의 문화와 가치 지향, 사회와 종교의 관계 등을 이해하고, 종교와 윤리, 종교와 사회 정의, 종교 간 차이와 차별의 구분 등 여러 문제를 다각도로 탐색하여 그 결과를 실천할 수 있는 성찰적 안목과 태도가 요청되고 있다. 이러한 맥락에서 종교학 과목에서는 다종교·다문화 사회에서 종교에 관한 성찰적 안목과 태도를 기르는 데에 주안점을 두고, 종교 문화 이해력, 비판적 성찰 능력, 의사소통 능력, 다문화 감수성, 윤리적·사회적 실천 능력 등의 역량을 기를 수 있도록 한다." 교육부 고시 제2015-74호 [별책 19], 『고등학교 교양 교과 교육과정』, 58.; 종교학의 내용 체계는 인간과 종교, 종교의 구성, 종교의 세계관, 종교 전통과 문화 유산, 현대 사회와 종교, 개별 종교들의 이해로 대지가 정해져 있고 그 안에 다음과 같은 다양한 주제들이 다뤄지고 있다: 종교의 의미, 종교의 역할, 종교 자유와 통념, 경전과 교리, 종교 의례, 종교의 인간관, 세계의 종교, 한국의 종교, 종교와 문화의 다양성, 종교와 다종교 사회, 종교와 과학, 주요 교리와 규범, 사회·문화적 실천, 종교인의 삶과 태도. Ibid., 60-72.

35) "학교가 종교 과목을 개설할 때에는 종교 이외의 과목을 포함, 복수로 과목을 편성하여 학생에게 선택의 기회를 주어야 한다. 다만, 학생의 학교 선택권이 허용되는 종립 학교의 경우 학생·학부모의 동의를 얻어 단수로 개설할 수 있다." 『초·중등학교 교육과정 총론』, 34.

것에 관해서도 그 가능성을 연구할 필요가 있다.[36]

---

36) 류성민은 "우리나라 공립학교에서도 종교교육이 필요하며 현실적으로 가능한 방
   안이 있음"을 주장한다. 그 유일한 방안은 종교학교육으로서의 종교교육(종교에
   대한 교육)이라고 제안한다. 오늘날 종교다원사회에서 종교교육은 공적 교육의 중
   요한 부분으로 포함되어야 한다는 인식이 전세계적으로 확산되고 있기 때문에 한
   국의 상황에서 실현 방안을 간구해 봐야 한다고 그는 제안한다. 류성민, "공립학교
   에서의 종교교육," 「종교문화연구」 20 (2013), 1-2.

기독교 이해 과목 강의에 밀턴의『실낙원』활용하기*

I. 서론

밀턴의『실낙원』은 영어로 쓰인 작품 중에서 가장 많이 읽히는 작품 중 하나이다. 감리교의 창시자 웨슬리(John Wesley)는『실낙원』이 인간이 쓴 시 중 가장 위대한 시라고 극찬을 아끼지 않았다.[1] 밀턴이 후세에 끼친 영향은 문학의 영역을 넘어, 종교, 정치 및 사상 전반에 걸쳐 막대하다.[2] 케리건

---

* 이 글은 같은 제목으로「대학과 선교」24집 (2013년 6월)에 실린 것을 이 책의 주제에 맞춰 수정한 것이다.

1) John Wesley, *An Extract from John Milton's "Paradise Lost"* (London: 1763), 3. John Milton John and Dennis Richard Danielson, *Paradise Lost*, Parallel prose ed. (Vancouver, B.C.: Regent College Pub., 2008), x쪽에서 재인용.

2) Griffin에 의하면 밀턴의『실낙원』은 그의 생전에 이미 기록적인 독자를 확보하고 있었으며, 18세기 초반에 급격하게 독자의 수가 더 팽창하였고, 19세기에 들어와서는

(Kerrigan)은 "다른 시들은 우주라는 배경을 전제로 이루어지는데, 밀턴의 시는 어떤 구조적 원리를 전제하기보다는 그런 구조를 만든다. 그의 시는 많은 이론과 동기와 설명과 주장으로 구성된 지적인 우주를 제공한다"라고 밀턴의 위상을 높이 평가했다.[3] 우리나라 대학생들은 대부분 고등학교 교육 과정에서 『실낙원』이 문학사에서 차지하고 있는 중요성과 그 대강의 내용을 배우고 대학에 입학한다. 그러나 기독교 대학에서 지금까지 학생들의 이런 지식을 활용하여 『실낙원』을 기독교 이해 과목 강의에 주교재로 사용하는 경우는 없었다.[4] 대학생 나이의 젊은이가 『실낙원』을 읽음으로 도전을 받고, 단련되고, 변화되고, 개조되는 것이 가능한데도 이 책이 널리 활용되지 않는 것은 안타까운 현실이다.[5] 본 연구에서 필자는 기독교 대학에서 필수로 요구되는 기독교 이해 과목에서 밀턴의 『실낙원』을 주교재로 활용할 때 얻을 수 있는 교육 효과와 그를 위한 구체적인 방법을 문헌적인 연구와

『실낙원』은 영어권에서 모든 사람이 읽어야 하는 보편적인 책이 되었다고 한다. 그는 문학작품뿐 아니라 역경을 이겨내고 신념에 충실하게 사는 모범적인 삶 때문에 많은 사람으로부터 추앙받기도 했다. 또한 그는 기독교와 서양의 고전을 어떤 다른 영어 작가가 이루어내지 못한 방식으로 절묘하게 결합하여서 문학적 영웅(literary hero)으로 평가되기도 했다. Dustin Griffin, "Milton's Literary Influence" in *The Cambridge Companion to Milton* (New York: Cam- bridge University Press, 1989), edited by Dennis Danielson, 243-247.

3) Kerrigan은 『실낙원』강의를 통해 학생들의 인생관이 구체적으로 변화되는 것을 소개한다. William Kerrigan, "Milton's Place in Intellectual History" in *The Cambridge Companion to Milton*, 263.

4) 대부분의 기독교 대학에서는 기독교적 창립 정신 교육을 위해 기독교 관련 과목을 필수로 지정하고 있는데 그 명칭은 기독교 개론, 기독교 과목, 기독교 교양 등 다양하다. 이 논문에서는 그런 과목을 "기독교 이해 과목"으로 표기한다.

5) Elizabeth McCutcheon, "*Getting to Know Paradise Lost*," in *Approaches to Teaching Milton's Paradise Lost* (New York: Modern Language Association of America, 1986), edited by Galbraith Crump, 40-41.

필자가 수년 동안 실제로 강의한 경험을 근거로 제시하려고 한다.6)

본 논문의 내용은 다음과 같이 구성되었다. 본론의 1장에서는 기독교 대학에서 기독교 이해 과목의 중요성과 밀턴의『실낙원』에 주목해야 할 이유와『실낙원』을 활용할 때 얻을 수 있는 기독교 교육적 효과, 그리고 밀턴의『실낙원』이 기독교 이해과목의 주교재로 적합한지를 판단할 수 있는 기준을 제시하려 한다.

2장에서는『실낙원』의 이야기 전개를 각 장별로 요약하면서, 각 장에서 제시되는 신학적 주제들이 무엇이며 그들이 어떻게 하나의 이야기로 연결되는지 살펴보려고 한다.

3장에서는 여기까지의 논의를 근거로『실낙원』을 주교재로 사용한 기독교 이해 과목의 한 학기 강의계획서의 사례를 제시하고, 강의할 때의 실제적으로 다룰 주제와 구체적 방법에 대한 설명을 하려고 한다.

4장에서는『실낙원』을 주교재로 사용한 강의가 기독교 이해 과목의 원래 교육 목표를 충족시키는지, 그리고 다른 방식의 강의와 비교할 때 장단점이 무엇인지 서술하려고 한다.

결론에서는 본 논문의 내용을 요약하고, 본 연구가 기독교 대학과 교회에 어떤 공헌을 할 수 있는지를 기술하려고 한다.

---

6) 필자는 2009년 1학기부터 밀턴의『실낙원』을 기독교 이해 과목 교재로 사용해왔고, 2011년부터는 이 책을 주교재로 사용하여 왔다.

II. 본론

1. 기독교 이해 과목의 중요성과 과제

기독교 대학에서 기독교적 창립 정신 교육을 위해 가장 중요한 것이 채플과 기독교 이해 과목임은 주지의 사실이다.[7] 그중 기독교 이해 과목은 한 학기 동안 교수가 채플에 비해 더 많은 시간에 적은 숫자의 학생을 대상으로 교육을 하고, 학생들의 반응을 수시로 확인할 수 있으며, 강의이기 때문에 비기독교인들의 반감이 적다는 점에서 매우 효과적인 교육의 기회이다. 각 기독교 대학에서는 기독교 이해 과목의 중요성을 인식하여 과목 운영의 목적을 분명하게 제시하고 그 범위 안에서 다양하게 과목을 운영하고 있다. 연세대학교에서는 "기독교와 현대사회", "기독교와 세계문화", "성서와 기독교"라는 세 과목으로 나눠서 강의를 개설한다. 이 중 가장 많이 개설되는 "기독교와 현대사회"의 경우 강의 목적을 다음과 같이 규정하고 있다.

급변하는 현대사회 속에서 오늘을 사는 바람직한 인간의 삶의 모습을 기독교적 세계관과 가치관을 가지고 성찰해본다. 급속한 세계화, 정보화의 시대 속에서 가치관의 선택 주체인 인간의 삶의 의미와 그 궁극적 목적을 어디에서 찾아야 하는지에 관한 관심의 폭을 넓히도록 하기 위해 이 과목에서는 1) 기독교 신앙의 핵심을 소개하고, 2) 현대사회의 여러 현상을 기독교의 기본 이념 위에서 비판적으로 조명하며, 3) 오늘의 현

---

7) 한인철 외, "기독교 이해 과목의 효율적 운영에 관한 연구," 「대학과 선교」 13 (2006), 201-202.

대사회의 제반 위기 증상들을 성서에 입각하여 새롭게 정립하며, 4) 인간에 대한 제반 인간학의 유형들과 기독교 정신간의 구체적 관련성을 밝힘으로써 기독교 정신을 건학이념으로 가진 본교 학생들이 지녀야 할 올바른 삶의 가치와 사람됨이 무엇인가를 탐구하는데 그 목표를 둔다.8)

"기독교와 세계문화"는 급격한 세계화의 물결 속에서 세계 문화에 대한 바른 이해를 하기 위해 서양 역사에 큰 영향을 미친 기독교를 이해하는 것을 목적으로 한다. 기독교가 각 시대마다 독특한 모습으로 어떻게 사회와 문화를 변화시켜왔는지, 그리고 기독교와 타종교, 전통문화는 어떤 관계를 맺어왔는지를 폭넓게 이해함으로 다원화된 세계 속에서 지성인으로서 도덕적 품성을 함양하는 것을 교육 목표로 삼고 있다.9)

"성서와 기독교"는 기독교인들이나 기독교에 적극적인 관심을 가진 학생들을 위해 개설되었는데, 이 과목은 성서의 형성에 관한 배경과 내용을 개괄하고, 예수의 삶과 가르침을 소개하며, 성서가 오늘날 현대인들의 삶 속에서 갖는 의미를 탐구하는 것을 목적으로 한다. 그리하여 이 과목을 수강한 학생들이 미래 사회의 지도자가 갖추어야 할 소양과 덕목을 갖게 하는 것이 이 과목의 의도라고 기술하고 있다.10)

위에서 기술한 기독교 이해 과목의 목적은 서로 배타적이라기보다는 상호 보완적인 것으로, 각 과목이 강조하는 부분이 다르지만 모든 과목이 위에 소개된 다양한 주제들을 중요하게 다루고 있으므로, 이 내용을 모두 합하여

---

8) Ibid.

9) 연세대학교 교목실 홈페이지 (http://chaplain.yonsei.ac.kr) 내 학부기초과목 소개 페이지.

10) Ibid.

그것을 요약함으로 기독교 이해 과목 전반의 목적을 파악할 수 있다. 다른 기독교 대학에서도 대부분 이와 유사한 목적을 갖고 기독교 이해 과목을 운영하고 있으며, 그에 따라 실제 수업에서 다음과 같은 내용을 공통적으로 포함시키고 있다. 첫째, 기독교 신앙에 대한 이해이다. 위에서는 기독교적 세계관, 가치관, 예수의 삶과 가르침 등으로 표현되었지만, 실제 수업에서는 신, 창조, 인간, 죄, 그리스도, 구원, 죽음, 종말 등의 기독교 신학의 내용이 공통적으로 다루어진다. 둘째, 성서에 대한 이해이다. 성서의 형성 과정, 성서 속의 역사와 세계사와의 연관성, 성서의 다양한 구성과 그 내용, 정경화 과정과 번역 및 문화에 끼친 영향, 성서 영감설, 성서 해석의 원리와 다양한 방법 등이 실제 수업에서 다뤄진다. 셋째, 기독교와 문화 간의 상호 관계이다. 세계사 속에서의 기독교의 영향, 기독교 공인과 종교개혁 등과 같은 중요한 사건의 역사적 의의, 기독교 선교 역사의 명암, 한국 교회와 한국 사회, 타종교와 기독교, 전통문화 및 대중문화와 기독교, 기독교와 정치, 경제, 과학, 문학, 예술, 인권, 환경 등의 관계 등이 실제 수업에서 다루어진다. 넷째, 인간에 대한 이해이다. 바람직한 인간 삶, 인간 삶의 의미와 궁극적 목적, 다양한 인간학의 유형, 올바른 삶의 가치와 사람됨, 도덕적 품성, 지도자로서의 소양과 덕목 등으로 위에서 표현되었다. 실제 수업에서는 이와 함께 하나님의 형상으로 창조된 인간, 죄와 소외문제, 죽음의 이해, 종말과 희망 등의 주제가 다루어진다.11)

---

11) 이러한 주제들은 연세대학교에서 개설되는 기독교 이해 과목의 수업계획서를 분석한 연구 결과와 일치하는 부분이 많다. 이 연구에 의하면 2004-2006년 동안 매학기 13 분반으로 개설된 강의에서 실제로 다음과 같은 주제들이 다루어졌다.: 생태, 환경, 성·결혼·가정, 경제·세계화, 정치, 과학기술, 인권, 복지, 기독교 교리, 기독교 역사, 예수의 생애, 타종교. 김선정, 손원영, "기독교 대학의 기독교 교양교육에 대한 사례 연구," 「기독교교육정보」 15(2006), 240-242.; 기독교 이해과목 교과서를

지금까지 살펴본 기독교 이해 과목의 목적과 그 목적을 이루기 위해서 다뤄야 할 주제는 굉장히 방대하고 어렵다. 대학교 1학년 학생이 이 모든 내용을 깊이 이해하기에는 무리가 있다. 특히 기독교에 대한 이해가 없는 학생들에게는 많은 개념들이 생소해서 더 곤란함을 경험하게 된다.

이런 상황을 생각해 볼 때, 밀턴의『실낙원』을 주교재로 사용하여 기독교 이해 과목을 강의할 때 여러 가지 좋은 효과를 기대할 수 있다. 우선『실낙원』은 이론의 여지가 없이 대학생들이 읽어야 할 고전에 속하므로 학생들이 이 책을 읽는 것에 거부감을 덜 가지게 된다. 그리고『실낙원』안에는 학생들이 장래에 사회 어떤 분야에서 일하던 활용할 수 있는 영감들이 가득 차 있으므로 일단 이 책을 읽기 시작하면 학생들이 인문학적 소양이 깊어진다는 자각을 하게 될 것이다.[12] 또한, 무엇보다도 이 책은 재미있으므로 학생들이 흥미를 갖고 책을 읽을 수 있다.[13] 이야기에 빠져들다 보면 자연스럽

비교 분석하여 다뤄지는 주제들을 분류한 연구로는 다음 논문이 있다. 김선정, "'기독교의 이해' 교재의 특성분석 및 개선,"『2005-2 학기 기독교 이해 교과목 Workshop』(연세대학교 학부대학, 신과대학, 교목실, 2005년 8월), 11-29.

[12] "이 위대한 서사시를 통해서 학생들은 죄악이 무엇이며, 기독교적 절대자인 신은 누구이며, 인간은 누구인지 돌이켜 볼 수 있는 시간을 갖게 되는 것은 사실이다…우리가 대학에서 인문학을 가르치는 궁극적인 목표가 이런 주제들을 사색하고 고민하여 인간의 가치가 무엇인지를 인지하는 인재 양성에 있다…" 임성균, "'잘 배우고 갑니다':실낙원 수업에서 마주치는 문제들,"「밀턴과 근세영문학」15-1(2005), 22-23.

[13] 정작 영미권에서는『실낙원』이 17세기의 영어로 써졌기 때문에『실낙원』을 읽는 것이 어렵다. 아이러니컬하게도 다른 언어권에서는 현대어로 번역된 책을 읽기 때문에 그런 어려움 없이 책의 재미에 쉽게 빠져들 수 있다. 최근에는 영어권에서도 『실낙원』을 쉬운 현대 영어로 번역하여 출판하기도 한다. John Milton and Dennis Richard Danielson, *Paradise Lost*; John Milton and Joseph Lanzara, *John Milton's Paradise Lost, in Plain English : A Simple, Line by Line Translation of the Complicated Masterpiece* (Belleville, NJ: New Arts Library, 2009). 그러나 물론 밀턴이 작성한 원

게 신, 창조, 자유의지, 선, 악, 죄, 죽음, 구원 등과 같은 중요한 주제들에 인도되는데, 이런 무거운 주제가 교리 교과서와 같은 체계 속에서 제시되는 것이 아니고 사건의 전개 속에서 자연스럽게 등장하기 때문에 학생들은 기독교 신학의 주제가 자신들과는 상관없는 내용이 아니고, 매우 밀접하고 중요한 주제라고 받아들이게 된다. 『실낙원』은 구체적으로 창세기를 비롯한 성서의 본문을 직접 인용하기도 하지만, 성서의 더 많은 부분이 간접적으로 활용되기 때문에 『실낙원』을 통해 성서와 더 친근해질 수 있다.

그러나 위의 이유만으로 『실낙원』의 기독교 이해 과목 주교재로서의 적합성을 판단하기는 곤란하다. 더 중요한 판단 기준은 『실낙원』을 주 교재로 사용하여 수업을 진행할 때, 앞에서 설명한 기독교 이해 과목의 목표와 이를 이루기 위해 다뤄야 하는 주제들을 효과적으로 강의할 수 있느냐 하는 질문이다. 이 질문에 대한 답은 『실낙원』의 내용과 강의 사례를 살펴본 후에 판단할 수 있을 것이다.

2. 『실낙원』 각 장의 내용

『실낙원』은 12장으로 구성되어 있으며, 각 장의 핵심적 내용은 아래와 같다.

1장: 밀턴은 서두에서 천상의 뮤즈를 불러 자신이 쓰려고 하는 대서사시

래의 텍스트를 읽는 것 보다 더 좋은 것은 없음은 주지의 사실이다. 밀턴의 『실낙원』이 영문학사에 끼친 영향은 물론 판타지 문학, 예술, 영화, 음악 등에 끼친 영향도 막대하다. J.R.R. 톨킨의 『반지의 제왕』이나 C.S. Lewis의 『나니아연대기』, Joanne Rowling의 『해리 포터』 등은 『실낙원』으로부터 큰 영향을 받았다. 대부분의 학생들은 밀턴의 풍부한 상상력에 흥미를 느끼게 될 것이다.

를 위해 모세에게 주었던 영감을 달라고 기원한다. 그는 이 시의 목적을 밝힌 후 곧바로 사탄과 타락한 천사들이 패배한 후 지옥 불의 호수에서 신음하고 있는 장면을 소개한다. 사탄이 기력을 회복하고 타락한 천사들을 뭍으로 불러 그곳에다 만마전(萬魔殿)을 짓고 그 안에서 타락한 천사 무리의 총회를 소집한다.

2장: 총회에서 그들은 신에게 무력으로 대항하는 것은 승산이 없으니 신이 새로 만든 세계의 인간을 타락시켜 신에게 복수하기로 결의한다. 사탄은 그 임무를 맡기로 자원하여 지옥문을 통과하다가 자신의 딸인 죄와 아들인 죽음을 만나고 혼돈의 영역을 지나 신세계로 접근한다.

3장: 신은 천상에서 사탄의 움직임을 모두 파악하고, 천사들 앞에서 인간이 타락할 것임을 예언한다. 그러나 신은 그 타락에 대해 책임이 없고 인간이 전적으로 책임이 있는데, 그 이유는 신은 인간에게 완전한 자유를 주었기 때문이라고 밝힌다. 타락의 결과 죽음의 형벌을 받아야 하지만 신은 인간에게 은총을 베풀겠다고 밝히고, 그러기 위해서는 자격이 있는 자가 그들을 위해 희생해야 한다고 말한다. 성자가 그 임무를 자원한다. 신세계에 도달한 사탄은 대천사 우리엘을 속여 인간이 사는 곳을 알아낸다.

4장: 사탄은 에덴과 그 안에 사는 아담과 이브를 바라보며 그 아름다움에 탄복해 잠시 회한에 빠지지만, 곧 악에 대한 결심을 굳힌다. 이브는 아담에게 자신이 처음 깨어났을 때의 경험에 관해 이야기한다. 아담은 이브에게 선악과에 대한 하나님의 계명을 말하고, 그것을 검은 새로 둔갑한 사탄이 엿듣는다. 사탄은 두꺼비로 변장하여 잠을 자는 이브의 귓속에 밤새 무엇인가 속삭이다가 천사들에게 발각되어 쫓겨난다.

5장: 이브는 자신이 선악과를 따먹는 꿈을 꾸었다고 아담에게 말한다. 신은 라파엘을 인간에게 보내어 적이 가까이 있음을 경고하고, 그 적이 누구인지를 설명하며, 사탄이 성자에 질투심을 느껴 신에게 반역하고 많은 천사들이 그를 따라 타락한 것을 설명하게 한다.

6장: 라파엘의 이야기가 계속된다. 신의 천사들과 반역 천사들의 격전, 마침내 성자가 개입하여 단번에 사탄의 무리를 물리치고 그들을 지옥으로 떨어뜨린 이야기를 한다.

7장: 라파엘이 이야기를 계속한다. 타락한 천사들 때문에 생긴 공백을 메우기 위해 신이 성자에게 새로운 세계를 창조할 것을 명령하고, 신은 6일 동안 천지를 창조한다.

8장: 아담이 천체의 운행에 대해 라파엘에게 질문하고 라파엘의 설명이 끝난 후 아담은 그를 더 붙잡아두고 싶어서 자신이 창조된 이래 기억하고 있는 일에 관해 이야기한다. 라파엘은 흥미롭게 이야기를 듣고 난 후 다시 사탄에 대해 경고를 한 뒤 하늘로 올라간다.

9장: 이브의 고집으로 아담과 이브는 처음 따로 떨어져 노동한다. 사탄은 낙원으로 침입하여 뱀의 몸으로 들어가 이브를 유혹하여 선악과를 따먹게 하고, 아담은 이를 알고 운명을 같이하기 위해 그도 선악과를 먹는다. 그 결과 온 땅이 고통에 신음하고 그들은 수치를 느끼게 되고 불화가 따른다.

10장: 신은 죄인을 심판하기 위해 성자를 보내고, 그들에게 회개할 기회를 주기 위해 죽음을 미룬다. 지옥문에 있던 죄와 죽음은 사탄의 성공을 감지하고 신세계로 연결하는 다리를 짓고 낙원에 도달한다. 사탄은 의기양양하게 지옥으로 돌아가지만, 그곳에서 모두 뱀으로 변하여 영원한 형벌을 받는다. 아담과 이브는 서로를 비난하고, 차라리 죽음이 벼락처럼 내리는 것이 낫겠다고 괴로워한다. 마침내 이브가 먼저 아담에게 용서를 빌고, 곧 둘은 한마음으로 회개의 기도를 신에게 드린다.

11장: 아담과 이브의 회개 기도를 성자가 중재하여 신에게 바치고 신은 그 기도를 용납하지만, 그들은 낙원에서 계속 살 수 없음을 선언한다. 대천사 미가엘이 보내져 앞으로 노아의 홍수 사건까지 인류에게 생길 일을 신비한 영상으로 아담에게 보여준다.

12장: 미가엘은 계속되는 성서의 역사를 말로 설명해주고 여자의 후손 중에 메시아가 태어나 그가 성육신, 죽음, 부활, 승천, 재림을 통해 인류를 구원할 것을 예언한다. 아담은 큰 위안을 받고, 이브와 만나 미가엘의 손에 이끌려 에덴동산의 동쪽 문을 통해 추방당한다.

3. 『실낙원』 각 장의 강의 사례

『실낙원』은 모두 12장으로 되어 있다.[14] 필자는 『실낙원』을 주교재로 사용하여 기독교 이해 과목을 강의할 때 12주에 걸쳐 매주 한 장씩 다루고, 첫 주와 마지막 주에는 각각 강의 소개와 마무리 강의를 하였다. 따라서 중간고사와 기말고사를 포함하여, 한 학기 총 16주 수업을, 중간고사 전에 1장에서 6장, 중간고사 후에 7장에서 12장을 배치하여 강의계획을 세웠다.

강의를 시작하기 전에 고려해야 할 사항 중에 중요한 것이 교재의 선택이다. 『실낙원』의 한국어 번역으로는 많은 사람들이 조신권 교수의 번역을 추천하고 있다.[15] 『실낙원』과 함께 기독교 전반을 소개하는 책을 추가로 필

---

14) 혹은 12권이라고 말할 수도 있다. 밀턴은 chapter라는 단어 대신 book이라는 단어를 사용했다. 중요한 사항은 아니지만, 가끔 학생들이 실낙원은 12권으로 되어 있다고 말하면 큰 책 12권인 줄 오해하는 경우도 있어서 장으로 표현하는 것이 좋은 선택일 수 있다.

15) 밀턴/조신권 옮김, 『실낙원』 I, II 권 (서울: 문학동네, 2010); 조신권 교수의 번역은 이창배 교수의 번역과 함께 가장 추천할만한 번역으로 평가받고 있다. 참고: 서홍원, "'실낙원' 강의 준비의 실제 문제들," 「밀턴과 근세 영문학」 15, no. 1 (2005), 60;

수 교재로 채택하는 것도 고려해볼 만하다. 이 경우는 연세대학교 종교위원회에서 편집한 『현대인과 기독교』나 장춘식, 이성덕, 강원돈이 같이 저술한 『기독교와 현대사회』 등이 적절하다.[16] 『실낙원』의 내용을 그린 화가들의 그림이 많이 있는데 강의나 조별토론에 적절하게 사용하면 효과적이다. 특히 블레이크(William Blake)와 도레(Gustave Dore)의 그림은 인터넷에서 쉽게 구할 수 있어서 활용하기 용이하다. 또한, 이 강의는 영문학 강의가 아니므로 영문학적인 측면보다는 신학적이고 윤리적인 측면이 강조된다는 점도 강의 계획서에 정확히 기재할 필요가 있다.[17]

아래에 매주 강의할 주제를 각 장의 내용 요약과 함께 소개한다.

1) 제1주: 강의 소개

첫 주에는 과목에 대한 목표와 강의 진행방법, 평가방법, 교재, 참고 자료 등에 관해 설명한다. 필자는 강의의 목표를 서술할 때 아래의 내용을 포함했다.

번역을 택할 때 중요한 고려사항은 각 줄의 번호가 표기되어 있는지다. 줄의 번호는 밀턴이 직접 표기한 것으로, 특정 구절을 인용할 때 매우 도움이 된다. 필자는 이 강의를 영어강의로 운영하였기 때문에 필수 교재로 유영 교수가 한국어 서론과 해제를 붙인 *Paradise Lost* (서울: 연세대학출판부, 1981)를 지정하였다.

16) 종교교육위원회 편, 『현대인과 기독교』(연세대학교 출판부, 1989); 장춘식, 이성덕, 강원돈, 『기독교와 현대사회- 우리 시대의 기독교를 이해하기 위한 입문서』(서울: 기독교서회, 2003).

17) 밀턴의 『실낙원』을 강의하는데 종교적 접근, 정치적 접근, 페미니즘적 접근, 정신분석학적 접근, 마르크스적 접근 등 다수의 방법이 있다. 서홍원, "'실낙원' 강의 준비의 실제 문제들," 61-63.

이번 학기 이 과목에서는 밀턴의『실낙원』을 같이 읽는다.『실낙원』의 내용을 자세하게 분석하고 밀턴의 삶과 그의 작품의 사회적, 종교적, 문학적 배경을 살펴봄으로 다음의 주제에 대해 깊은 성찰을 한다: (1) 우리가 일반적인 텍스트를 읽을 때, 또는 특별히 성서를 읽을 때, 어떤 과정을 거쳐 의미를 이해하게 되는가? (2) 성서 안에 담겨있는 중요한 주제는 무엇인가? (3) 성서의 주제, 모티프, 상징 등이 어떻게 문화에 영향을 주고, 문화는 성서의 형성과 해석에 어떤 영향을 주었는가? 이번 학기 강의 전체는『실낙원』의 이야기 전개에 맞춰 구성된다. 12장으로 된『실낙원』을 매 주 한 장씩 읽으면서 책의 내용을 이해함과 동시에 각 장에서 제시된 중요한 주제들에 대한 심층적인 분석을 함으로, 학기가 끝났을 때는 기독교의 중요한 주제들과 그것들이 오늘의 사회 속에서 어떤 의미를 갖는지를 깊이 이해하는 것이 강의의 목표이다.

첫 주 이후에 수강변경 기간에 새로운 학생들이 들어오는 경우가 있으므로 필자는 가능한 한 첫 주에는 중요한 진도는 나가지 않고, 과목에 대한 개괄적인 설명을 하는 것으로 그친다.

2) 제2주: 1장, 시인의 기원, 지옥의 사탄

『실낙원』의 배경 등에 관해 설명하지 않은 채『실낙원』을 직접 읽게 하는 것이 어떨지 우려할 수도 있으나, 필자의 경험으로는『실낙원』이 그 자체로 재미있는 이야기이기 때문에 깊은 배경 지식 없이 책을 읽기 시작해도 무리가 없다. 각 장 앞에 밀턴이 직접 그 장의 내용을 요약한 것이 있어서 처음이 책을 접하는 독자들에게 큰 도움이 된다.

1-26줄에 나오는 기원(invocation)은『실낙원』전체의 주제와 성격을 규정하는 중요한 부분이다. 필자는 학생들에게 이 부분을 영어로 외어오도록 요구한다. 이 부분은 한 줄씩 자세히 설명하고, 또한 영어 원문의 구조를 설명하면서 밀턴의 사고의 광대함과 심오함, 그리고 문학적 기교를 학생들이 맛보도록 하는 것이 중요하다. 이 부분에서 전개할 수 있는 신학적 주제는 성서영감설인데, 밀턴은 모세에게 영감을 주었던 그 영이(9째 줄, 앞으로는 번호로만 표시함) 자신에게도 내려와서 대서사시를 쓸 수 있도록 영감을 달라고 기원한다. 기원의 끝부분에서 밀턴은 이 서사시의 주제를 다음과 같이 밝히고 있다: "나의 어두운 곳을 비추고, 낮은 것을 높이어 떠받쳐 주시라. 이 높고 위대한 주제에 어긋남이 없이, 영원한 섭리를 드러내고, 인류에 대한 신의 방도가 정당함을 입증할 수 있도록"(24-26).[18] 여기서『실낙원』전체가 다루고자 하는 중요한 신학적 주제가 소개된다. 인간을 대하는 신의 방도(the ways of God to men)가 정당함을 입증해야 하는 이유가 무엇인가? 이 질문에 대한 만족스러운 답은『실낙원』을 다 읽고 나서야 나올 수 있겠지만, 이 시점에서 학생들에게 이 질문의 중요성을 인식시킬 필요가 있다. 이 질문에는 신정론, 예정론과 자유의지, 신의 공의와 사랑 등 기독교의 중요한 주제들이 연관되어 있다.

기원이 끝나고 곧바로 묘사되는 장면은 지옥이다. 사탄과 바알세불이 먼저 소개되고 다른 타락한 천사들이 이름과 함께 소개된다. 1장에서 자세하게 살펴볼 부분은 사탄의 연설이고 그 외의 부분은 간단하게 설명만 하면 된다. 사탄의 연설을 통해 무엇이 사탄의 본질인지 드러난다. 사탄은

---

18) "What in me is dark/ Illumine, what is low raise and support,/ That, to the height of this great argument,/ I may assert Eternal Providence,/ And justify the ways of God to men." (『실낙원』, 1권, 22-26줄)

악을 행하는 것이 본성이고(160), 선에서 악의 수단을 찾아내며(165), 악한 생각을 절대 돌이키지 않으며(106, 252-253), 궤계에 능하며(121, 648), 지옥을 자신이 가지고 다닌다(263). "천국에서 섬기느니 지옥에서 다스리는 편이 낫다"(Better to reign in Hell than serve in Heaven)(264)라는 말은 그가 왜 신에 대해 반역을 저질렀는지를 암시하는 중요한 구절이다.

3) 제3주: 2장, 만마전 회의와 사탄의 자원

2장에는 1장에 이어 계속해서 사탄이 중요 인물로 등장한다. 사탄은 다른 천사들을 선동하고 조정하여 자기 뜻을 관철하는데 능하며, 그 결과 신과 같은 경배를 받는다(476-479). 그가 타락한 천사들의 군주로 등극하는 과정은 무력에 의해서가 아니고 형식적으로는 민주적 합의에 의한 것이다. 많은 학생들이 히틀러와 사탄 사이에서 유사성을 찾을 수 있다고 언급했다. 1장과 2장에서 깊이 고려해야 할 사항은 사탄에 대한 묘사를 어떻게 해석할 것인가 하는 것이다. 『실낙원』을 통해 영적인 존재로서의 사탄에 대한 체계적인 이론을 구성해보려는 시도는 무리가 있다. 밀턴의 사탄은 악한 인간의 표상이라고 할 정도로 인간적으로 그려지고 있고, 역사 속의 악한 인물이나 모든 사람 속의 악한 동기와 쉽게 연관 지을 수 있다.[19] 『실낙원』의 사탄 묘사는 악의 기원이나 악의 성격에 대해 깊은 성찰을 하게 한다. 2장의 뒷부분에 등장하는 의인화된 죄와 죽음을 통해 밀턴은 죄와 죽음이 얼마나 추악한 것인가를 잘 그려낸다.

---

19) "사탄은 결코 인간은 아니지만 밀턴의 사탄은 사고와 행동이 인간을 닮았다." 임성균, "'잘 배우고 갑니다': 실낙원 수업에서 마주치는 문제들," 26.

496-505줄에서는 밀턴이 잠시 이야기에서 벗어나 악마도 저희끼리 단결을 하는데 인간은 서로 싸움만 일삼는다고 동시대인들을 책망하는데 이곳이 밀턴의 시대적 배경에 대해 강의하기 좋은 부분이다. (3장 490-497에 나오는 밀턴의 가톨릭교회 비판을 미리 소개하여 같이 다루는 것도 좋겠다.) 종교개혁, 헨리8세에 의한 수장령, 엘리자베스 여왕 시대로 이어지는 역사, 그리고 밀턴과 직접적으로 연관이 있는 찰스 1세의 처형, 청교도 혁명, 크롬웰의 공화정, 왕정복고, 이에 따른 밀턴의 수난 등에 대해 학생들에게 설명하여 그러한 시대적 배경이 『실낙원』에 어떻게 반영되는지를 살펴본다.

4) 제4주: 3장, 천상의 신과 성자

3장에서 주의 깊게 살펴봐야 할 첫 번째 내용은 신이 인간에게 완전한 자유를 주었기 때문에 인간의 타락은 전적으로 인간의 책임이라는 부분이다. 이것은 1장에서 인간을 대하는 신의 방도의 정당성과도 연결된다. 3장에서 신은 인간의 타락을 예지하지만, 그 예지는 인간에게 아무 영향을 끼치지 않는다고 말한다(118). 그 이유는 신은 인간을 홀로 서기에 충분하도록 옳고 바르게 만들었기 때문이다(99). 신은 인간에게 자유, 즉 의지와 이성을 주었다(108). 만일 신이 인간에게 자유를 주지 않았다면 인간은 필연에 의해 행동할 것이고, 그렇다면 인간이 신에게 보이는 충성과 신의는 필연의 소위일 뿐이니, 이때 그들은 신을 섬기는 것이 아니고 필연을 섬기는 것이다(103-111).[20] 신은 그로부터 아무 기쁨을 얻을 수 없으므로 신이 인간을 자

----

20) "Freely they stood who stood, and fell who fell./ Not free, what proof could they have givn sincere/ Of true allegiance, constant Faith or Love,/ Where only what they needs must do, appear,/ Not what they would? what praise could they receive?/ What pleasure

유로운 존재로 창조한 것은 확실하다는 것이다.

　3장에서 두 번째로 중요한 내용은 바로 성자의 사역이다. 신은 성자의 희생을 통해 인간을 구원하기로 작정한다. 왜 성자의 희생이 필요하며 성자는 어떻게 인간의 구원을 이룰 수 있는가? 인간의 타락으로 인해 인간이나 정의 둘 중 하나는 죽어야 하는 상황이 되었다. 단, 인간 대신 능력도 있고 뜻이 있는 다른 자가 대속의 죽음을 치러주지 않는 한(210-213). 성자는 신의 품을 떠나 인간을 위하여 기꺼이 죽겠다고 자원한다. 성자는 인간의 본성에 자신의 본성을 결합하여, 때가 오면 처녀의 씨로 성육하여 지상의 인간이 되어 아담을 대신하여 온 인류의 머리가 될 것이다(286). 인간은 그들의 선행이나 악행을 다 버리고 성자 속으로 옮겨져 살며 성자에게서 새 생명을 받을 것이다(292-294). 그는 인간의 속죄물이 되어, 심판을 받아 죽고, 죽었다 다시 살아나 그가 핏값으로 산 사람들을 죽음에서 일으킬 것이다. 하늘의 사랑은 이렇게 죽음에 굴복함으로 지옥의 미움을 이기고 죽어서 구원을 이룰 것이다(299). 신은 그를 높여서 모든 권한을 주어 영원히 다스리게 할 것이며, 마지막 날에 모든 자들을 심판할 것이다(330). 성자의 대속적 죽음을 설명할 때 영화 『나니아 연대기』 중 아슬란이 에드먼드를 마녀로부터 구하기 위해 자신의 목숨을 내놓고 나중에 부활하는 부분을 보여주면 이해하는 데 도움이 된다.

I from such obedience paid,/ When Will and Reason (Reason also is choice)/ Useless and vain, of freedom both despoild,/ Made passive both, had servd necessitie,/ Not mee." (『실낙원』, 3권, 103-111줄)

5) 제5주: 4장, 사탄이 엿본 에덴

4장에서 다시 사탄의 속성이 드러난다. 사탄은 회개할 기회가 몇 차례 주어짐에도 불구하고 그것을 거부하는 존재로 그려진다.

4장에서 우리는 처음으로 아담과 이브를 보게 되는데, 이들에게 노동과 부부애가 예배와 더불어 낙원의 생활의 중요한 일상사로 묘사된다. 아담은 다른 동물들은 일 않고 돌아다니기만 하지만 인간에게는 날마다 해야 하는 몸과 마음의 일이 정해져 있어, 거기에서 위엄이 나타나고 하늘이 관심을 가진다고 이브에게 설명한다(619-622). 또한 밀턴은 창조주가 번성을 명하셨기 때문에 부부애는 복되고 신비한 법칙으로서 인류 자손의 참된 근원이라고 말한다, 단 다른 짐승과 달리 인간의 애정은 이성에 바탕을 둔 충성되고 바르고 순결한 관계여야 한다고 토를 단다(755-757).

4장에서 언급해야 할 중요한 문제는 바로 성차별이다. 사탄의 관점에서 바라본 모습으로 서술되고 있지만, 아담과 이브를 묘사하면서 밀턴은 그 둘은 하나님을 닮아 고상한 모습이지만 동등하지는 않다고 말한다. 남자는 사색과 용기를 위하여, 여자는 온순함과 달콤하고 매력있는 우아함을 위하여, 또 남자는 하나님만을 위하여, 여자는 남자를 위하여 만들어졌다고 말한다(295-299). 이브는 아담에 비하면 자기는 미천한 존재로 인식한다(445-446). 인간이 타락하기 이전인 낙원에서 이처럼 차별이 존재했다는 것은 주목할 만한 일이다. 밀턴은 이와 같은 불평등이 나중에 이브가 타락하는 데 중요한 동기가 된 것으로 이야기를 전개하고 있다. 성차별의 문제는 『실낙원』 마지막 장까지 계속해서 비판적으로 살펴봐야 할 주제이다.[21]

---

21) 밀턴은 당대의 가부장적 전통과 문화적 위계질서를 외견상 수용하면서도 시적 상

6) 제6주: 5장, 이브의 꿈, 라파엘의 이야기

4장 뒷부분에서 사탄은 두꺼비로 둔갑하여 잠자는 이브의 귀에 밤새 속삭였는데, 그것이 이브에게는 이상한 꿈으로 경험되었다. 아담의 꿈에 대한 이해는 매우 분석적이다(100-121). 3장의 이브의 창조 후 첫 기억, 그리고 8장의 아담의 창조 후 첫 기억과 함께 심리학적인 접근을 해 볼 수 있는 내용을 포함하는 부분이다.

성부의 명을 받들어 지상으로 내려온 라파엘이 아담에게 천상의 반역에 관한 이야기를 하면서 "다른 세계의 비밀을 어떻게 말할 수 있겠는가? 그러나 그대들을 위하여 말하여 주리라. 하지만 인간의 의식으로는 깨닫지 못할 영적인 것을 육의 형체에 비유해서 설명하련다"(570-574)라고 언급을 한다.[22] 7장 176-179줄에서 라파엘이 창조에 대해 설명을 할 때도 비슷한 언급을 한다. 이 부분은 종교적 언어의 특징, 인간 언어의 한계, 원역사 해석의 원리 등에 관해 깊은 생각을 할 수 있게 하는 대목이다.

5장에는 특이한 인물이 등장하는데 바로 아브디엘이다. 그는 처음에는 영문도 모르고 다른 천사들과 함께 사탄의 진영에 속하게 되었으나 사탄이 신에게 반기를 든 것을 알고 사탄 및 다른 타락천사에게 회개하고 돌아가 신

상력을 통해 여성의 동등성을 그려내고 있다는 평가도 있다. 노이균, "회개와 갱생에서 나타난 아담과 이브의 성윤리:『실낙원』을 중심으로"「밀턴과 근세영문학」20, no.1 (2010), 131.

22) "how last unfould/ The secrets of another World, perhaps/ Not lawful to reveal? yet for thy good/ This is dispenc't, and what surmounts the reach/ Of human sense, I shall delineate so,/ By lik'ning spiritual to corporal forms,/ As may express them best, though what if Earth/ Be but the shaddow of Heav'n, and things therein/ Each to other like, more then on earth is thought?" (『실낙원』, 5권, 568-576)

에게 용서를 빌라고 호통을 친다. 그러나 아무도 그의 말을 따르는 사람이 없어 단신으로 신의 진영으로 돌아온다. 동류집단압력을 이겨내고 도덕적으로 옳은 선택을 한 아브디엘과 유사한 역사적인 인물을 찾아 비교하면서 도덕적 판단력의 중요성을 강조할 수 있는 좋은 사례이다.

7) 제7주: 6장, 천사들의 반역 이야기

실제 전투를 하기 전에 아브디엘과 사탄 사이의 설전이 벌어진다. 이 부분은 정당 전쟁, 성전, 평화주의 등의 주제를 다루기 적당한 곳이다. 전쟁의 묘사는 반지의 제왕을 연상케 한다. 사탄 진영은 공격할 때 자연도 파괴하고, 성자가 승리하고 나서는 자연이 원래 상태로 복귀된다(781-784). 생태적 주제가 담겨있는 부분이다. 사탄이 발명한 대포를 핵폭탄이나 최첨단 대량학살무기와 비교해볼 수도 있겠다.

8) 제8주: 중간고사

9) 제9주: 7장, 천지창조 이야기

7장에서 가장 문제가 되는 것은 성자가 창조주로 묘사되는 부분이다. 밀턴에 의하면 성부가 성자에게 명하여 새로운 세계를 창조하게 하였다. 따라서 창세기 1장에 나오는 창조주는 성자인 셈이다. 이는 전통적인 삼위일체 교리와는 다른 것이다. 이 점 때문에 어떤 사람들은 밀턴을 이단으로 몰기도 한다. 그러나 『실낙원』은 교리책이 아니고 문학작품이라는 것을 기억하면 이런 반응은 좀 지나치다는 생각이 든다.[23] 7장을 읽을 때는 창세기 본문을 같이 보면서 성서가 침묵하고 있지만, 독자가 당연히 알고 싶어 하는 부분을 밀턴이 상상력을 동원하여 어떻게 그리고 있는지 살펴보는 것도 유익하다. 진화론에 관한 문제도 이 장에서 다루는 것이 적절하다.

10) 제10주: 8장, 아담의 이야기

8장의 내용은 종교와 과학의 관계에 대해 강의할 때 활용할 수 있는 내용이 포함되어 있다. 밀턴은 라파엘의 입을 빌려서 하늘은 하나님의 책처럼 펼쳐져 있으니, 그것을 탐구하여 지식을 얻으라고 말한다(67). 천동설이든 지동설이든 그것은 인간이 제한된 머리로 파악하는 것일 뿐이라고 말한다. 그리고 외계에도 지구와 비슷한 곳에 생물이 살 수도 있다고 말하고 (145-152) 인간의 지혜는 이 모든 것을 다 이해하기는 한계가 있으니 겸손하고 현명하게 살라고 충고한다.

8장에서 다룰 수 있는 또 중요한 주제는 인간의 고귀함이다. 이곳에는 아담이 자신이 처음 지어졌을 때의 첫 기억에 대해 라파엘에게 설명한다. 4장에 소개되는 이브의 비슷한 경험과 비교하는 것도 적절하겠다. 아담은 처음 눈을 뜨고 나서 손, 발을 움직여보고 뛰어보기도 하고, 말을 하게 되고, 사

---

23) C.S.Lewis는『실낙원』에 이단적 요소가 조금 있는 것은 사실이지만 그것을 이 책의 주요 논지로 삼아 비판하는 것은 바람직하지 않다고 말한다. 이 책은 탄탄한 신학에 근거한 예리한 독자들에 의해서 오랜 세대에 걸쳐 정통 기독교에 입각해 있음이 검증되었다고 주장한다. C.S.Lewis *A Preface to Paradise Lost* (London; New York: Oxford University Press, 1961), 82.; 밀턴의 신학적인 입장은 한가지로 규정하기는 어렵다. 그는 Arian, Arminian, Antitrinitarian, Sobordinationist, Socinian 등으로 다양하게 불려진다. 그러나 그는 Unitarian은 절대 아니다. Roy Flannagan, John Milton: A Short Introduction (Malden, MA: Blackwell Publishers, 2002), 73.

물의 이름을 짓게 되고, 신의 존재를 추리할 수 있게 된다(267-). 특히 아담의 탁월함이 드러나는 부분은 그가 집요하게 신에게 자기와 동등한 존재를 배필로 만들어달라고 요구하는 장면이다. 몇 차례의 신과의 논쟁을 통해 아담은 신을 논리적으로 설복시켜 결국 이브를 얻게 된다. 신은 아담의 능력을 높이 보고, 아담 속에서 신 자신의 모습, 자유의 영을 잘 볼 수 있었다고 탄복을 한다.(439-441)

또한, 8장은 메리 셸리(Mary Shelley)의 소설 『프랑켄슈타인』과 연결하여 강의하기 좋은 부분이다. 소설 속의 과학자의 무책임한 연구는 괴물을 만들어내었다. 오늘날 유전공학 등과 연관하여 생각해볼 만한 주제이다. 또한, 성인으로 창조된 괴물이 자의식을 갖게 되고 인간의 언어를 습득하는 과정은 아담의 경험과 긴밀한 관련이 있다. 소설 속에서 괴물이 실낙원을 읽고 아담과 자신의 처지가 비슷함을 토로하는 장면은 재미있다. 8장은 밀턴의 영향을 받은 다른 문학작품이나 영화 등을 소개하기에도 좋은 기회가 된다.

11) 제11주: 9장, 인간의 불순종

9장에서 주목해야 할 첫 번째 내용은 분업을 제안한 이브의 동기와 논리이다. 이브는 날로 할 일이 늘어나기 때문에 효과적으로 일을 하기 위해 일을 나누어서 하자고 아담에게 제안한다. 그러나 아담은 악한 원수가 기회를 노리고 있으므로 이브가 혼자 있어서는 안 된다고 거절한다. 이브는 자신을 믿지 못하는 아담에 대해 불쾌하게 생각하고 더 고집스럽게 분업을 주장한다. 아담이 계속 거절하자 이브는 상당히 수준 높은 논박을 한다. 만일 악한 원수가 기회를 엿본다고 늘 불안해하면서 살아야 한다면 에덴은 에덴이 아니라고(340-341). 이러한 이브의 집요한 요구에 못 이겨 아담은 따로 떨어져

일할 것을 수락한다. 뱀에게 속아 선악과를 따먹고 나서 이브는 자신이 신과 같은 능력을 갖추게 되었다고 착각하고 아담과도 이 능력을 공유할지를 고민한다. 그러면서 이브는 이 능력을 자신만이 차지하면 아담과 동등해지고, 나중에는 아담보다 우월해질 수 있겠다는 생각을 하며 열등한 상태에서는 자유롭지 않다고 말을 한다(824-825). 이브의 이런 생각을 살펴볼 때 이브가 분업을 제안한 이유는 그녀가 항상 열등한 존재로서 아담의 지시를 받으며 일하는 것이 싫어서일 수 있다는 추측을 할 수 있다. 이브가 타락하게 된 데는 외부적으로는 사탄의 유혹이 있었지만, 내부적으로는 불평등한 인간관계가 있었기 때문이라고 해석할 수 있다. 불평등이 해소되지 않은 낙원은 무너지기 쉽고 사실은 그것이 낙원이 아니라는 교훈을 얻을 수 있다.

밀턴은 아담이 선악과를 먹은 것은 이브와 함께 죽으려 했기 때문이라고 묘사한다. 이들이 선악과를 먹은 후 자연이 크게 손상되고 부부 사이가 원수 사이로 바뀌게 되었음을 밀턴은 10장까지 걸쳐서 매우 생생하게 묘사하고 있다. 오늘날 보이는 생태계의 파괴와 인간의 소외는 타락의 결과이고 원래의 모습이 아니라는 가르침을 준다.

12) 제12주: 10장, 죄와 벌, 그리고 회개

10장에서는 죽음의 주제가 심도 있게 다루어진다. 아담은 범죄 이후 죽음이 금방 올 줄 알았는데 오지 않아 괴로워한다. "나는 왜 살아남아, 죽음의 조롱받으며, 죽음 없는 고통의 길로 목숨을 이어가는가. 나는 참으로 기꺼이 내게 선고된 죽음을 맞아들여 무심한 흙이 되련다"(773-776).[24] 그러나 그

---

24) "why do I overlive,/ Why am I mockt with death, and length'nd out/ To deathless pain?

는 나중에 죽음은 그가 상상하듯 일격에 내려 닥치는 것이 아니고 끝없는 비참(endless misery)이라는 것을 깨닫고 괴로워한다. 이브도 사는 것과 후손에게 저주를 물려주는 것이 두려워서 자살을 하자고 제안한다. 밀턴은 생물학적인 죽음과 구별되는 더 무서운 죽음을 말하고 있다. 죽음에 대한 밀턴의 이해는 11장에 가서 더 명확해진다. 신은 인간을 구원하기로 하면서 이렇게 설명한다. "나는 당초 두 가지 좋은 선물, 행복과 불사를 갖도록 그를 창조했다. 전자는 어리석게도 상실되고 후자는 내가 죽음을 마련할 때까지 다만 고애를 영속시키는 데 도움이 될 뿐이니라. 이리하여 죽음은 최후의 구제가 되고, 가혹한 시련 겪어 신앙과 신실한 과업에 의해 수련을 쌓는 삶을 누린 뒤, 의로운 자의 부활에 눈뜬 그에게 새로운 천지와 함께 제이의 삶을 맡기리라"(11장 56-65).25) 이 부분은 생물학적 죽음보다 비참 가운데 사는 삶이 더 무서운 죽음이라고 말하는 셈이다. 오늘날 자살이나 생명경시 문제와 연관하여 새겨볼 만한 내용이다.

13) 제13주: 11장, 회개하는 아담과 이브, 인류의 미래

11장에 나오는 중요한 주제는 회개의 중요성과 그 본질이다. 10장 뒷부분에서 이브가 먼저 잘못을 인정하고 용서를 비는 장면이 나왔다. 이에 대해

---

how gladly would I meet/ Mortalitie my sentence, and be Earth/ Insensible," (『실낙원』, 10권, 773-776)

25) "I at first with two fair gifts/ Created him endowd, with Happiness/ And Immortalitie: that fondly lost,/ This other serv'd but to eternize woe;/ Till I provided Death; so Death becomes/ His final remedie, and after Life/ Tri'd in sharp tribulation, and refin'd/ By Faith and faithful works, to second Life,/ Wak't in the renovation of the just,/ Resignes him up with Heav'n and Earth renewd." (『실낙원』, 11권, 57-66)

성자는 그들의 회개의 기도가 낙원의 모든 나무에서 자란 어떤 열매보다 훨씬 더 훌륭한 열매라고 신에게 말한다. 우리가 아는 대로 사탄과 타락천사들은 회개하지 않아서 은총을 받지 못했다. 그런데 밀턴은 "회개에 앞서는 선행적 은혜"가 아담과 이브의 마음에 내려 돌을 제거하고 새로운 재생의 살을 자라게 했다고 기술한다(3-5). 이 선행적 은혜(prevenient grace)는 그들의 자유의지를 훼손하지 않으면서 그들의 마음에 영향을 줄 수 있는 어떤 조치라고 생각해볼 수 있을 것이다. 이러한 내용은 신의 속성이 사랑임을 드러내는 표현이라고 볼 수 있다.

11장에 후반부에는 하나님이 천사 미카엘을 보내어 앞으로 인류에게 어떤 일이 생기게 되는지를 설명하는 장면이 나온다. 우선 창세기의 내용 중 노아의 홍수까지의 일들이 소개된다. 이 부분을 원역사에 대한 강의를 하는 데 활용해도 좋을 것이다.

14) 제14주: 12장, 인류의 미래, 추방

12장에는 바벨탑, 아브라함, 야곱의 열두 아들, 모세, 출애굽, 시내산, 사사, 왕, 예언자, 바벨론 포로생활, 귀환, 예수의 탄생, 죽음, 부활, 승천, 성령강림 등의 성서 속의 사건들이 빠른 속도로 순서대로 소개된다. 예수에 관한 부분은 속죄론의 주제를 다루는 데 도움이 된다. 12장은 아담과 이브가 에덴동산에서 쫓겨나는 장면으로 끝을 맺는다.

15) 제15주: 마무리 강의

밀턴의 『실낙원』 전체를 요약하고, 그동안 다루었던 주제를 체계적으로 정리하여 요약한다.

16) 제16주: 기말고사

4. 기독교 이해 과목 주교재로서 『실낙원』의 적합성

지금까지 『실낙원』 각 장의 내용을 요약하고, 각 장에서 다룰 수 있는 주제들이 무엇인지를 살펴보았다. 앞에서 지적했던 것처럼 『실낙원』이 기독교 이해 과목 주교재로서 적합한지를 판단하기 위해서는 기독교 이해 과목에서 다루어야 할 다양한 주제들을 다룰 수 있는 기회를 『실낙원』이 제공하는지를 보아야 한다. 〈표 2〉는 『실낙원』 각 장이 그러한 주제들을 잘 다루고 있다는 것을 보여준다.

〈표 2〉 『실낙원』 각 장에 등장하는 기독교 이해 과목 주제들

『실낙원』 장수	기독교 신앙 일반	성서의 이해	문화와의 관계	인간의 이해
1	신정론, 섭리, 지옥	성서영감설	문학, 신화, 정치	자유의지, 선과 악
2	죄, 죽음, 지옥, (연옥)		역사 속의 악, 밀턴의 시대적 배경	선과 악, 지도력
3	기독론, 신론, 예정, 속죄론	성서영감설	음악	자유의지, 지도력 고난(실명)
4	창조	창세기	노동, 휴식, 결혼, 성, 성차별	나르시시즘 자의식
5	섭리	종교적 언어의 특성	개인과 집단	꿈, 무의식 도덕적 품성

6	심판		전쟁, 환경, 대중문화	도덕적 품성
7	창조, 삼위일체	원역사, 창세기 1-2	진화론	인간 창조
8	일반계시, 창조		과학	인간의 고귀함 자의식, 이성
9	원죄	창세기 3	노동, 성차별, 환경 유토피아	죄 타락 죽음 사랑 소외 공포
10	구원론, 기독론	창세기 3	자살, 화해	죽음, 회개
11	은총, 섭리	구약성서 개요 (노아의 홍수까지)	폭력, 용서, 화해, 문명	죽음, 영생
12	부활, 종말, 속죄론	신구약성서 개요	교회사, 문명	절망, 희망

〈표 2〉에서 밑줄을 친 것은 해당되는 주에 초점을 맞춰 강의하면 좋을 주제들이다. 대체로 기독교 이해 과목이 다뤄야 할 주제 대부분이 이 표에 포함되었지만 그렇지 않은 주제들도 있다. 예를 들어 한국 교회와 사회의 특별한 상황, 전통문화, 타종교, 기독교 선교의 역사 등은 『실낙원』의 내용과 꼭 연결 지을 필요 없이 필요에 따라 독립적으로 강의하는 것이 좋다.

『실낙원』을 주교재로 사용하여 기독교 이해 과목을 강의할 때 주의해야 할 점은, 이야기 전개 과정에서 『실낙원』이 다양한 주제를 자연스러운 방식으로 제기하지만, 답을 제공하는 것은 아니라는 사실이다. 『실낙원』은 그 주제를 성서에서 취했지만, 성서와 같은 권위를 갖는 것이 아니다. 그렇기 때문에 『실낙원』의 내용이나 『실낙원』에 나오는 인물의 행동을 (심지어는 신의 행동도) 비판적으로 평가해야 한다. 이는 다시 말하면 성서에 대한 밀턴의 해석을 비판적으로 평가하는 것이다. 이런 과정을 통해 학생들은 성서

를 해석하는 원리와 더 나가서 일반적인 해석학의 원리에 대해서도 학습을
하게 된다.

III. 결론

지금까지 밀턴의 『실낙원』을 기독교 이해과목의 주교재로 사용하여 강
의할 때 얻을 수 있는 교육 효과와 실제로 강의를 할 때의 고려사항을 살펴
보았다. 『실낙원』을 주교재로 사용하여 기독교 이해 과목을 운영할 때, 학
생들은 기독교 과목에 대한 거부감을 덜 느끼게 되고, 인문학적 소양을 키우
는 보람을 느낄 수 있으며, 자칫 추상적으로 여겨질 수 있는 신학적 주제들
을 자신들과 직접 관련된 문제로 인식하게 되며, 성서와 친근해지는 기회를
얻게 된다. 따라서 다른 방식의 강의와 비교할 때 유익한 점이 많다고 평가
할 수 있다.

더 나아가 『실낙원』은 기독교 이해 과목 강의를 넘어서 기독교 대학의
교육과 연구 영역 전반에 그리고 교회에도 좋은 영향을 끼칠 수 있다. 우선,
기독교 대학에서 『실낙원』에 대한 관심을 확대할 때 이를 통해 다학제간의
교류가 증대될 수 있다. 최근 대학이나 사회 전반에서 인문학에 대한 우려와
함께 관심이 확대되고 있다. 밀턴의 『실낙원』은 기독교 서적이기에 앞서서
가장 대표적인 인문학 서적이므로, 이런 상황에서 신학과나 교목실이 『실낙
원』을 매개로 하여 기독교 대학의 창립 정신에 관한 대화를 시도한다면, 폭
넓고 심도 있는 성찰이 이루어질 수 있다. 앞에서 살펴본 것처럼, 『실낙원』
은 그 관심의 폭이 광대하여 오늘날 대학의 대부분 전공과 밀접하게 연결짓
는 것이 가능하다. 예를 들어 최근 많은 관심을 받는 뇌과학, 인공지능, 로봇

윤리 등의 주제에 대해서도 실낙원은 깊은 통찰력을 준다.

또한 『실낙원』은 한국 교회가 일반 문화와의 소통을 확대하는데 매우 효과적으로 활용될 수 있다. 한국 교회는 일반 문화와 소통하는 법도 서툴고 관심사도 달라서 문화에 깊은 영향을 끼치지 못하고 있다. 『실낙원』은 영화, 음악, 소설, 판타지 장르 문학 등을 통해 이미 대중문화에 큰 영향을 끼쳐왔다. 『반지의 제왕』, 『나니아 연대기』, 『해리 포터』 등의 소설은 영화로도 만들어져 대중의 관심을 불러일으켰는데, 이들은 모두 그 내용이나 형식면에서 『실낙원』의 영향을 많이 받은 것으로 알려졌다. 세계적인 문학작품이나 영화 대부분은 『실낙원』이 깊이 있게 다루는 주제들과 관련이 있다. 이런 상황을 생각해 볼 때 교회가 『실낙원』에 관한 깊은 이해를 하고 문화와 소통할 때 바람직한 효과를 기대할 수 있을 것이다.

한국의 기독교 대학에서 밀턴의 『실낙원』에 대한 관심이 더욱 확대되어서, 이를 통해 기독교 대학의 기독교적 창립 정신 교육 심화, 학제간 통합적 연구의 활성화, 기독교인의 인문학적 소양 함양, 교회와 문화 간의 소통 확산 등과 같은 좋은 변화가 이루어지길 기대한다.

기독교 대학 내 공학윤리에 관한 논의의 중요성*

I. 서론

이 연구의 목적은 한국공학교육인증원의 요구에 따라 2000년 이후 국내 대학에서 시행되는 공학윤리 교육의 배경과 실태 및 한계를 살펴보고, 기독교 종합대학을 위한 기독교적 공학윤리 교육의 필요성을 제시하고 이를 구현하기 위한 바람직한 방향을 모색하는 데 있다.

여기서 "공학윤리"(Engineering Ethics)라는 용어는 공학에 관한 윤리적 논의 일반을 말하는 것이 아니고 구체적으로 한국공학교육인증원(ABEEK, Accreditation Board for Engineering Education for Korea)의 인증 기준의

---

* 이 글은 같은 제목으로 「기독교사회윤리」 23집 (2012년 6월)에 실린 것을 이 책의 주제에 맞춰 수정한 것이다.

한 조건을 충족하기 위해 공과대학에서 개설되는 과목으로서의 공학윤리를 말하는 것이다. 공학과 윤리의 관계에 대한 관심과 연구는 오래전부터 있었지만, 공과대학에서 교육되는 과목인 공학윤리에 관한 연구는 국내에서는 ABEEK가 설립된 1999년 이후에야 시작되었으며, 이에 대해 기독교 윤리학적인 관점에서 이루어진 연구는 전혀 없는 상태이다.

ABEEK의 영향력이 확대되면서 국내 대부분 공과대학이 공학교육인증을 받으려 했고, 이에 따라 많은 대학에서 공학윤리 과목이 급하게 개설되었다.[1] 공학윤리 교육이 대학의 내부적인 필요에 의해서가 아니고 외부의 요구 때문에 도입되다 보니 대학 전체의 일반 교양과목, 혹은 설립이념을 교육하는 교책과목과의 유기적인 관계를 고려함이 없이 시행되는 경우가 많았고, 그 결과 다른 과목과 내용이 중복되거나 입장이 상충되는 경우도 있었다. 종합대학 안에서 공과대학이 차지하고 있는 비중을 생각해볼 때, 공학윤리 교육이 학교 전체의 교양·교책과목과 밀접하게 연계되지 않은 상태에서 시행되는 것은 공과대학이나 학교 전체 모두에게 엄청난 교육 기회의 손실을 초래하는 것이다.

초기에는 급하게 공학윤리 교육을 도입하느라고 이러한 문제점들이 발생하였지만, 이제 공학윤리 교육이 국내에서 본격적으로 시행된 지 10년이 넘게 되었기 때문에 대학 전체의 교육 이념과 연결하여 공학윤리를 교육하는 것은 절실하게 요청되고 또 가능하다고 판단된다.

이 논문은 그동안 기독교 윤리학에서 소홀히 다루었던 공학교육인증을

----

1) "우리나라 대학이 공학윤리 과목을 처음 개설한 시기가 2000년 이후로 집중되는데, 이는 ABEEK 인증에 대비하기 위한 방안으로 강의들이 개설되었음을 추측케 한다." 이소이 외, 「공과대학의 공학윤리 교육과정 운영 실태 조사,」 「공학연구」 8/2 (2005), 50.

위한 공학윤리 교육이라는 분야를 소개하고 관련된 연구 주제들을 제시하는 데 목적이 있으므로 공학윤리 교육의 자세한 내용보다는 이론적 근거 및 역사적 배경과 교육 현황의 개괄적 소개에 치중하는 한계가 있음을 밝혀둔다. 이 논문을 통하여 공학윤리에 대해 기독교 윤리학 입장에서 체계적이고 깊이 있는 연구가 확대되길 기대한다.

이 논문에서는 (I) 서론에 이어, (II) 공학윤리 교육의 도입 배경을 살펴보고, (III) 공학윤리의 필요성 및 정의, (IV) 공학윤리 교육의 필요성, 목표, 내용을 살펴본 후, (V) 지금까지의 공학윤리 교육의 한계와 개선 방안을 살펴본 다음, 결론적으로 (VI) 기독교종합대학에서 어떻게 공학윤리를 효과적으로 할 것인지에 대한 제안을 하려고 한다.

II. 공학교육인증제도에 따른 공학윤리 교육의 도입 배경

공과대학 교육에서 공학윤리의 중요성을 맨 처음 인식한 것은 미국의 대학들이었다. 1930년대에 공학 및 과학기술 인증원(ABET, Accre- ditation Board of Engineering and Technology)이 설립된 후, 1970년대 중반에 공학자들과 철학 교수들 사이에 공학인들이 직면하고 있는 윤리적 문제들에 대한 심도 있는 다학제적 연구가 진행되면서, 공학윤리를 공학교육인증 프로그램의 중요 과목으로 채택하게 되었고,[2] 그 후 미국 내 주요 공과대

---

2) 1978년에서 1980년 미국 National Endowment for the Humanities의 후원으로 Robert Baum이 실행한 "철학과 공학윤리 국가 프로젝트"가 중요한 공헌을 하였다. 이태식 외, "공학윤리 교육과목 실태분석을 통한 개선방안 도출: 수요자를 중심으로," 「공학연구」 11/3 (2008), 98-99.

학들이 대부분 공학윤리를 선택과목이나 연계과목으로 개설하게 되었다.[3] 특히 1997년에 채택된 ABET의 Engi- neering Criteria 2000(EC2000)은 미국 내 공학교육의 흐름의 변화를 가져온 중요한 계기가 되었다. EC2000는 오늘날 공학적 지식과 성과가 사회나 환경에 미치는 영향이 막대해짐에 따라 공학인의 윤리적 책임이 더욱 중요해졌다는 점을 강조하면서 공학교육 개편의 시급성을 지적했다. 즉, 공학교육은 단순히 각 분야에서 지식과 능력이 뛰어난 전문가를 양성하는 것만을 목적으로 해서는 안 되고, 이에 더하여 과학 기술이 사회와 환경에 미치는 영향과, 공학은 결코 가치중립적인 학문이 아니라는 사실을 공학도들이 인식하게 하며, 그들이 사회에 나가 전문직을 수행할 때 윤리적 민감성을 갖고 올바른 판단을 독자적으로 할 수 있도록 교육해야 한다는 것이다.[4] EC2000은 이런 취지에서 11개의 인증 평가 항목 중 "전문직업적 의무와 윤리적 책임을 이해하는 능력"을 포함하고 있다.[5]

우리나라에서 공학윤리에 대한 관심이 생기기 시작한 것은 비교적 최근의 일로서, 1999년 미국의 ABET와 같은 취지에서 한국공학교육인증원(ABEEK)이 결성된 것이 중요한 계기가 되었다. ABEEK는 인증의 기본 방침을 "대학의 공학 및 관련 교육을 위한 교육 프로그램 기준과 지침을 제시하고, 이를 통해 인증 및 자문을 시행함으로써 공학 교육의 발전을 촉진하고 실력을 갖춘 공학기술 인력을 배출하는데 기여하기 위한 것"이라고 규정하고 있으며, 구체적인 목적을 다음과 같이 서술하고 있다.

---

3) 이재숭, "공학윤리교육의 필요성 및 교육내용과 방법," 「윤리교육연구」 16 (2008), 231.

4) 신동은, "미국의 공학윤리 교육의 연구동향," 「직업교육연구」 30/2 (2011), 198.

5) Accreditation Board of Engineering and Technology, *Engineering Criteria 2000* (ABET website http://www.abet.org/eac/EAC_99-00_Criteria.htm #EC2000).

(1) 인증된 프로그램을 이수한 졸업생들이 실제 공학 현장에 효과적으로 투입될 수 있는 준비가 되었음을 보증한다.

(2) 해당 교육기관이 인증 기준에 부합되는지의 여부와 세부화된 공학 교육 프로그램이 인증 기준에 부합되는지의 여부를 식별한다.

(3) 공학 교육에 새롭고 혁신적인 방법의 도입을 장려하며, 공학 교육 프로그램에 대한 지침을 제공하고 이에 대한 자문에 응한다.

(4) 공학교육의 발전을 촉진하고 산업과 사회가 필요로 하는 실력을 갖춘 공학기술 인력을 배출할 수 있도록 기여한다.6)

이를 구현하기 위해 ABEEK가 요구하는 공학교육의 목표는 "ABEEK 프로그램 학습 성과 및 평가 항목"에 잘 나타나 있는데7), 그중 9항 "공학적 해

---

6) http://www.abeek.or.kr/htmls_kr/contents.jsp?menu_l=2&menu_m=14.
7) ABEEK 프로그램 학습 성과 및 평가 항목 (ABEEK-2011-ABE-101) : 학생이 졸업 시 갖추어야 할 능력과 자질은 다음 항목과 같으며, 학습성과 별로 측정 가능한 구체적인 내용과 성취 수준이 설정되고 문서화된 절차로 평가되어 그 결과가 프로그램 개선에 반영되어야 한다. 또한 교육목표 달성을 위하여 필요하다면 자체적으로 정의한 학습성과를 추가할 수 있다. (1) 수학, 기초과학, 공학의 지식과 정보 기술을 응용할 수 있는 능력, (2) 자료를 이해하고 분석할 수 있는 능력 및 실험을 계획하고 수행할 수 있는 능력, (3) 현실적 제한 조건을 반영하여 시스템, 요소, 공정을 설계할 수 있는 능력, (4) 공학 문제들을 인식하며, 이를 공식화하고 해결할 수 있는 능력, (5) 공학 실무에 필요한 기술, 방법, 도구들을 사용할 수 있는 능력, (6) 복합 학제적 팀의 한 구성원의 역할을 해낼 수 있는 능력, (7) 효과적으로 의사를 전달할 수 있는 능력, (8) 평생교육의 필요성에 대한 인식과 이에 능동적으로 참여할 수 있는 능력, (9) 공학적 해결방안이 세계적, 경제적, 환경적, 사회적 상황에 끼치는 영향을 이해할 수 있는 폭넓은 지식, (10) 시사적 논점들에 대한 기본지식, (11) 직업적 책임과 윤리적 책임에 대한 인식, (12) 세계 문화에 대한 이해와 국제적으로 협동할 수 있는 능력. (http://www.abeek.or.kr/ htmls_kr/contents.jsp?menu_l=2&menu_m=16)

결방안이 세계적, 경제적, 환경적, 사회적 상황에 끼치는 영향을 이해할 수 있는 폭넓은 지식"과 11항 "직업적 책임과 윤리적 책임에 대한 인식"은 공학윤리와 직접 관련이 있다. 또한, 6항부터 12항까지의 일곱 항목은 공학도의 "기본소양"에 관련된 항목으로 공학윤리, 교양교육, 교책교육과 직간접적으로 관련이 있다고 볼 수 있다. ABEEK의 요구에 의하면 각 대학은 이러한 항목에 대해 "학습성과별로 측정 가능한 구체적인 내용과 성취 수준"을 설정해야 하고 "문서화된 절차로 평가"하여 그 결과를 통해 프로그램을 개선해야한다. 이처럼, 인증을 받기 위하여 ABEEK가 규정하는 교육과 평가 기준에 부합되는 방식으로 공학윤리 과목을 갑자기 개설해야 하는 상황에 부닥친 대학들은 대학 전체의 교육방침을 고려할 여유를 갖지 못한 채 충분한 준비 없이 공학윤리 교육을 개설하게 되었고, 이 과정에서 대학 전체와 의사소통이 부족했음은 안타까운 상황이었다고 생각된다.[8]

공학교육인증은 공학교육을 국제적인 표준에 따라 평가할 수 있는 제도로 인정을 받아 전 세계적으로 그 영향력을 확대해 나가서 지금은 미국, 영국, 호주, 캐나다, 일본, 독일, 한국을 비롯한 많은 나라가 협약을 통해 각 나라의 공학교육인증을 상호 간 인정해 주고 있다. 또한, 국내에서는 삼성, KT, SK텔레콤 등 많은 기업에서 신입사원을 채용할 때 공학교육인증을 받은 공과대학의 졸업생들에게 서류전형 시 우대를 하거나 가산점을 부여하고 있다. 이런 추세를 볼 때 공학교육인증은 더욱

---

8) "아직까지는 공학윤리를 전공으로 하여 체계적으로 교육과정을 운영하고 가르치는 대학이나 대학원 및 교육 기관이 없는 실정이다. 따라서 각 대학에서 공학윤리 교육을 실시하고자 강의를 개설할 때에도 교원의 임용에서부터 강의의 진행 및 평가에 이르기까지 일정한 교육과정이 없는 상태에서 임의로 강의를 진행할 수밖에 없는 실정이다." 이소이 외, "공과대학의 공학윤리 교육과정 운영 실태 조사," 36.

확대될 것으로 전망된다. 지금 현재 계명대, 명지대, 목원대, 숭실대, 연세대, 이화여대, 한남대, 한동대, 한신대, 호서대 등 많은 기독교 종합대학이 공학교육인증을 받고 있다.9) 이런 점을 고려해볼 때 공학윤리 교육에 관한 요구는 앞으로 더욱 증대될 것으로 보인다.

III. 공학윤리의 필요성과 정의

1. 공학윤리의 필요성의 이론적 배경

공학교육인증을 위한 평가의 중요한 부분으로 공학윤리가 포함된 배경에는 국내외에서 공학윤리의 필요성에 대한 이론적 근거와 공감대가 확대되었다는 사실이 중요하게 작용했다.

1970년대 이후 미국을 시작으로 해서, 모든 사회의 구성원에게 적용되는 일반 윤리와 구별하여 별도의 공학윤리가 필요하다는 인식을 하게 된 이유는 무엇인가? 공학윤리의 필요성의 중요한 근거로는 첫째로, 오늘날 공학이 사회에 끼치는 영향이 막대해졌다는 사실을 들 수 있다. 공학은 순수과학과는 다르게 사회 전반에 직접적으로 중요한 영향을 미친다. 공학인이 수행하는 활동은 연구, 개발, 생산, 판매, 관리 등의 많은 단계에서 사회 각 영역과 밀접하게 연관되어 있으며, 또한 이러한 활동은 사회적 요구로 촉진되고 사회가 어떻게 수용하느냐에 따라서 평가를 받게 된다.10) 그리고 공학활동

---

9) ABEEK의 공식 통계에 따르면 2012년 3월 12일 현재 총 95개 대학의 630개 프로그램이 인증을 받았다.
　(http://www.abeek.or.kr/htmls_kr/contents.jsp?menu_l=4&menu_m=24).

의 결과는 인간의 생명, 사회 전체의 안전, 더 나아가서 지구적 환경의 보존 등에 중대한 영향을 주기도 한다.11) 모든 공학활동은 사회의 여러 구성단위와 밀접한 상호작용 속에서 일어나고 있으며, 다양한 집단의 이해와 마찰을 불러일으키기도 한다. 공학활동은 수많은 사람들, 한 사회나 국가, 더 나가 지구 전체에 큰 영향을 줄 수 있으므로 윤리적 공학활동을 하기 위한 공학윤리가 절실하게 요청된다.

공학윤리의 필요성의 둘째 이유로는 공학인들의 사회적 위상의 변화를 들 수 있다. 위에서 설명한 이유에서 공학활동의 중요성이 부각되면서 공학인을 의사나 변호사와 같이 고도의 전문교육과 윤리의식을 갖춰야 하는 전문인으로 여기는 통념이 사회에서 확장되었다. 또한, 공학인들이 전문가로서 국가의 정책 수립에 중요한 역할을 하는 기술관료(Technocrat)로 종사할 기회가 많아졌다.12) 이런 상황에서, 다른 전문직과 마찬가지로 공학인 역시 공학 자체에 관한 지식과 능력뿐 아니라 책임 있는 사회의 구성원으로서 요구되는 윤리적 판단 능력을 갖추어야 한다는 요구가 공학계 안팎에서 제기되었다. 그 결과 공학인들도 다른 전문직과 마찬가지로 윤리강령을 채택하는 등 책임 있는 전문인으로서의 위상을 확립하기 위해 노력을 하게 되었다.13)

....

10) 이태식 외, "공학윤리 교육과목 실태분석," 97.; Maguire는 오늘의 과학 기술은 이미 윤리와 법의 테두리를 넘어섰다고 지적했다. Daniel Maguire, *The Moral Revolution: A Christian Humanist Vision* (San Francisco: Harper & Row, Publishers, 1986), 170.

11) 체르노빌 원자력 발전소 폭발사고, 성수대교 붕괴, 삼풍백화점 사고, 대구지하철 참사, 후쿠시마 원전 사고 등이 그 실례라 할 수 있겠다. 정진우, "공학인증제도 안에서 공학윤리, 무엇을 어떻게 교육해야 하나?," 「동서철학연구」 43 (2007), 179.

12) 김경천, "공학윤리 교육의 필요성," 「기계저널」 41/1 (2001), 31.

13) 이영남 외, "공학윤리 교육모듈 컨텐츠를 이용한 전공교과목에서의 공학윤리 교육," 「공학교육연구」 10/4 (2007), 80.

공학윤리의 필요성의 셋째 근거로는 공학이 결코 가치중립적인 학문이 아니라는 사실에 대한 자각이다. 오랫동안 공학적 산물은 선하지도 악하지도 않고, 단지 이를 이용하는 사람들의 의도에 의해서 선하거나 악하게 사용될 뿐이라고 인식되어 왔다. 그동안 공과대학 교육과정 속에 공학을 윤리적으로 다루는 과목이 거의 없었다는 사실이 이를 증명해준다. 그러나 공학과 인문학 간의 대화를 통해서 공학적 산물은 그것을 설계한 사람의 세계관이나, 그가 속한 문화나 계층의 이해관계와 가치관의 영향을 받을 수밖에 없다는 사실을 대부분 인정하게 되었다.[14] 공학적 활동을 하다 보면 필연적으로 윤리적인 딜레마에 직면하게 되는데, 이때 공학인은 공학적인 전문 지식에만 의존해서 윤리적 판단을 할 수 없으므로 공학윤리가 요청된다는 것이다.[15] 공학이 가치중립적이지 않다는 인식은 공학윤리에 대한 거시적 연구를 촉발해 공학윤리에 관한 논의를 폭넓고 심도 있게 해주는 역할을 하기도 한다.[16]

2. 공학윤리의 정의

그렇다면, 이와 같은 필요에 의해 등장한 공학윤리는 어떻게 정의할 수 있을까? 노태천 등은 공학윤리에는 다음과 같은 네 가지 레벨의 대상에 대한 고찰이 포함되어 있다고 소개하고 있다 : (1) Meta 레벨: 공학기술 자체 또는 본질, (2) Macro 레벨: 공학기술과 사회의 관계, (3) Meso 레벨: 공학기술과

---

14) 김경천, "공학윤리 교육의 필요성," 41.
15) 이소이 외, "공과대학의 공학윤리 교육과정 운영 실태 조사," 37.
16) 손화철, 송성수, "공학윤리와 전문직 교육: 미시적 접근에서 거시적 접근으로," 「철학」 91 (2007), 325.

관련된 제도 조직 및 개인, (4) Micro 레벨: 공학인 개인이나 공학인 조직.[17)]
이태식 등은 다양한 학자들이 제시한 정의를 종합하여 다음과 같이 공학윤
리의 정의를 내리고 있는데 이 정의는 공학윤리의 필요성과 위의 네 레벨의
대상을 반영하고 있어서 본 연구를 위해 적절한 정의라고 여겨진다.

　　공학윤리의 개념 및 정의에 관한 많은 학자들의 의견을 종합하면, 몇 가
지 공통점이 발견가능하다. 첫째, 공학윤리는 공학인이 전문가라는 기본 의
식에서부터 출발한다. 둘째, 공학윤리는 공학전문가들이 자신의 업무 및 공
학적 판단을 수행함에 있어 필요한 윤리 및 도덕적 규칙이다. 셋째, 공학윤
리는 공학 학문의 특성 및 공학인의 속한 사회조직에 따라 타 직업군의 윤리
의식과는 다른 공학인에게 초점을 맞춘 개념이자 학문이다.[18)]

IV. 공학윤리 교육의 목표와 내용

1. 공학윤리 교육의 목표

　　공학윤리 교육에 관한 논의는 위에서 살펴본 공학윤리의 필요성과 정의
에 관한 논의와 밀접한 연관을 맺으면서 형성되어 왔다.

　　미국 헤이스팅스 센터는 일찍이 1970년대 말에 행해진 공학자와 철학
자 간의 다학제적 연구를 통해 공학윤리 교육의 목표를 다음과 같이 다섯 가
지로 제시하였는데 이 목록은 지금도 매우 중요한 것으로 여겨지고 있다.[19)]

----

17) 노태천, 이소이, "엔지니어의 가치관에 대한 실태 조사," 「한국공학교육학회」 12/3
　　(2009), 24.
18) 이태식 외, "공학윤리 교육과목 실태분석," 98.

첫째, 공학도의 도덕적 상상력(Moral Imagination)을 자극하여야 한다. (즉, 공학윤리 교육은 학생들 스스로가 창의적인 도덕적 사고를 할 수 있도록 동기를 부여하고 격려해야 한다.)

둘째, 공학도로 하여금 윤리적 주제(Ethical Issues)를 인식하도록 가르쳐야 한다. (즉, 모든 공학적인 판단에는 윤리적 차원이 포함되어 있음을 인지하도록 교육해야 한다.)

셋째, 공학도로 하여금 분석할 수 있는 기술(Analytical Skills)을 개발하도록 가르쳐야 한다. (즉, 복잡한 공학 활동에 포함된 다양한 윤리적인 주제들을 정확히 파악하고 그 관계를 분석하여 우선순위를 매길 수 있는 기술을 가르쳐주고, 이를 계속 발전시킬 수 있도록 교육해야 한다.)

넷째, 공학도의 책임 의식(Sense of Responsibility)을 고양해야 한다. (즉, 공학 활동의 결과가 사회나 환경에 끼치는 영향이 막대함을 인식하여 공학인은 개인이나 자신이 속한 집단의 이익이 아니라 공공의 안전과 행복을 추구해야 할 책임이 있는 전문인임을 자각하도록 교육해야 한다.)

다섯째, 견해의 차이(Disagreement)나 모호성(Ambiguity)을 수용하도록 교육해야 한다. (즉, 학생들로 하여금 공학적 활동은 가치중립적이라는 편견에서 벗어나게 하고, 공학적 해결 방법이나 윤리적 판단에는 단 한 가지의 답이 있는 것이 아니라 문화적, 역사적 배경에 따라 다양한 답이 있을 수 있다는 사실을 인지하게 하며, 따라서 다른 견해나 때로는 확정할 수 없는 상

---

19) 다음과 같은 여러 논문과 책에서 헤이스팅스 센터의 견해를 공학윤리 교육의 목적으로 원용하고 있다. 본문의 괄호 안에 있는 것은 다양한 입장들을 종합하여 필자가 그 내용을 풀어 적은 것이다: 김정식, 이상훈, 『공학윤리』(서울: 도서출판 GS인터비전, 2011), 7, 39.; 이소이 외, "공과대학의 공학윤리 교육과정 운영 실태 조사," 39.; 이태식 외, "공학윤리 교육과목 실태분석," 99.; 정진우, "공학인증제도 안에서 공학윤리," 180-181.

황도 받아들이는 자세를 기르도록 가르쳐야 한다.)[20]

2. 공학윤리 교육의 내용: 교과서를 중심으로

그렇다면 국내에서 시행된 공학윤리 교육은 구체적으로 어떤 내용을 담고 있는가? 국내 공학윤리 교육의 내용을 파악하는 대표적인 두 가지 방법은 공학윤리 교과서의 내용을 분석하는 것과 각 대학에서 개설된 공학윤리 강의의 내용을 분석하는 것이다. 손화철, 송성수는 2006년 당시 국내에서 출간된 공학윤리 교과서 7종을 비교 분석했는데, 그에 따르면 공학윤리 교육 교과서에서 다루는 중요한 내용은 다음의 7분야로 요약될 수 있다.[21]

(1) 공학윤리의 주요 이론들과 윤리적 추론 능력

(2) 전문가로서 공학인의 윤리적 · 사회적 책임

(3) 직업정신과 윤리헌장

(4) 위험과 안전과 사고

(5) 이해의 충돌과 내부 공익 신고의 문제

(6) 연구와 실험에서의 윤리

---

20) 한 조사에 의하면 실제로 한국 대학에서 개설된 공학윤리 과목들이 설정한 수업목표는 다음과 같이 조사되었다: "공학인으로서의 사회적 역할 인식과 책임감을 학습한다"(30.6%), "공학기술 업무의 윤리적 딜레마, 갈등을 극복하고 대처 능력을 향상한다"(28.6%), "공학적 상황에서의 윤리 문제를 이해한다"(22.5%), "윤리적 해결의 이론적, 실천적 기초를 학습한다"(12.2%), "윤리학적 기본 원리를 이해한다"(6.1%). 이소이 외, "공과대학의 공학윤리 교육과정 운영 실태 조사," 46.

21) 손화철, 송성수, "공학윤리와 전문직 교육," 326-328; 7가지로 요약한 것은 이재숭에 의해 작성된 것이다: 이재숭, "공학윤리교육의 필요성," 234-235.

(7) 공학과 환경윤리

3. 공학윤리 교육의 내용: 강의 내용을 중심으로

현재 우리나라의 공학윤리 교육에서 다루는 내용을 파악하기 위한 또 하나의 방법은 현재 각 대학에 개설된 과목들의 내용을 살펴보는 것이다. 이를 위해 모든 대학에서 개설된 과목을 전부 분석하는 것이 가장 바람직하겠으나, 그 작업은 방대한 일이어서 본 논문의 연구 범위를 벗어난다. 각각 다른 시기에 다른 대학에서 시행된 공학윤리 교육의 사례들을 비교한 〈표 3〉은 체계적인 조사는 아니지만, 오늘날 한국 대학에서의 공학윤리 교육의 발전과 현황의 한 단면을 보여주고 있다.[22]

〈표 3〉 한국 대학의 공학윤리 강의의 사례

과목명/ 대학(연도)	강의 내용
"과학과 공학윤리" 부산대 (2001)[23]	— 공학윤리의 필요성 — 공학윤리의 해결절차 — 문제의 설정 및 분석 — 사례분석 및 발표 — 윤리 이론 및 적용 — 사례분석 및 발표 — 컴퓨터와 윤리 — 중간고사

22) 네 대학의 공학윤리 강의의 단순 비교를 통하여 기독교 대학의 공학윤리 교육의 특징이 확연하게 드러나지는 않는다. 거의 비슷한 내용이 강의되고 끝 부분에 기독교적인 입장에서의 결론을 제시하는 정도의 차별성이 있을 뿐이다. 이는 공학윤리 교육이 대학의 자체적인 필요에 의해서라기보다는 공학인증제도의 요구에 의해 개설되었기 때문에 발생하는 현상이라 하겠다.

	― 정직과 성실 ― 위험과 책임 ― 사례분석 및 발표 ― 엔지니어와 환경 ― 기말 고사
"공학윤리" 한동대 (2008)[24]	― 강의소개 ― 최신 과학기술과 윤리(생명공학과 의료기술) ― 최신 과학기술과 윤리(정보통신기술과 나노기술) ― 과학기술과 철학 ― 전통기술과 연대 과학기술, 기술의 역사, 현대 과학 　기술에 대한 진단 ― 과학기술과 정치,경제 ― 중간고사 ― 과학기술자 윤리강령 ― 미국과 한국의 예 ― 공학자의 정직, 성실, 신뢰 ― 공학에서의 위험, 안전, 책임 ― 공학자는 누구인가? ― 공학과 환경 ― 공학자의 사회적 책임 ― 누구를 위한, 무엇을 위한 공학인가? ― 기독교 신앙과 공학, 결론 ― 기말고사
"공학윤리 및 연구방법론" 연세대 (2007― 2009, 대학원)[25]	― 윤리에 대한 이해 ― 공학의 역사와 현대 엔지니어의 사회적 역할 ― 공학 연구 윤리 ― 연구윤리의 실제와 적용 ― 과학기술정책 ― 지식재산권 ― 위험의 이해와 대응, 책임 ― 공학설계방법론 ― 공학논문작성법
"공학윤리" 한신대 (2012)[26]	― 과학, 공학, 윤리: 왜 공학에 윤리가 필요한가? ― 과학과 서양철학: 서양은 과학을 어떻게 바라보는가? ― 과학과 동양철학: 동양은 과학을 어떻게 바라보는가? ― 윤리학의 근본원리 ― 공학윤리의 과제

	— 공학적 의사결정 — 공학도의 사회적 책임과 윤리 — 생태학적 위기에 대처하는 환경윤리 — 사이버 네트워크 시대와 디지털 윤리 — 황우석 사태를 둘러싼 과학/ 생명/ 사회윤리 — 담론과 합의: 의사소통 공동체의 윤리

V. 공학윤리 교육의 한계와 개선 방안

지금까지 공학교육인증제도의 도입에 따른 한국 대학 내의 공학윤리 교육의 확대의 역사적인 배경과 공학윤리 교육의 필요성, 정의, 목적, 내용 등에 대해 살펴보았다. 10년이 조금 넘는 짧은 기간에 국내 대부분의 대학에서 공학윤리 교육이 공학 교육의 필수적인 한 부분으로 자리 잡게 되었다는 것은 놀라운 일이다. 이는 공학교육인증제도의 영향력이 없이는 절대 가능하지 않았을 것이다. 비록 타의에 의해서라 할지라도 많은 대학이 공학윤리 교육을 새롭게 도입하면서 교수 요원을 확보하고 강의를 개발하고 교과서를 집필하는 등 활발한 학술활동을 하게 된 것은 공학, 윤리학, 인문학을 비롯한 대학 내 여러 분과와 대학 전체에 분명히 큰 공헌을 한 것이다. 그러나 학문의 역사에서 선례를 찾아보기 힘들 정도로 조급하게 대대적인 규모로 특

---

23) 배원병, "토론 및 발표를 통한 공학윤리 교육에 대하여," 「공학교육」 13/3 (2006), 48.
24) 손화철, "공학윤리와 기술철학: 그 접점을 찾아서," 「한국공학교육학회」 13/6 (2010), 131.
25) 한경희 외, "공학 윤리 교육: 현황과 쟁점, 그리고 전략," 「공학교육연구」 12/1 (2009), 39.
26) http://theology.co.kr/class/09/ethics.html (accessed 4/28/2012)

정 교과과목이 도입되다 보니 피치 못하게 여러 문제점도 노출될 수밖에 없었다. 여기서는 그동안의 공학윤리 교육을 평가한 연구들에 근거해서 공학윤리 교육에서 드러난 문제점들과 이를 해결하기 위한 방안들을 고려해보려고 한다.[27)]

첫째, 지금까지의 공학윤리 교육은 미시적 윤리에 집중되었다는 지적이 있다.[28)] 미시적 윤리에 집중된 이유 중 하나는 공학윤리가 공학인들의 윤리 강령과 밀접한 관련 속에서 발전해 왔기 때문이다. 따라서 공학인 개인과 전문가 집단으로서의 공학인들이 상호 간 또한 사회와의 관계 속에서 지켜야 할 윤리적 규정들이 중요한 교육의 내용으로 받아들여졌다. 또한, 미시적 윤리는 구체적이고 실천 가능성이 크고, 공학도들이 실제 생활에서 즉각 적용할 수도 있으므로 교육하기 좋고, 교육 효과도 즉시 나타난다는 장점이 있다.[29)] 더 실제적인 이유는 새롭게 교과서와 강의안을 만들어야 하는 상황에서 미국의 교재에 많이 의존하게 되었는데, 거시적 윤리보다는 미시적 윤리가 한국의 상황에 그대로 적용하기가 쉬웠기 때문이다.

그렇다면 공학윤리 교육이 미시적 윤리에서 거시적 윤리로 관심을 더 넓히기 위해 어떤 내용을 교육해야 할까? 손화철, 송성수는 다음의 내용이

---

27) 국내 공학윤리 교육의 실태를 자세히 분석하고 일차적인 자료에 근거해서 문제점들을 지적하는 것이 바람직하겠으나 본 연구의 목적에 따른 지면의 한계 때문에 여기서는 그 주제를 다룬 논문들을 근거로 기존 공학윤리 교육의 문제점을 기술하려고 한다.

28) "공학윤리는 그 적용의 범위에 따라 개인적, 직업적, 사회적 틀로 나누어 볼 수 있다. 이는 다시 개별 공학자의 윤리적 결정이나 전문직 내에서의 상호관계를 다루는 미시적 윤리(microethics)와 전문직 전체가 져야 할 사회적 책임과 기술에 대한 사회적 결정을 다루는 거시적 윤리(macroethics)로 구별할 수 있다." 손화철, 송성수, "공학윤리와 전문직 교육," 306.

29) ABEEK는 대학이 학습 성과를 구체적으로 측정하도록 요구하고 있다.

앞으로 공학윤리 교육에서 좀 더 깊게 다뤄져야 할 거시적 윤리에 속하는 주제들이라고 제안한다.

(1) 윤리적 주체로서의 공학자에 대한 강조
(2) 개별 공학활동의 맥락에 대한 이해
(3) 좋은 사회에 대한 숙고
(4) 윤리적 의무와 책임의 차등성 부여
(5) 기술의 간접적 영향에 대한 이해
(6) 대안적 공학의 모색
(7) 공학자를 넘어서는 공학윤리[30]

둘째, 지금까지의 공학윤리 교육은 대학 내의 다른 전공이나 교양·교책과목과의 연계 없이 고립된 상태에서 계획되고 시행됐다는 것을 지적하지 않을 수 없다. 주지하다시피 급하게 전면적으로 공학윤리 교육을 시행해야 하는 상황에서 어쩔 수 없이 발생한 문제이지만 앞으로의 교육은 학교 전체의 교육 노선과의 조화 속에서 긴밀한 협력을 통하여 신중하게 이루어져야 한다. 대부분 대학에서는 교양과목을 통하여 과학·기술이 갖는 윤리적 함의에 대해 이미 오래전부터 교육을 해 왔었다. "공학윤리"라는 구체적인 용어를 사용하지 않았을 뿐이지 ABEEK에서 요구하는 공학윤리 교육의 많은 부분은 이미 많은 대학이 지향하는 전인교육의 내용에 포함되어 있었다. 그런데도 공학윤리 교육이 고립되어 도입됨으로 다른 과목과 내용이 중복되거나 입장이 상충되는 경우도 발생하며, 더욱 심화된 교육을 할 기회도

---

30) 손화철, 송성수, "공학윤리와 전문직 교육," 319-324.

놓치는 결과를 초래하였다.

그러나 이보다 더욱 심각한 문제는 공학윤리 교육이 학교 전체의 교육 이념과 유기적 관계를 맺지 못한 상태에서 시행된다는 것이다. 윤리에 관한 입장은 특정한 역사와 문화의 영향을 받을 수밖에 없으므로 보편적이고 객관적인 윤리 이론은 있을 수 없다. 또한, 윤리 이론은 윤리의 차원을 초월한 세계관 및 가치관의 영향을 받을 수밖에 없다. 그럼에도 불구하고, 미국에서 발전된 공학윤리를 수입하여 국내에 무비판적으로 적용하는 것은 매우 우려되는 일이라 하겠다. 그나마 다행인 것은 최근 한국이나 아시아의 전통, 특정한 대학의 교육 이념에 근거한 공학윤리 교육이 모색되고 있다는 사실이다.31)

기존의 공학윤리 교육이 가진 세 번째 문제는 공학윤리 교육 자체가 야기하는 윤리적인 문제이다. 지금까지 공학윤리 교육에서 결여되었던 내용 중의 중요한 것은 바로 공학교육인증제 자체에 대한 윤리적 평가라고 할 수 있다. 과연 공학윤리 교육은 윤리적인가? 대학이 공학윤리를 대학 밖의 인증기관이 규정한 기준과 방향에 맞춰 교육하는 것이 과연 교육적인가? 대학

---

31) 몇 가지 사례를 들면 다음과 같다: (1) 성균관대학에서는 "성균중점교양 - 유학사상과 가치관 영역"을 설정하여 학생들이 대학의 교육 이념을 배우게 한다. 이 영역에 속하는 "유학과 직업윤리", "유학과 리더십"이라는 두 과목은 ABEEK 인증대상 교과목으로 운영된다. 이영남 외, "공학윤리 교육모듈 컨텐츠를 이용한 전공교과목에서의 공학윤리 교육," 82. (2) 표1에서 보이는 것처럼 한동대학교에서는 공학윤리 강의 결론 부분에 "기독교 신앙과 공학"이라는 주제를 포함한다. (3) 중국의 한 연구의 경우, 기존의 공학윤리는 유럽과 미국의 문화에서 발전한 것이기 때문에 중국에 그대로 적용하기에는 한계가 있음을 지적하고, 중국의 전통 가치와 마르크시즘에 관점에서 재규정한 "made in China" 공학윤리를 모색할 것을 제안하고 있다. Qin Zhu, "Engineering Ethics Studies in China: Dialogue between Traditionalism and Modernism," *Engineering Studies* 2/2 (2010), 85-107.

이 인증기관의 평가를 무시할 수 없다면 그 이유는 무엇인가? 인증기관이 대학에 대해 유형, 무형의 압력을 행사하는 것은 대학의 고유한 교육의 영역을 침범하는 것은 아닌가? 미국 등 선진국이 주도하는 표준화, 세계화는 과연 바람직한가? 등 공학교육인증제와 공학윤리 교육과 연관된 많은 주제들이 포괄적으로 윤리적인 판단의 대상이 될 수 있다.[32] 현실적으로 공학교육인증을 받아야 하고 그 평가기준에 따라 공학윤리 교육을 할 수밖에 없다 할지라도, 그러한 상황 자체에 깔려있는 윤리적인 이슈들을 발견하고 윤리적 상상력을 발휘하여 대안을 모색하는 것이 공학윤리가 진정으로 추구해야 하는 윤리적 사고의 발현이라 하겠다. 미국의 공학교육인증제는 앞에서 살펴본 것처럼 인문학과의 깊은 학제적 논의의 결과, 공학도들에게 비판적 사고가 필요하다는 인식에 도달하여 도입되었는데, 우리나라의 경우는 그런 공학윤리 교육을 비판 없이 받아들이고 있다는 점에서 아이러니라 하지 않을 수 없다.

VI. 결론

이 논문에서는 지금까지 첫째, 공학교육인증제도에 따른 공학윤리 교육의 도입과 확산의 배경, 둘째, 공학에서 공학윤리가 중요한 주제로 부상하게

---

32) 공학인증제에 입각한 공학교육 전반과 그 내용에 대한 비판은 여러 분야에서 제기되어 왔다. 그러나 윤리학이나 기독교 윤리학의 관점에서 비판의 논리를 전개한 연구들은 찾아보기 힘들다. 다음은 공학교육인증제를 비판한 사례들이다: 김재호, "'공학인증제'와 교양교육: 서울대학교 '과학과 기술 글쓰기' 교과 내용 개선의 필요성을 중심으로," 「철학사상」 28권, 2008, 19.; "공학교육인증제 도입 10년… 학생도 교수도 불만," (한국일보 2011.08.21.)

된 이유와 공학윤리 개념 정의, 셋째, 이런 이유로 요청되는 공학윤리 교육의 목표와 내용, 넷째, 지금까지의 국내에서 시행된 공학윤리 교육의 한계와 개선 방안에 대해 살펴보았다.

이제는 결론적으로, 이상의 논의를 기반으로 하여 구체적으로 기독교 종합대학이라는 특수환 교육환경에서의 공학윤리 교육의 바람직한 시행을 위하여 몇 가지 제안을 하려고 한다.

첫째, 앞에서 살펴본 것처럼 공학윤리 교육은 근본적으로 대학 전체의 교육 이념과 유기적인 관계를 갖도록 개편되어야 하는데 이 과정에서 교목실이나 신과대 교수들, 특별히 기독교 윤리학자의 역할이 중요하다. 만일 기독교 대학 내의 기독교 윤리학자가 공학윤리 교육의 처음 계획 단계에 관여하지 않았다면 이는 매우 심각한 문제이다. 기독교 윤리학은 공학윤리 교육이 도입되기 오래전부터 의학, 법학, 생명공학 등을 망라한 다양한 전문 분야에서 당면하게 되는 윤리적 문제에 관해 깊은 연구를 해왔다.[33] 이 과정에서 기독교 윤리학은 기독교의 범위를 넘어서서 일반 윤리학에서 통용되는 보편적인 윤리학적 담론에 대해 깊은 이해를 하고 있으며, 기독교적 관점

---

33) 이 분야의 최근 저술로는 다음의 책들이 있다: Stephen Clark, ed., *Biology and Christian Ethics* (Cambridge: Cambridge University Press, 2004); James Schaefer, *Theological Foundations for Environmental Ethics: Reconstructing Patristic and Medieval Concepts* (Washington, DC: Georgetown University Press, 2009); Donna Yarri, *The Ethics of Animal Experimentation: A Critical Analysis and Constructive Christian Proposal* (New York: Oxford University Press, 2005); Jay Newman, *Religion and Technology* (Westport, CT: Praeger, 1997); Gilbert Meilaender, *Bioethics: A Primer for Christians* (Grand Raids, MI: Eerdmans, 2005); 문시영,『생명복제에서 생명윤리로: 테크놀러지 시대의 책임적 생명윤리』(서울: 대한기독교서회, 2001); 김대조 편,『생명공학시대의 생명주권 생명사랑』(서울: 생명의말씀사, 2006); 이영규,『컴퓨터 기술과 기독교 윤리』(서울: 한들출판사, 2005).

이 가진 장점과 한계에 대해 누구보다도 깊은 이해를 하고 있다. 따라서 기독교 대학에서의 공학윤리 교육을 디자인하는 과정에서 기독교 윤리학자의 역할은 매우 중요하다. 지금까지 공학윤리 교육 운영의 실질적인 주체는 공과대학과 한국공학교육인증원이었다고 볼 수 있다. 공학윤리를 대학 전체의 교양·교책과목과의 유기적인 연관성 속에서 교육하기 위해서는 기독교적 설립 이념에 대해 깊은 이해를 하는 신학 전공 교수들이 공학윤리 교육과 학교 전체의 교양교육 디자인 과정에 참여해야 한다. 기독교 종합대학에서는 기독교 개론 과목이 전교생에게 필수적으로 요구되므로 가장 영향력 있는 과목이다.[34] 이 과목들은 과학기술에 대한 기독교적 평가를 거의 예외 없이 교육내용에 포함하고 있으며,[35] 이와는 별도로 기독교적 관점에서 과학, 생명, 환경 등의 주제를 다루는 강의들이 교양학부나 신과대학에서 많이

----

[34] 연세대학교의 경우 기독교이해 영역 과목이 3학점 교책과목으로 설정되어 모든 학부 학생들이 이수해야 한다. 기독교이해 영역에 속하는 강의로는 다음의 세 강의가 개설되고 있다: 기독교와 현대사회, 기독교와 세계문화, 성서와 기독교.

[35] 예를 들어 1989년에 출간된 『현대인과 기독교』에는 "기술과학과 인간의 가치"라는 챕터가 포함되어 있는데 그곳에서 다루어지는 내용은 다음과 같다: 기술과학 시대의 인간, 기술과학의 발전과 그 영향, 왜곡된 인간의 가치, 시장성·적응성·경쟁성에 의해 결정되는 인간의 가치, 인간의 가치에 관한 기독교적 해석, 생명의 존엄성을 지닌 인간, 자유의지를 지닌 인간, 다양한 개성을 지닌 인간, 인간의 가치가 존중되는 기술과학 시대. 종교교육위원회 편, 『현대인과 기독교』(서울: 연세대학교 출판부, 1989), 191-214. 그 이후 출간된 기독교 개론 교과서에도 환경윤리, 생명윤리, 경제윤리, 노동윤리, 직업윤리, 기업윤리 등 공학윤리와 직간접적으로 연관되는 주제들이 자주 다뤄지고 있다. 참고: 장춘식 외 편, 『기독교와 현대사회』(서울, 대한기독교서회, 2003); 양창삼, 『기독교와 현대사회』(서울, 한양대학교 출판원, 1997).; 최근에 출간된 박명철의 『현대사회의 윤리적 이슈들』은 다음과 같이 공학윤리와 직접적으로 관련되는 주제들을 심도 있게 다루고 있다: 과학과 신학의 대화 필요성, 자연환경-생태계와 윤리, 녹색운동, 지속가능성, 오염자 부담 원칙, 배아복제와 윤리문제. 박명철, 『현대사회의 윤리적 이슈들』(서울:연세대학교출판부, 2011).

개설되고 있다. 공학윤리 교육이 기존의 기독교 개론 과목과 연계되어 시행될 때 지금보다도 더 큰 효과를 기대할 수 있으며, 기독교 개론도 학생들의 전공과 밀접한 관계를 맺으며 교육될 수 있으므로 양자 모두에게 더 좋은 결과를 가져올 수 있다. 공학윤리 교육이 구체적으로 어떤 교과내용을 갖고 어떤 방식으로 시행되어야 할지에 대해서 앞으로 많은 연구가 필요하다. 기독교 종합대학이 공동으로 기독교 윤리학의 입장에서 공학윤리 교과서를 집필한다거나, 공대생을 위한 기독교 개론 과목을 공학윤리를 포함하도록 개편한다거나, 기독교 윤리학자, 교양학부 책임자, 공대 교수 등이 공학윤리 교육 위원회를 운영하는 등의 구체적인 방안들을 고려할 수 있겠다. 이런 변화는 미시적 윤리에 편중된 기존의 공학윤리 교육이 거시적 윤리에 좀 더 관심을 가지게 하는데도 기여할 수 있을 것이다.

둘째, 기독교 종합대학 내의 신학이라는 학제의 의미에 대한 근본적인 재고가 있어야 한다. 기독교 종합대학 내의 신학은 대학 내의 모든 학제와 학문적으로 긴밀한 관계를 맺어야 하는 사명이 있다. 교단 신학교의 신학 교수들은 무엇보다도 우선 교회를 위하여 학문을 하게 된다. 그러나 기독교 종합대학에 속한 신학 교수들에게는 대학 안의 다양한 학제들이 기독교적 설립 이념을 통하여 어떻게 유기적으로 연결되는지 끊임없이 관심을 가져야 하는 사명이 있다. 신학은 기독교의 진리를 여러 학제가 이해하고 수용할 수 있는 방식의 담론으로 풀어내어 다학제간에 기독교적 설립 이념에 대한 학문적 대화가 활발하게 진행되도록 조장해야 한다. 공학윤리 교육의 급작스런 도입과 확대에 따른 혼란을 하나의 고립된 사례로 여길 것이 아니고, 다른 모든 분야에서도 언젠가는 생길 수 있는 일이라고 예상하고 준비해야 한다. 공학윤리와 유사한 형태로 전공과 밀접한 연관이 있는 윤리 교육에 대한 요구가 다른 분야에서도 생길 수 있다. 모든 전공 분야에 설립 이념에 근거

한 가치 교육이 구현되도록 하는 일에 신학은 피동적으로가 아니고 주도적
으로 참여하여야 한다. 이렇게 대비할 때 도전처럼 여겨지는 상황을 기독교
이념을 충실하게 교육할 기회로 삼을 수 있다. 그러기 위해서는 신학이 학문
적인 수월성을 유지하면서 타학제로부터 충분한 신뢰를 받아야 하며, 타학
제와 학문적으로 높은 수준에서 대화하며 필요하면 설득할 수 있는 충분한
역량을 축적해 놓아야 한다.36)

　　셋째, 기독교 종합대학에서는 공학교육인증제 자체에 대한 윤리적 평가
를 해야 함은 물론, 학교의 설립 이념에 근거해서도 평가를 해야 한다. 기독
교적 설립 이념은 학교가 선택한 특별한 가치체계를 반영하므로 윤리적 기
준과 같은 정도의 보편성을 갖고 있지는 못하다. 그러나 기독교적인 세계관
과 가치관을 갖고 공학교육인증제나 그것의 배경이 되는 동기들을 살펴볼
때 더욱 철저한 검증이 가능하고, 때에 따라서는 일반 대학에서는 인식하지
못하는 문제점들을 기독교 대학의 상황에서는 지적할 수도 있다. 이런 점에
서 기독교 윤리학의 과제는 매우 중요하다고 할 수 있다. 공학교육인증제에

----

36) 예를 들어 미국의 Baylor University에서는 학문의 각 분야에 기독교적 세계관과 가
　　치관을 반영하기 위한 진지한 노력을 하고 있다. 그러나 신학이 학문적 수월성과 유
　　연성을 유지하지 않은 채 이런 시도를 하면 결과적으로 신학은 다른 학문으로부터
　　더 소외되는 결과를 낳을 수 있다는 점을 신중하게 고려해야 한다. 따라서 기독교를
　　중심으로 한 다학제간의 대화는 오랫동안 신뢰를 쌓으면서 서로 배우려는 자세로
　　학문적인 보편성과 엄정성을 존중하는 풍토에서 이루어져야 한다. 참고: Eisen-
　　barth S, Van Treuren K. "Sustainable and Responsible Design from a Christian
　　Worldview," *Science & Engineering Ethics* [serial online]. April 2004;10(2):423-429.
　　Available from: Academic Search Complete, Ipswich, MA. Accessed April 5, 2012.; 비
　　슷한 최근의 시도로는 다음을 들 수 있다. VanderLeest S., "Engineering Is Not
　　Science," *Perspectives On Science & Christian Faith* [serial online]. March 2012;
　　64(1): 20-30. Available from: Academic Search Complete, Ipswich, MA. Accessed
　　April 5, 2012, 27-28.

대한 평가는 단지 그 제도를 수용할 것인가 거부할 것인가를 결정하는 데 필요한 것이 아니고, 일단 수용하고 난 후에도 그 제도의 문제점을 찾아내고 개선 방안을 모색하는 데도 필요하므로 결코 소홀히 해서는 안 되는 부분이라 하겠다.

이상 살펴본 것처럼, 기독교 종합대학은 기존의 공학윤리 교육이 가진 한계를 극복할 수 있는 자원과 역량을 충분히 갖고 있다. 기독교 종합대학이 공학윤리 교육에 더 관심을 기울임으로 기독교는 대학과 한국 사회에서 그 외연을 확장할 수 있고, 공학윤리는 근본적인 한계를 극복하고 더 효과적으로 교육될 수 있을 것이다.

기독교 종합대학 내에서 기독교 세계관 논의의
새로운 방향 모색
― 리쾨르와 사이어의 "세계"의 개념 비교를
중심으로*

I. 서론

최근 한국 교계와 신학계에서 기독교 세계관에 관한 논의가 꾸준하게
진행되고 있다.[1] 1980년대부터 두드러지게 드러난 기독교 세계관에 관한

---

* 이 글은 같은 제목으로 「한국조직신학논총」 44집 (2016년 6월)에 실린 것을 이 책의
   주제에 맞춰 수정한 것이다.
1) 한국연구재단 논문검색 페이지에서 "기독교 세계관"을 주제어로 검색한 결과에 따
   르면 2004년에서 2015년까지 총 90편의 논문이 발표되었다. 2004년에서 2009년까
   지 매해 각 2, 3, 4, 1, 9, 5편의 논문이 발표되었으나 2010년부터 2015년까지는 매해
   각 12, 9, 14, 11, 11, 12편의 논문이 발표되었다.

관심은 90년대를 거쳐 2천 년대로 넘어오면서 활발한 논쟁을 불러일으키면서 많은 관심을 끌었다.[2] 우리나라에서 기독교 세계관에 관한 논의가 시작될 때 아브라함 카이퍼(Abraham Kuyper)와 헤르만 도예베르트(Herman Dooyeweerd)로 대표되는 화란 개혁교회의 영향이 컸으므로 주로 이들의 신학을 적극적으로 수용하는 보수적 교단이나 단체와 관련된 필자들에 의해 연구가 지속되어, 현재 기독교 세계관에 관한 관심은 신학계 전반에 고르게 퍼져 있다기보다는 보수적 교단에 속한 신학자들에게 집중되어 있다고 볼 수 있다.[3] 이런 이유로 어떤 경우는 "기독교 세계관" 하면 이미 특정한 입장이 정해진 관점으로 간주하여 이에 대한 진지한 학문적인 관심을 주지 않는 경우도 있다.[4]

　　기독교 세계관에 관한 논의가 일군의 신학자들을 중심으로 이루어지고 신학 전반으로 퍼지지 않는 것은 특별히 기독교 종합대학이라는 현장에서

----

https://www.kci.go.kr/kciportal/po/search/poArtiSearList.kci [2016년 3월 20일 접속].

2) 이 논쟁의 내용에 대해서는 장흥길, "신약성서의 기독교 세계관," 「장신논단」 23 (2005. 6), 39-40. 참고. 이에 따르면 「복음과 상황」 130 (2002. 10)에서 특집으로 기독교 세계관을 다루었고, 2003년 '기독교학문연구소'와 '복음과 상황'이 공동으로 "기독교 세계관 아직도 유효한가?"라는 주제로 공동 포럼을 열었다.

3) 앞에서 언급한 한국연구재단에 검색된 90편의 논문 중 37편이 KCI 등재지 「신앙과 학문」에 게재되었다. 「신앙과 학문」은 '기독교학문연구회'에 의해 간행되는 학술지이다. 이 연구회는 1981년 IVP간사가 중심이 되어 시작한 기독교세계관 스터디 모임이 발전하여 성립된 '기독교학문연구소'와 1981년 기독교 대학 내 학문과 신앙의 관계에 대한 관심으로 발족된 '(사)기독학술교육동역회'가 2009년 통합하여 생긴 단체로, 신학자 외에 다양한 영역의 학자들과 평신도도 참여하고 있다. (http:// www. worldview.or.kr/about/history [2016년 3월 20일 접속])

4) 세계관에 관한 질문은 보수·진보를 막론하고 모든 기독교인이 진지하게 고려해야 할 가장 중요한 질문이다. 진보적 시각에서 저술된 Borg의 기독교 입문서도 세계관이 중요하다는 점을 강조한다. Marcus J. Borg, *The Heart of Christianity: Rediscovering A Life of Faith* (New York: Harper SanFrancisco, 2003), 62-64.

는 우려할 만한 상황이다. 세계관에 관한 논의가 교회나 신학자들에게는 일차적인 관심거리가 아닐 수도 있다. 그러나 기독교 종합대학의 현장에서는 기독교 세계관이나 혹은 더 큰 영향력을 행사하는 다른 세계관들이 엄연히 존재하며, 세계관의 이해와 선택이 학문과 교육과정에서 일상적으로 이루어지고 있으므로, 기독교 세계관에 대한 학문적 성찰을 지속해서 하는 것이 꼭 필요하다.5) 지금까지의 세계관에 대한 논의는 이미 기독교인인 신자들의 신앙 성장을 위해, 혹은 그들이 사회와 문화 영역에 적극적으로 참여하기를 권유하기 위한 관심 때문에 이루어졌다고 볼 수 있다. 대학 내에서는 많은 기독교인 교수나 학생들이 개인적으로는 기독교 세계관을 받아들이지만, 학문적으로는 그와 다른 세계관을 수용하는 경우가 있다. 예를 들어 오늘날 한국 대학에 큰 영향을 끼치고 있는 에드워드 윌슨(Edward Wilson)은 그의 책『통섭』에서 자신의 입장을 "통섭 세계관"이라고 칭하고 그 핵심은 "모든 현상들- 예컨대, 별의 탄생에서 사회 조직의 작동에 이르기까지-이 비록 길게 비비 꼬인 연쇄이기는 하지만 궁극적으로는 물리 법칙들로 환원될

---

5) 다양한 입장에서 세계관의 문제를 다룬 연구로 다음을 들 수 있다. 이 중에는 기독교 세계관에 대해 비판적인 연구도 있다. 종합대학 내에서의 기독교 세계관에 관한 연구는 비판적인 입장을 파악하고 그에 대해 합리적으로 대응해야 하기 때문에 다양한 견해를 이해하는 것이 중요한 준비 과정이다: 니니안 스마트/김윤성 옮김,『종교와 세계관』(서울: 이학사, 2000); C.P.스노우/오영환 옮김,『두 문화』(서울: 사이언스북스, 2001); Huston Smith, *Why Religion Matters- The Fate of the Human Spirit in an Age of Disbelief* (New York: HarperSanFrancisco, 2001); 메리 이블린 터커, 존 A. 그림 엮음/유기쁨 옮김,『세계관과 생태학- 종교, 철학, 그리고 환경』(서울: 민들레책방, 2003); 에드워드 윌슨/최재천, 장대익 옮김,『통섭- 지식의 대통합』(서울: 사이언스북스, 2005); 앨릭스 벤틀리 엮음/ 오수원 옮김,『현대 과학, 종교 논쟁』(경기도 파주시: 알마, 2012); 리처드 도킨스 외,『왜 종교는 과학이 되려 하는가』(서울: 바다출판사, 2012); 디팩 초프라, 레너드 믈로디노프/류운 옮김,『세계관의 전쟁- 과학과 영성, 승자는 누구인가?』(서울: 문학동네, 2013).

수 있다는 생각"이라고 말한다.[6] 많은 대학에서, 심지어 기독교 대학에서도 기독교를 믿는 이공계 교수나 학생들이 윌슨의 통섭 개념을 아무 비판 없이 수용하기도 한다. 기독교 종합대학의 현장에서는 학자와 학생들을 대상으로 기독교적 세계관의 타당성과 우수성을 설득시켜야 하는 과제가 신학자들에게 주어지므로, 신학계가 기독교 세계관에 관한 폭넓고 심도 있는 연구를 진전시키는 것은 기독교 대학의 기독교적 창립 정신 구현을 위해 꼭 필요한 일이다.[7]

본 연구는 기독교 종합대학에서 절실하게 요구되는 기독교 세계관에 관한 논의가, 대학 내의 다양한 세계관들과의 합리적인 대화를 통해 그 타당성을 입증하는 방식으로 진행되어야 한다는 전제에서 출발한다. 이에 근거하여 본 연구는 기독교인들과 비기독교인들이 다 같이 받아들일 수 있는 중심 개념을 찾아 그에 대한 견해 차이를 좁히는 시도를 하려 한다. 구체적으로 기독교 세계관에서 가장 중요한 개념 중 하나인 "세계"라는 개념을 택해, 이 개념이 기독교 세계관에서 어떤 의미로 사용되는지 분석해 보고, 그런 의미가 비기독교인들도 수용할 수 있는 방식으로 규정된 것인지 비판적으로 검토해보려고 한다. 비판적 검토를 위해 폴 리쾨르(Paul Ricoeur)의 해석학에서 "세계"의 개념을 기독교 세계관의 "세계" 개념의 비교 대상으로 삼으려 한다.[8] 양자의 공통점과 차이를 분석하고 기독교 세계관 이론의 필요한 부분

---

6) 윌슨,『통섭』, 460.

7) 에드워드 윌슨은 모든 학문을 과학으로 통합할 수 있다는 통섭의 가능성은 아직 과학이 아니고 세계관이라고 말한다. 그 세계관을 지지해주는 근거로는 자연과학이 지금까지 지속적으로 성공해 왔다는 사실밖에는 없다고 말한다. 윌슨,『통섭』, 40.; 연세대학교에서는 2013년 1학기부터 2014년 1학기까지 교목실 소속 교수가 (2013년 1학기는 공대 교수와 팀티칭) "기독교 세계관과 학문의 통섭"이라는 제목으로 3학점 단위 강의를 일반대학원공통과목으로 개설한 바 있다.

을 보완함으로 비기독교적이거나 반기독교적인 상대와도 대화할 수 있는 준비를 하게 하자는 것이 본 연구가 의도하는 목표이다.

이를 위해 본 연구는 다음과 같은 순서로 진행된다. 본 서론(I)에 이어, 둘째(II), 한국의 기독교 세계관 논의에서 가장 큰 영향을 끼친 제임스 사이어(James Sire)의 기독교 세계관 이론을 그의 책,『기독교 세계관과 현대사상』을 중심으로 살펴본다. 셋째(III), 리쾨르의 해석학의 중요 내용을 소개하고 그 안에서 "세계"라는 용어가 지닌 의미를 살펴본다. 넷째(IV), 리쾨르와 사이어의 사상 체계에서 "세계"가 어떤 의미를 갖는지 대응과 정합이라는 주제에 초점을 맞추어 비교해본다. 다섯째(V), 이상의 논의를 근거로 한국 기독교 종합대학의 현장에서 바람직한 기독교 세계관 논의의 방향을 제시해본다. 여섯째(VI) 결론적으로 본 연구의 공헌과 한계 및 보완해야 할 점을 서술한다.

---

8) 본 연구를 위해 리쾨르를 택한 이유는 그가 기독교인이지만, 그의 철학 체계는 기독교라는 요소를 빼내더라도 조금도 변형될 것 같지 않아 보일 정도로 학문성을 갖추고 있기 때문이다. 참고: 이대성,『진리에 관한 다학제적 성찰: 폴 리쾨르의 해석학을 중심으로』(서울: 연세대학교, 2009), iv; 기독교 세계관이 리쾨르의 세계 개념을 수용할 수 있다면, 그 다음, 적대적인 대화의 상대와도 대응할 수 있는 학문적 내실을 갖추었다고 볼 수 있겠다. 만일 리쾨르의 세계 개념을 받아들일 수 없다면 기독교 세계관은 종합대학에서 물러나서 교회 내에서 신자들의 기운을 북돋워 주는 역할을 하는 것으로 만족해야 할 것으로 생각한다. 리쾨르의 세계 개념과의 대화는 더 격렬한 세계관의 전쟁에 나가기 위한 모의 전투라고 생각해도 좋을 것이다.

II. 사이어의 기독교 세계관

1. 세계관의 정의와 핵심 질문

국내 기독교 세계관 논의에 가장 큰 영향을 끼친 책은 1980년 초에 국내에 소개된 제임스 사이어(James Sire)의 『기독교 세계관과 현대사상』이다.[9] 그 이후 세계관에 관한 다양한 입장들이 등장했기 때문에 이 책이 한국의 기독교 세계관 전체를 대표한다고 말할 수는 없지만, 그럼에도 여러 세계관 논의의 가장 중요한 공통분모의 역할을 한다는 데는 이론의 여지가 없다. 따라서 제임스 사이어의 기독교 세계관을 중심으로 세계관 논의의 특징을 핵심적인 부분만 살펴보려고 한다.

사이어는 『기독교 세계관과 현대사상』에서 세계관을 다음과 같이 정의한다.

> 세계관은 실재의 기본적인 구성에 대해 우리가 갖고 있는 (의식적으로든 무의식적으로든, 일관적이든 비일관적이든), 그리고 우리가 살고 움직이고 몸담을 수 있는 토대를 제공해주는, 이야기 혹은 전제들의 집합으로 (참일 수도 있고, 부분적으로 혹은 전적으로 거짓일 수도 있는 가정들) 표현될 수 있는 헌신, 즉 마음의 근본적인 지향이다.[10]

---

9) James W. Sire, *The Universe Next Door: A Basic Worldview* Catalog. 4th ed. (Downers Grove, Ill,: IVP, 2004), 김헌수 옮김, 『기독교 세계관과 현대사상』(서울: 한국기독학생회출판부, 2007). 1980년대에 한국에서 세계관에 관한 관심이 불기 시작할 때 가장 많이 읽혔던 책이 이 책이다. 이 책은 1976년에 초판이 나온 후 2004년에 4판을 출판했는데, 4판도 한국어로 번역되어 있다.

10) "A worldview is a commitment, a fundamental orientation of the heart, that can be

이 정의는 그가 1976년 초판을 출간한 이후 계속 유지해오다가 2004년에 4판을 출간하면서 수정한 것이다.[11] 사이어는 이처럼 세계관의 정의를 내린 후 모든 세계관은 적어도 일곱 가지 근본적인 질문에 대해 답을 제시해야 한다고 말한다. 이 질문에 대해 어떻게 답을 하느냐에 따라 다양한 세계관이 등장하게 되는 것이다.[12] 그 일곱 가지 질문은 다음과 같다:

(1) 궁극적 실재: 진정으로 참된 최고의 실재는 무엇인가?

(2) 외부의 실재: 즉 우리를 둘러싼 세계의 본질은 무엇인가?

(3) 인간: 인간은 무엇인가?

(4) 죽음: 인간이 죽으면 어떤 일이 일어나는가?

(5) 지식: 지식이 가능한 까닭은 무엇인가?

(6) 윤리: 무엇이 옳고 그른지 어떻게 알 수 있는가?

(7) 역사: 인간 역사의 의미는 무엇인가?

---

expressed as a story or in a set of presuppositions (assumptions which may be true, partially true or entirely false) which we hold (consciously or subconsciously, consistently or inconsistently) about the basic constitution of reality, and that provides the foundation on which we live and move and have our being." Ibid., 23 번역서 23쪽에 있는 번역을 참고하여 필자가 다시 번역한 것임.

11) 초판에서는 다음과 같이 세계관을 정의했다. "세계관이란 이 세계의 근본적 구성에 대해 우리가 (의식적으로든 무의식적이든, 일관적이든 비일관적이든) 견지하고 있는 일련의 전제 (참이거나, 부분적으로 옳거나, 아니면 전적으로 틀릴 수도 있는 가정)들이다." James W. Sire, *The Universe Next Door: A Basic Worldview Catalog*, 2nd ed. (Downers Grove, IL,: IVP, 1988), 김헌수 옮김, 『기독교 세계관과 현대사상』 (서울: 한국기독학생회출판부, 1995), 20.

12) 제임스 사이어/김헌수 옮김, 『기독교 세계관과 현대사상』 (서울: 한국기독학생회 출판부, 2007), 26.

2. 세계관의 종류와 기독교 세계관의 내용

이 책의 나머지 부분에서 사이어는 위의 질문에 대한 다양한 답을 통하여 형성되는 여러 유형의 세계관을 소개하고 있다. 그에 의하면 오늘날 대표적인 세계관으로 다음의 여덟 가지가 있다: 기독교 유신론, 이신론, 자연주의, 허무주의, 실존주의, 동양 범신론적 일신론, 뉴 에이지, 포스트모더니즘.

여러 가지 세계관 중에서 사이어는 자신의 입장이 기독교 세계관(기독교 유신론)임을 밝히고 이 세계관은 다음과 같은 명제의 집합으로 표현될 수 있다고 밝힌다:

(1) 하나님은 무한하시고, 삼위의 인격이시며, 초월적이고 내재적이며, 전지하시고, 주권자이시며 선이시다.

(2) 하나님은 무에서 우주를 창조하셔서 개방 체계(open system) 속에서 인과율의 일치제 (uniformity)로 운행하도록 하셨다.

(3) 인간은 하나님의 형상으로 창조되었으므로 인격, 자기 초월성, 지성, 도덕성, 사회성, 창조성 등을 지닌다.

(4) 인간은 주변 세계와 하나님 그분을 알 수 있다. 왜냐하면, 하나님이 그렇게 할 수 있는 능력을 인간 안에 심어 주셨으며 능동적으로 인간과 교통하시기 때문이다.

(5) 인간은 선하게 창조되었다. 그러나 타락으로 인해 하나님의 형상은. 비록 회복될 수 없을 정도로 완전히 파괴되지는 않았지만 훼손되었다. 한편 그리스도의 사역을 통하여 하나님은 인간을 구속하시고 선을 회복시키는 과정을 시작하셨다. 물론 인간은 이 사실을 접하고 그 구속을 거부하는 길을 택할 수도 있다.

(6) 인간의 죽음은 하나님과 그분의 백성과 함께 누리는 생명의 문이든 지, 인간의 갈망을 궁극적으로 채워 주실 유일하신 분과 영원히 갈라서는 문이든지 둘 중 하나다(천국과 지옥).

(7) 윤리는 초월적이며, 선(거룩한 사랑)이라는 신의 성품에 근거한다.

(8) 역사는 직선적이며 인간에 대한 신의 계획을 성취시켜 가는 의미 있는 사건들의 연속이다.13)

3. 적절한 세계관의 조건

이렇게 다양한 세계관들 가운데 우리는 어떤 것을 택해야 하는가? 적절한 세계관의 조건은 무엇인가? 사이어는 이 책의 마지막 장에서 이 문제를 다룬다. 그에 의하면 적절한 세계관의 특징을 다음의 네 가지로 요약할 수 있다.14) 첫째, 일반적인 논리적 법칙들에 위배되지 않아야 한다. 즉 동일률, 모순율, 배중률 등의 논리적인 법칙에 맞아야 한다. 다른 말로 하면 세계관이 내적인 지적 통일성을 갖고 있지 않다면 바람직한 세계관이라고 볼 수 없다. 둘째, 적절한 세계관은 실제의 자료를 모두 포함할 수 있어야 한다. 우리가 일상생활, 비판적 분석, 과학적 탐구 등을 통해 획득한 모든 정보와 지식과 깨달음이 우리의 세계관에 통합될 수 있어야 한다. 셋째로, 적절한 세계관은 그것이 설명하겠다고 주장하는 것을 설명할 수 있어야 한다. 인간의 본성의 이중성에 대해, 참된 지식에 대해, 악, 불의, 고통 등에 대해 대부분의 사람들은 질문을 갖고 있고 각 세계관은 그에 대한 해답을 갖고 있다고 주장

---

13) Ibid., 34-61.
14) Ibid., 346.

한다. 그러나 실제로 설명을 잘하고 있는지 확인해야 한다. 넷째로, 적절한 세계관이란 주관적으로 만족스러운 것이어야 한다. 어떤 세계관이 만족을 줄 수 있나? 사이어는 무엇인가 잘못된 것 같다는 막연한 불안감이나 회의는 우리로 만족하게 못 한다고 한다. 확실한 진리를 발견할 때 비로소 우리는 궁극적 만족을 얻을 수 있다고 한다. 사이어에 의하면 모든 세계관은 나름대로 문제점들을 갖고 있다. 그러나 그는 기독교 세계관이 이상의 네 가지 조건을 만족하기 때문에 그 세계관을 택한다고 말한다.

III. 리쾨르의 해석학에서 "세계"의 뜻15)

1. 리쾨르의 텍스트 해석학과 삼중의 미메시스

리쾨르의 해석학에서 "세계"라는 용어는 매우 중요한 의미를 갖는다. 리쾨르의 세계에 관한 이론은 그가 언어적 전환의 영향을 받아 상징에서 은유로 관심을 옮기면서 시작되어서 텍스트의 해석학을 통해 본격적으로 심화되었다고 볼 수 있다.16)

---

15) III에 소개되는 리쾨르의 해석학에 관한 내용은 필자가 저술한 다음 책의 내용에 많이 의존했음을 밝힌다. 이대성, 『진리에 관한 다학제적 성찰: 폴 리쾨르의 해석학을 중심으로』(서울: 연세대학교출판부, 2009).

16) "언어적 전환"(linguistic turn)이라고 불리는 일련의 철학적 운동은 다양한 학제에서 일어난 복잡한 현상이다. 논리 실증주의, 일상언어철학, Speech-Act이론, 기호학, 구조주의, 해석학, 후기구조주의, 해체주의 등의 여러 사조에서 다양한 모습으로 표현되지만 가장 중요한 공통점은 언어를 매우 중요하게 여긴다는 점이다. "언어적 전환"이라는 용어는 1964년 Gustav Bergmann에 의해서 처음 사용된 후, Richard Rorty가 편집한 *The Linguistic Turn* (Chicago: University of Chicago Press,

리쾨르는 텍스트를 "쓰기에 의해서 고정된 담화"라고 정의한다.[17] 담화는 시공 속에서 일어나는 일회적 사건으로 시간이 흐름과 함께 사라진다. (〈그림 1〉 참고) 텍스트는 원래 담화였는데 고정됨으로 이 담화의 특성에 변화가 생긴다.[18] 담화가 고정되어 텍스트가 됨으로 텍스트는 원래의 화자, 청자, 상황과의 연결을 상실하게 된다.(〈그림 2〉 참고) 리쾨르에 의하면 텍스트의 해석은 이 상실된 연결을 회복하는 과정이다. 텍스트 속에 여전히 남아 있는 원래의 상황에 관한 지시적 표현들이 무엇인지 알아야 텍스트를 이해할 수 있는데, 이미 원래의 상황은 사라졌기 때문에 독자는 그 상황을 복원하는 데 애를 먹는다. 원래 담화가 일어났던 세계를 완전히 복원하는 것은 현실적으로 불가능하기 때문에, 원래의 일차적 상황과는 다르지만 텍스트의 이해를 위해 필요한 세계를 독자가 스스로 구축하게 된다고 리쾨르는 말한다. 이때 텍스트가 지시하는 세계는 원래의 실물적 대상의 세계가 아니기 때문에 이 세계를 "가능의 세계"라고 할 수 있다고 리쾨르는 말한다.[19] 텍스

1967)이 출판된 후 매우 널리 사용되고 있다. 참고: Anthony C. Thiselton, *New Horizons in Hermeneutics* (Grand Raids, Michigan: Zondervan Publishing House, 1992), 394; James Foder, *Christian Hermeneutics: Paul Ricoeur and the Refiguring of Theology* (Oxford: Clarendon Press; New York: Oxford University Press, 1995), 2, 171.)

17) "Text is discourse fixed by writing." Discourse는 담론, 언설 등으로 번역되기도 하나, 담화로 번역하는 것이 적절하다고 생각한다. 참고 폴 리쾨르/김윤성 옮김, 『해석이론』(서울: 서광사, 1999), 21, 옮긴이 주.

18) 리쾨르의 텍스트 정의를 폭넓게 적용하자면, 발화 사건을 통해 생성된 언어적 표현이 원래의 시간 공간에서 독립하여 고정될 때 모든 것이 텍스트로 간주될 수 있다. 이렇게 본다면, 노래, 신화, 우화, 그림, 조각, 건축물, 제의, 종교의식, TV, 영화, 연극, 연주 등이 넓은 의미의 텍스트에 포함된다.

19) 이 가능성의 세계가 허구적이지 않은가 하는 문제에 대해서는 언어와 현실 사이를 실재론적으로 이해하는 "비판적 실재론"이 관심을 갖고 있다. 이 논의는 리쾨르의 입장과 유사한 점이 많다. 참고: 황돈형, "언어와 계시: 현실적 언어와 종말론적 언

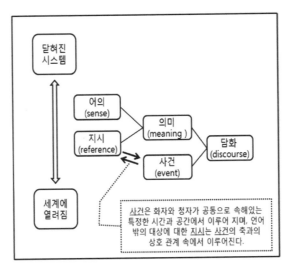

〈그림 1〉 담화에서 사건과 지시의 상호관계

트를 이해한다는 것은 "텍스트가 무엇을 말하느냐"에서 "텍스트가 무엇에 대하여 말하느냐"로 이동하는 것이고, 그 "무엇에 대하여"의 대상들은 원래의 화자와 청자와 상황이 속한 세계에서 찾아지는 것이 아니고, 텍스트와 독자 사이에 열려진 세계에서 찾아지는 것이다.[20] 이런 해석의 과정을 통하여 텍스트는 저자와의 관계에 있어서, 더 이상 저자의 의도의 구속을 받지 않는다.[21] 원래의 상황과의 관계에 있어서, 텍스트는 그 상황에서 독립하여 새로운 상황을 향하여 손을 뻗게 된다. 여기서 찾아지는 새로운 상황은 더 이

어," 「한국조직신학논총」, 20 (2008), 77.

20) Paul Ricœur, and John B. Thompson, *Hermeneutics and the Human Sciences : Essays on Language, Action, and Interpretation* (Cambridge Eng. ; New York; Paris: Cambridge University Press, 1981), 141,218

21) Ibid., 141.

상 원래의 청자의 세계에 속한 상황이 아니고, 독자의 세계에 속한 것이다. 텍스트와의 대화를 통하여 독자는 자신의 세계에 새로운 상황을 여는 것이고, 이로 인해 독자의 세계가 변형되게 된다. 리쾨르의 다음 표현과 같이 텍스트의 해석은 새로운 의미의 세계의 창조인 셈이다.

> 이처럼 세계와의 관계를 소거함으로써 각각의 텍스트는 발화 시점의 말에 의해 지시되는 환경적 실재를 대체하는, 다른 모든 텍스트들과의 관계 속으로 자유롭게 들어가게 된다. 우리가 말할 때 있었던 세계의 소실 때문에 생기게 된 텍스트와 텍스트 간의 관계는 유사세계(quasi-world) 즉 문학(literature)을 만들어내게 된다.[22]

리쾨르는 텍스트 해석의 구체적인 과정은 이해와 설명을 중요한 부분으로 포함하고 있다고 한다. 해석의 첫 번째 단계는 텍스트를 소박하게 그냥 이해하는 것이다. 이 단계는 추정(guess)의 성격을 띠고 있다.[23] 두 번째 단계인 설명은 추정한 것을 확인(validation)하는 단계이다. 이 단계는 텍스트에 대한 엄정한 과학적 탐구의 과정이다.[24] 설명과 이해는 서로를 교정 보

---

22) Ibid., 149.

23) Ricœur, *Interpretation Theory*, 75.

24) 설명에는 다음의 두 측면이 있다:(1) 경험을 통해 검증할 수 있는 것을 분석: 리쾨르에 의하면, 텍스트는 원래의 상황으로부터 분리되어 독립했지만, 원래의 관계를 완전히 무시하고 텍스트를 해석할 수 없다. 텍스트를 해석하는 과정은 필연적으로 텍스트 안에 암시된 원래의 저자와 청자와 상황을 재구성하는 것이 포함된다. 이 과정은 역사적, 고고학적, 문헌적, 비교인류학적 검증 등이 포함된다. 『진리에 관한 다학제적 성찰』, 74-76.; (2) 텍스트의 내적 관계의 분석: 텍스트는 외부와는 단절된 그 자체의 닫힌 세계로 간주될 수 있고, 그 내적 관계에 대해 과학적인 분석을 할 수 있다. 이런 분석은 기하학적인 정확성을 갖고 수행될 수 있다고 리쾨르는 말한다.

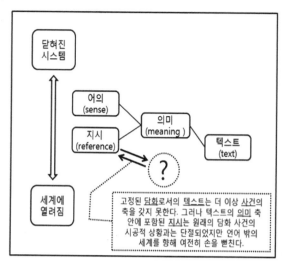

<그림 2> 담화가 텍스트가 됨으로 상실된 사건의 축

완해주면서 해석학적인 순환(herme- neutic circle)의 과정을 거치면서 텍스트에 대한 오해의 가능성을 축소한다. 이런 과정을 통해 텍스트의 규범적 의미(ideal meaning), 즉 허용되는 해석의 울타리가 만들어진다. 규범적 의미는 "해석의 기초가 되고 작동 원리가 되는 객관적인 축으로서, 해석은 그 축을 향해 진행된다. 이 축은 동일한 텍스트를 해석하는 모든 독자들이 공유하고 있는 축으로, 모든 타당한 해석들은 각자 다양성을 갖는다 해도 이 축을 통해 가족유사성과 비슷한 공통점을 갖게 된다."[25] 이렇게 찾아진 텍스트의

Ricœur, *Hermeneutics and Human Sciences*, 175.

25) 규범적 의미라는 용어는 슈나이더스(Sandra Schneiders)가 제시한 것인데, 리쾨르 자신의 용어는 아니지만 리쾨르의 텍스트 해석학의 핵심을 표현하고 있는 중요한 용어이다. Sandra Schneiders, *The Revelatory Text : Interpreting the New Testament as Sacred Scripture,* 1st ed (San Francisco: Harper San Francisco, 1991), 145.

의미는 텍스트에 의해 열려진 세계를 발견하는 것이다. 즉 텍스트가 속해 있는 지평과 독자가 속해 있는 지평이 만나서 융합되는 것, 그래서 독자가 확장되고 심화된 지평을 갖게 되는 것이 바로 텍스트 해석을 통해 일어나는 결과이다. 리쾨르는 이와 같은 새로운 세계의 발견은 필연적으로 자아의 변화(the transformation of self)를 수반한다고 한다. 해석이란 텍스트가 정해준 한 가지 답을 수동적으로 찾아내는 것이 아니고, 전체와 부분, 추정과 검증의 해석학적 과정에 독자가 능동적으로 참여해서 구축하게 된 세계 속에서 자아를 새롭게 이해하는 것이다.

> 따라서 이해한다는 것은 자기 자신을 텍스트 앞에서 이해하는 것이다. 그것은 텍스트에 우리의 유한한 이해의 역량을 부과하는 문제가 아니라, 우리 자신을 텍스트에 노출시키고, 텍스트로부터 확장된 자아를 돌려받는 것이다. 이렇게 확장된 자아는 주어진 세계가 제시할 수 있는 가장 적합한 방식에 상응되는 적합한 존재가 된다.[26]

『시간과 이야기』 1권, 1부의 마지막 장에서 리쾨르는 삼중의 미메시스(mimesis)라는 용어를 소개한다.[27] 리쾨르는 이를 미메시스 1, 미메시스 2, 미메시스 3으로 표기하고 풀어서 전-형상화(prefiguration), 형상화(configuration), 재-형상화(refiguration)라는 용어를 사용하기도 하는데, 이를 통해 텍스트 해석과 세계의 관계에 대해 깊은 이해를 할 수 있다.[28]

---

26) Ricœur, *Hermeneutics and Human Sciences*, 143.
27) 미메시스는 재현 행위로 번역할 수 있다. 폴 리쾨르/이경래 · 김한식 옮김, 『시간과 이야기 1』(서울: 문학과 지성사, 1999), 81.
28) 텍스트 해석학과 삼중 미메시스론의 상관성은 다음과 같이 정리할 수 있다. 미메시

미메시스1은 미메시스2를 가능케 해주는 조건이자 상황이다. 이것은 형상화가 가능하기 위하여 전제되는 행동의 상징적 구조(symbo- lic structure of action)를 말한다. 형상화가 아무리 창조성을 발휘한다고 해도, 그것은 선이해의 범위 안에서 이루어지는 것이다. 그리고 줄거리가 행동의 모방이기 때문에 모방해야 할 선행적인 행동 일반의 구조가 요구된다.[29] 리쾨르에 의하면 인간의 행동은 그것이 이야기를 통해 형상화되기 이전에도 이미 미메시스1의 상태에서 상징적인 관계성 속에 있다.[30] 이 구조는 텍스트의 생성과 해석이 가능하게 하는, 즉 저자와 독자가 이것을 떠나서는 존재할 수 없는 세계인 것이다.

시학적 구성인 미메시스 2는 미메시스 1의 기반 위해서 가능하다. 미메시스2는 형상화 혹은 줄거리 구성(emplotment)의 단계이다. 미메시스2는 다양한 사건들을 의미 있는 전체로 구성한다.[31] 구체적으로 이것은 서로 상이한 요소들, 예를 들어 행동의 주체, 목표, 수단, 상호작용, 상황, 예기치 못한 일등 모든 것을 생산적 상상력(the produc- tive imagination)을 통하여 하나의 이야기 속에 포함하는 것을 말한다.[32]

미메시스 3은 텍스트의 세계와 독자의 세계가 만나는 곳이다. 형상화를 통해서 구성된 가상의 세계와 구체적인 시간과 공간 안에서 일어나는 실제 행동으로 이루어진 독자의 세계의 교차가 발생한다.[33] 이 세계는 해석을 통

스1은 텍스트의 생산이 가능한 조건에 대한, 미메시스2는 텍스트 생산 과정 자체에 대한, 미메시스3은 텍스트의 해 석에 대한 설명이라고 볼 수 있다.

29) Paul Ricoeur, *Time and Narrative*, I (Chicago: University of Chicago Press, 1984), 54.
30) David Pellauer, "The Symbol Gave Rise to Thought," in *The Philosophy of Paul Ricoeur*, ed. Lewis Edwin Hahn (Chicago, Il: Open Court, 1995), 108.
31) Ricœur, *Time and Narrative*, I, 55.
32) Ibid., 65.

해서 만들어지는 세계이다. 리쾨르는 이 과정에서 독자의 역할이 중요하다고 강조한다. 독자는 텍스트에 이미 담겨있는 잘 정리된 의미를 수동적으로 받아들이는 것이 아니라, 능동적으로, 창의적으로 의미의 생산에 참여한다. 그러나 여기에서 저자의 역할도 중요하다 미메시스 2에서 어떤 작업을 했느냐에 따라 미메시스3에서 독자가 하는 역할의 방향과 폭이 결정된다.[34]

2. 리쾨르의 해석학에서 "세계"의 의미

지금까지 리쾨르의 해석학 중 텍스트 해석학과 삼중 미메시스론을 집중적으로 살펴보았다. 이 두 분석에서 리쾨르는 세계라는 용어를 많이 사용하고, 이 단어는 매우 중요한 키워드 중의 하나임을 우리는 알 수 있었다. 리쾨르의 해석학에서 세계라는 용어가 가진 특징을 다음과 같이 정리해볼 수 있다.

첫째, 세계는 언어 자체가 아닌, 언어와 독립된, 언어가 대응관계를 맺게 되는 실재이지만 항상 언어에 의해 매개된다. 세계라는 단어가 가진 일반적인 뜻 가운데 중요한 것이 언어 밖의 실재(extra-linguistic reality)이다. 언어 밖의 실재에 대한 믿음은 철학사적으로 뿌리가 깊고 특히 계몽주의에서 강조되는 신념 중의 하나인데, 진리대응론이나 소박한 실재론 등의 형태로 폭넓게 영향을 미치고 있다.[35] 리쾨르는 언어 밖의 실재가 있음을 인정하고

---

33) Ibid., 66.

34) Ibid., 77.

35) 이 입장에 따르면 인간의 언어 혹은 정신과 독립된 실재가 존재하고 인식은 정신과 이 세계의 대응관계를 통해 이루어진다. 외부의 실재는 변하지 않고, 객관적으로 존재하고, 언어나 정신은 그 외부의 실재를 거울처럼 반영한다고 말한다. John Dominic Crossan, *The Dark Interval : Towards a Theology of Story* (Sonoma, Calif.: Polebridge Press, 1988), 6.

언어와 언어 밖의 세계가 일정한 대응관계를 가져야 한다는 데는 이의를 달지 않는다. 그러나 그 언어 밖의 세계는 항상 문화의 상징적 틀을 통해 매개된다.[36] 미메시스1은 모든 형태의 의미 생산과 이해를 가능하게 해주는 의미의 개념망이다. 돌멩이 하나라도 그 자체로 존재하는 것이 아니고 의미의 개념망 속에서 특별한 의미를 갖고 존재한다는 것이 리쾨르의 입장이다.[37]

리쾨르에 의하면 텍스트 해석의 결과 일차적 세계를 대체하기 위해 창조된 이차적 세계도 언어와 대응관계를 갖는 실제적 세계로 여겨진다.[38] 텍스트를 이해한다는 것은 텍스트가 제공하는 다양한 실마리들을 취합하여 가능성의 세계를 창조적으로 구성하는 것이다.[39] 한 텍스트에 의해서 창조된 세계는 해석자가 그동안 갖고 있었던 총체적 의미의 세계와 전체-부분의 순환작용을 거치면서 구축된다. 해석을 통해 텍스트 앞에 투사되는 이 이차

---

36) 리쾨르는 인간이 텍스트를 만남으로서 비로소 "인간은 환경(situation)이 아닌 세계(world)를 갖게 된다"라고 말한다. (Ricœur, *Interpretation Theory*, 36.) 인간에게 세계는 이미 언어적으로 매개되어 이해된 것이고, 그렇지 않은 경우는 단순히 환경이라고 칭해야 한다.

37) 상식적인 차원에서 객관적인 실재의 존재를 의심하지는 않지만 모든 실재의 의미는 어떻게 해석하느냐에 따라 달라진다는 견해로서 해석학적 실재론의 한 형태로 볼 수 있겠다. 참고. 김영한, "기독교 세계관의 독특성 - 개혁주의 관점에서," 「기독교철학」 3 (2007), 38; 김영한, "기독교 인식론으로서 해석학적 실재론," 「기독교철학」 9 (2009), 1-19.

38) 엄밀하게 말해서 이 이차적 세계는 일차적 세계와는 다르기 때문에 리쾨르는 이를 "유사세계 (quasi-world)"라고 표현하기도 한다. Ricœur, *Hermeneutics and Human Sciences*, 149; 이차적 세계가 일차적 세계를 대체할 수 있는 이유는 일차적 세계도 미메시스1을 통해 이미 언어의 형태로 매개되었기 때문이다.

39) "예술과 텍스트의 이해에서 중요한 것은 그것이 묘사하는 대상 자체가 아니라 그것이 만들어내는 세계이다. 그 세계는 경험의 지평을 제공하는데 그것은 대상이나 사람들에 의해서 완전히 파악되지 않고, 이런저런 방식으로 재현된다… 세계라는 용어를 쓰는 것은 그것이 대상이나 상황으로 다 대치될 수 없기 때문이다." Charles Reagan, *Paul Ricoeur - His Life and His Work* (Chicago University Press, 1996), 108.

적 세계는 텍스트와 대응관계를 맺지만, 그 관계의 성격은 일차적 세계와의 관계와는 아주 다르다. 이 세계는 고정되고 객관적인 세계가 아니고, 해석자의 생산적 상상력에 의해 창조된 세계이다. 대응관계는 더 이상 기계적이거나 수동적이지 않고 능동적이고 창조적이 된다. 그리고 이 세계는 고정되거나 완성된 것이 아니고 항상 변하고 자란다. 그러나 그렇다고 이 이차적 세계를 허망한 상상의 산물 정도로만 취급해서는 안 된다. 리쾨르에 의하면 이 세계는 텍스트의 해석자가 실제로 거주하는 유일한 세계이다.

둘째, 세계를 통일성 있는 전체로 만들어주는 정합성(coherence)은 논리적 일치관계가 아니고 창조적 줄거리 구성에 의존한다. 철학에서 세계는 아무 관련 없는 잡다한 것의 집합이 아니고 통일성을 가진 총체로 여겨진다. 세계를 통일성 있는 체계로 만들어주기 위해서는 세계 내에 존재하는 모든 것이 정합적인 관계를 맺고 있어야 하는데, 흔히 이 정합성은 논리적인 일치나 경험적 검증을 통해 이루어진다고 생각한다. 스노우(C. P. Snow)같은 학자는 과학은 세계를 이해하는 가장 이상적인 모델로서 벽돌을 한 장씩 쌓아 구조물을 만드는 것처럼 정합적인 관계를 발전시켜 세계에 관한 지식의 체계를 이룰 수 있다고 주장한다.[40] 그러나 리쾨르의 해석학에서 세계를 통일성 있는 전체로 묶어주는 것은 논리적 관계가 아니고 허구나 역사 이야기의 창조적 줄거리 구성(creative emplotment)과 유사한 것이라고 말한다.[41] 이야기를 한다는 것은 이질적인 다양한 요소들, 예를 들어 인물, 사건, 의도, 원인 등과 같은 것들을 하나의 일목요연한 주제에 맞춰 엮는 것이다. 좋은

---

40) C.P. Snow는 이 이유 때문에 인문과학은 자연과학에 비해 열등한 학문이라고 주장한다. Crossan, *The Dark Interval*, 35.

41) 리쾨르는 줄거리 구성 (emplotment), 형상화 (configuration), 시적 구성 (poetic composition) 등의 용어를 혼용해서 사용한다.

이야기에서는 이 모든 이질적인 것들이 서로 유기적으로 연결되어서 하나의 좋은 주제를 드러내게 된다. 리쾨르에게 세계는 의미 있는 것들의 총체라고 말할 수 있겠고, 이 세계는 전체의 통일성을 드러내려는 미학적 동기에 의해 끊임없이 갱신되어간다.[42]

셋째로, 리쾨르에 해석학에서 세계관은 세계와 분리하여 생각할 수 없다. 텍스트 해석의 결과 이루어지는 지평의 융합이나 삼중적 미메시스를 통해 이루어지는 전형상화, 형상화, 재형상화의 순환관계를 고려해 볼 때, 세계와 떨어져서 세계를 볼 수 있는 관점이 존재할 수 있는지 의문을 갖게 된다. 미메시스1은 의미의 생산과 이해를 가능케 해주는 의미의 망 혹은 틀을 포함하는데, 이것들은 세계와 독립하여 존재하는 것이 아니고 세계의 한 부분이다. 해석의 결과 계속 넓어지는 지평, 계속 확장되는 의미의 세계, 모든 의미의 총체를 담고 있는 큰 그림 혹은 지도, 이런 것들이 세계를 바라볼 때 일종의 틀을 제공하지만, 그것 자체가 또한 세계이다. 이런 점에서 리쾨르에게는 세계상(World Picture)이 세계관(World View)의 기능을 수행한다고 생각할 수도 있다.[43]

---

42) Wallace는 허구나 역사 이야기가 다양성 가운데 통일성을 추구하는 것은 미학적인 동기에 의한 것이라고 지적하는데, 그것을 확대하여 세계를 의미 있는 전체로 파악하려는 동기도 미학적이라고 할 수 있겠다. Mark I. Wallace, "Introduction" to *Figuring the Sacred: Religion, Narrative, and Imagination*, by Paul Ricoeur, ed. Mark I. Wallace (Minneapolis: Fortress, 1995), 12.

43) "나는 은유와 이야기가 독서를 통하여 인간의 경험의 숨겨진 차원을 드러내고 이 세계를 보는 눈을 바꿈으로 실재를 재구성한다고 주장하게 되었다." Paul Ricoeur, "Intellectual Biography," in *The Philosophy of Paul Ricoeur*, 47; 참고: 김영한, "기독교 세계관에 대한 철학적 성찰," 8 (2009), 16.

IV. 리쾨르와 사이어에 있어서 세계의 의미 비교

1. 외부의 실재와의 대응에 대해

리쾨르 해석학의 세계 개념과 사이어의 기독교 세계관은 어떤 연관이 있는가? 우선 외부 실재와의 관계에 대해서 사이어도 이 문제가 세계관 논의에서 중요한 주제임을 명확히 밝힌다. 세계관을 "실재의 기본 구성"에 대한 견해라고 정의했고, 세계관을 구성하는 일곱 가지 명제 중에 외부의 실재에 관한 것이 포함되어 있다. 외부 실재가 세계에 관한 논의에서 핵심적인 주제라는 것에는 두 사람이 동의하지만, 그 내용을 살펴보면 대조되는 점이 많이 발견된다.

리쾨르에게 외부의 실재는 항상 언어를 매개로 우리에게 다가오기 때문에, 소박한 실재론은 배제된다. 그리고 우리에게 의미가 있는 실재는 (그 뿌리는 물리적 세계에 있을지라도) 항상 언어에 의해 상징적으로 표현되기 때문에 이 이차적 세계가 우리에게는 가장 실제적인 세계이다. 의미의 생산, 소통, 이해 등에 나타나는 "세계와의 대응관계"는 물리적 세계와 직접적으로 맺는 관계가 아니고, 언어적으로 구축된 유사 세계(quasi-world)와 맺게 되는 것이다. 이 유사 세계는 언어적 요소로 구성되어 있으므로, 대응관계는 단순한 반영이 아니고 창조적 생산의 관계가 될 수도 있다. 실재에 대한 정당한 이해를 판단하는 기준은 거울처럼 얼마나 동일하게 물리적 실재를 반영했느냐가 아니라 어떤 가능성의 세계를 창조했느냐가 된다.

사이어의 외부 실재에 대한 견해를 가장 확실하게 드러내는 것은 "하나님만이 모든 존재의 근거가 되시고 모든 존재의 궁극적 목적이 되신다"라는 문장이다.[44] 모든 실재는 하나님에 의해서 무로부터 창조되었고, 모든 실재는 하나님의 속성을 반영하는 인과율과 같은 명백한 질서와 규칙의 지배를 받지만 모든 것이 결정되어 있는 것은 아니다. 이것을 사이어는 "재조정에 대해 개방되었다"라는 말로 표현한다.(42) 인간이 주변 세계에 대한 올바른 지식을 가질 수 있는 능력은 하나님의 형상을 통해 설명된다. 인간 지식의 기초는 하나님이다. 하나님이 모든 사물에 대한 모든 것을 아시는 인식자이 므로, 하나님의 형상대로 지음 받은 인간도 인식자가 될 수 있다.(46) 또한 인간은 하나님으로부터 창조성도 부여받았다.(45) 로고스는 하나님의 영원한 속성 중 하나인데, 이는 논리성, 지성, 합리성, 의미 등과 같은 것으로 하나님께 내재하는 것이고, 이 지성으로부터 세계가 나왔기 때문에 세계에는 구조와 체계와 의미가 있는 것이다.(48) 그런데 인간이 궁극적인 초월자인 하나님으로부터 돌아섬으로 인간의 지성은 손상되어, 인간은 더 이상 주위 세계에 대해 완전히 정확한 지식을 얻을 수 없게 되었고, 논증 역시 항상 오류를 범할 수밖에 없게 되었다.

이상이 사이어가 외부의 실재에 대해, 그리고 실재에 관한 인식의 근거에 대해 가진 기독교 세계관의 입장을 개진한 것이다. 리쾨르의 세계 개념과 비교해볼 때 여러 점에서 차이가 발견된다. 사이어에게 실재의 존재나 실재에 관한 인식의 근거는 하나님이다. 인간의 지식과 실재가 직접 대응하여 정당한 인식이 생기는 것이 아니고, 하나님을 매개로 하여 (하나님의 동일한 속성이 인간과 세계에 내재되어 있기 때문에) 가능하다는 입장은 소박한 실재론과는 차별된다는 점에서 리쾨르의 입장과 유사하다고 말할 수 있다. 리쾨르에게서 세계는 항상 언어적 상징의 체계를 통해 매개된다면, 사이어에

----

44) 사이어, 『기독교 세계관과 현대사상』, 35. 이하 본문 속 괄호 안의 숫자는 같은 책의 페이지임.

게서 세계는 하나님의 로고스를 통해 매개되는 셈이다. 그러나 언어적 상징의 체계는 이해의 지평의 확장을 통해 항상 움직이는 체계이고 하나님의 로고스는 영원불변한 원칙으로 받아들여진다는 점에서 양자의 차이는 두드러진다. 다른 면에서 보면, 사이어의 실재관은 소박한 실재론보다도 더 강력한 실재론으로 변모될 수 있다. 외부의 실재와 일대일 대응 관계를 통해서 얻은 지식의 체계가 나름대로 합리적이라고 판단될 때, 이것이 하나님의 영원한 속성에 내재하는 합리성의 반영이라고 주장하여 신적 재가를 부여받게 되면 그 지식의 체계는 절대적인 진리가 되어 버린다. 사이어의 실재관에서는 철저한 진리대응론이 가능해진다. 천동설에 관한 교회의 반응에서 보이듯이, 자칫 잘못하면 이런 입장은 어떤 특정한 역사적, 문화적 상황에서 보편적으로 진리라고 여겨지는 것을 절대적 진리로 신성화하는 오류를 범할 수 있다.

2. 정합에 대해

리쾨르의 세계 이해에 있어서 또 다른 중요한 주제가 정합이었다. 리쾨르에게 세계의 정합성에 관한 논의가 중요한 것은, 그에게 세계는 일차적인 물리적 세계가 아니고 언어적 상징의 체계에 의해 매개되어 다가오는 이차적 세계이기 때문이다. 앞에서 살펴본 것처럼 리쾨르의 세계의 정합성은 법칙이나 규칙과 같은 논리적인 일치에 의존하는 것이 아니고 창조적 줄거리 구성에 의존한다. 리쾨르가 이해하는 세계의 정합성은 건축물의 모델보다는 소설이나 영화의 모델과 더 유사하다.

사이어도 세계를 이해하기 위해 정합성이 필요하다는 것에 동의한다. 그런데 사이어의 경우는 "세계관"의 정합성(the coherent worldview)과 "세계"의 정합성(the coherent world)을 구별하여 분석할 필요가 생긴다. 그의 세계관 논의에서 정합성은 중요하며 포괄적인 의미를 갖는다. 그는 세계관이 "이야기나 일련의 명제들에 의해서 표현된다고" 했다. 이야기는 다양한 사건들을 일관된 주제로 배열한 것으로 기독교적 세계관의 경우 창조, 타락, 회복, 종말의 주제가 펼쳐지는 이야기이다. 이 이야기 속에서 세계의 역사는 많은 이질적인 요소에도 불구하고 한 목표를 향해서 직선적으로 통일성을 갖고 움직인다.(58) 그가 제시한 중요한 일곱 가지 질문에 관한 명제들은 각각 참이어야 할 뿐 아니고 전체적으로 일관성을 보여야 한다. 또한 그가 적절한 세계관을 택하는 기준으로 거론한 "내적인 지적 통일성"이나, "주관적인 만족도" 등도 정합성과 밀접한 연관이 있다. 세계에 대한 하나의 관점을 구성하는 다양한 요소들은 이와 같이 정합적인 관계를 이루고 있어야 하는데, 그 정합성은 단순한 논리적 정합을 넘어서는 포괄적 정합성이라는 것은 확실해진다. 세계관은 의식적인 요소와 무의식적인 요소를 다 포함하고 일관적이지 않은 부분도 포함하며 주관적인 요소도 포함한다. 이런 점에서 볼 때, 사이버의 경우, 세계관의 정합성의 기준 속에는 리쾨르가 강조하는 인간의 능동적이고 창조적인 기여의 여지가 어느 정도 있다고 판단할 수 있다.

그러나 사이어가 여러 종류의 세계관을 비교해보고, 기독교적 세계관이 가장 우월한 세계관이라고 결론을 내리고 난 후, 그가 세계(세계관이 아니고 실재의 세계)에 관해 설명하는 것을 보면, 세계는 명확하게 논리적으로 일목요연한 정합관계로 구성되어 있는 것으로 묘사된다. 위에서 살펴본 것처럼, 사이어는 실재의 세계가 하나님의 로고스를 반영하기 때문에 법칙과 규칙성에 의해서 통일성을 갖는다고 말한다. 세계를 정합의 관계성으로 볼 수 있는 유일한 근거는 동일한 하나님이 로고스의 원리에 의해 세계를 창조하시고, 그 로고스를 인간에게 부여하셨기 때문이라고 그는 주장한다. 이런 점에서 볼 때, 사이어의 경우 대응과 정합을 분리하여 생각할 수가 없다. 이런 종류의 정합성은 그가 세계관에 관한 논의를 할 때 적용했던 포괄적 정합성과는 다른 엄격한 논리적 정합성이다. 리쾨르의 경우는 실재의 세계 자체는, 미메시스에 관한 논의에서 드러나듯이, 항상 언어를 통해 상징적으로 매개되어 인식된다. 사이어의 경우 세계의 정합성이란 우리가 생산적 상상력이나 형상화 등을 통해 능동적으로 구성하는 것이 아니고, 하나님이 이미 세계 속에 묻어놓은 질서를 수동적으로 찾아내는 것이다. 또한 리쾨르의 경우 해석의 결과로 구성되는 텍스트의 세계는 일정한 범위 안에서 다양성을 가질 수 있음에 반해, 사이어의 경우는 단 하나만의 바른 방식의 적합성만이 세계를 구성하게 된다. 세계를 인과율의 지배를 철저하게 받는 완결된 체계로 인식하는 자연주의의 세계관과 사이어의 다른 점은 후자의 경우 그러한 법칙이 하나님에 의해서 매개되고 보증된다는 점일 뿐이다(84-85).

이상에서 살펴본 것처럼 리쾨르와 사이어의 정합에 대한 이해는 여러 면에서 다르다. 리쾨르의 경우 세계가 당연하게 정합적인 것은 아니다. 그러나 세계가 무질서하고 파편적이어서 아무 의미를 가질 수 없는 것도 아니다. 리쾨르에 의하면 인간은 세계가 의미가 있다는 신념을 갖고 이질적인 요소들을 이렇게 저렇게 배열하면서 모든 것을 아우를 수 있는 정합적인 이야기 줄거리를 찾아내려고 노력한다. 정합이라는 주제는 가능성, 창조성, 능동적 참여와 밀접한 연관이 있다. 사이어의 경우는 올바른 세계관을 선택하기까지는 우리가 정합성을 확보하기 위한 능동적이고 주관적인 참여를 해야 하지만 일단 기독교 세계관을 택하고 나면 세계의 정합성은 확실하게 고정되어 있고, 우리는 그것을 수동적으로 인식하면 될 뿐이다.

V. 기독교 종합대학에서 바람직한 세계관 논의의 방향

위에서 살펴본 사이어의 기독교 세계관은 한국 교회 기독교인들에게 큰 영향을 주어왔고, 기독교 종합대학에 속한 많은 기독교 교수들에게도 잘 알려져 있다. 사이어의 세계관은 이미 기독교를 믿는 사람들로 하여금 관심을 신앙이나 교회에서 너 넓은 곳으로 확대해 문화의 모든 영역에서 하나님의 뜻을 발견하라는 가르침을 주었다는 점에서 중대한 공헌을 했다고 평가할 수 있다. 기독교 세계관은 교회라는 현장에서는 큰 설득력이 있다. 그러나 기독교 종합대학이라는 현장에서 볼 때 사이어 식의 기독교 세계관은 몇 가지 한계를 가진다.[45] 1970년대 이래 확산된 언어적 전환 이후의 학문적인 풍토에서 사이어의 실재에 관한 소박한 낙관론(실재 자체의 질서 있는 구조와 그것을 이해할 수 있는 인간의 지적 능력에 관한 확신)과 그에 근거한 배타적인 진리관은 많은 도전을 받을 것이 분명하다. 사이어의 정합에 관한 입장도 획일적인 정합성을 지향한다는 점에서 기독교 종합대학의 상황에서는 설득력을 갖기가 힘들다. 대학의 학문적인 풍토에서 타협이나 대화의 여지가 없는 절대적이고 배타적인 입장을 주창하는 것은 쉬운 일은 아니다. 특히 기독교 신학의 전통 자체가 다양성을 포함하고 있는데, 만일 사이어의 입장

---

45) 이신형은 기독교 대학에서 기독교 세계관에 입각한 학문활동을 하는 것이 중요하다고 지적한다. 그러나 기독교 세계관이 구체적으로 무엇인가에 대해서는 논란의 여지가 있음을 언급한다. 창조과학회의 입장이 그것인지, 아니면 한국기독교 대학협회가 번역 출간한 "신앙의 눈으로 본…" 시리즈가 그것인지 명확하게 규정하기 힘들다는 것이다. 이신형의 논문은 기독교종합대학에서 기독교 세계관이 매우 중요한 주제가 됨을 강조한다는 점에서 본 연구의 선행연구적인 역할을 하고 있다고 볼 수 있다. 이신형, "기독교 대학 정체성 회복을 위한 연구," 「한국조직신학논총」 40 (2014), 150, 151, 156.

을 받아들인다면 우리는 가톨릭, 동방정교, 개신교 중에서 어느 전통이, 그리고 더 나가 개신교 중에도 어느 교파가 세계를 바로 이해하고 있는지 결정해야 할 것이다. 왜냐하면, 사이어에 의하면 단 한 가지의 올바른 세계관이 있기 때문이다.

그렇다면 리쾨르의 세계 개념은 어떻게 기독교 종합대학의 현장에서 효과적이고 설득력 있는 기독교 세계관 논의를 하는 데 도움을 줄 수 있는가? 사이어의 세계관이 명백하게 기독교적인 내용을 담고 있다는 점을 생각할 때, 우리는 우선 리쾨르의 세계에 대한 설명이 기독교적인지를 짚어 보아야 할 것이다. 리쾨르의 철학체계가 가진 기독교적 성격에 대해서는 많은 논의들이 있어왔다.[46] 리쾨르는 구체적으로 성서의 본문이나 기독교 교리를 다룬 적도 있었지만, 그렇지 않을 때도 그의 주 관심은 이야기와 상징을 통해 드러나는 인간의 종교적 경험이었다. 인간의 자유와 필연의 문제, 악의 기원, 선의 가능성, 용서의 문제, 아가페, 초월, 희망, 종말과 같은 기독교적인 주제가 그의 철학에서 중요한 부분을 차지하고 있다.[47] 그는 사적으로는 기독교인이었지만 가능한 한 철학의 논리로만 그 주제들을 탐구하려 했고,[48] 기독교인과 비기독교인 모두에게 그의 이러한 노력은 인정을 받고 있다. 리쾨르는 기독교 세계관의 내용을 (예를 들어 창조, 타락, 구원) 구체적으로 규정하지 않는다. 그는 기독교의 성서와 전통을 해석하는 것 자체가 기독교 세

---

46) 이 주제를 다룬 글로는 다음을 참고. David Steward, "Ricoeur on Religious Language" in *The Philosophy of Paul Ricoeur* (1995) 423-442; 윤성우, 『폴 리쾨르의 철학』 (철학과 현실사, 2004) 127-140; 정기철, 『상징, 은유, 그리고 이야기』 (문예출판사, 2002) 341-372.

47) Karl Simms, *Paul Ricoeur* (New York: Routledge, 2003) 9, 10, 13, 27, 125.

48) Paul Ricoeur, "Reply to David Stewart," in *The Philosophy of Paul Ricoeur* (1995) 443, 446.

계관의 내용이 되어야지 그것과 별도로 결론적인 명제를 제시하는 것은 적절하지 않다고 생각한다. 기독교 신앙의 내용을 철저하게 비기독교적인 방식으로 해명하려고 했던 그의 노력은 종합대학이라는 현장에서 특별한 매력을 가질 수 있다고 생각한다.

리쾨르의 세계에 대한 이해를 수용하면서 기존의 기독교 세계관 논의를 기독교 종합대학의 상황에 적합하게 발전시키려면 어떤 점에 주목하여야 하는가?

첫째로, 기독교 종합대학에서의 세계관 논의는 다학제적 특성을 가진다는 점을 인식해야 한다. 이 특수한 현장에서 세계관 논의는 신학이 중심이 된 학제간 대화의 성격을 갖는다. 신학은 상대 분과의 독립성과 전문성을 침해하지 않으면서 신학과의 대화가 매우 유익하고 필수적이라는 것을 설득할 수 있어야 하고, 기독교 세계관 논의의 발전은 신학이 다른 학제를 지도하는 방식이 아니고, 각 학제의 내부적인 논리적 귀결로서 신학과의 대화가 요청되는 방식으로 진행되어야 하며, 신학 자체에도 수정할 부분이 발견될 수 있다는 것을 받아들여야 한다. 교회 안에서는 기독교적 세계관이 모든 것의 확고 불변한 근거가 되지만, 종합대학의 장에서는 그런 접근은 학제간 대화 자체를 단절시켜버린다. 신학만큼 학제간 연구를 위해 준비된 학제는 없다. 신학이 각 개별 학제와 대화를 진행하다 보면 자연스럽게 신학과 모든 학제간의 대화가 이루어지게 되고, 그 과정에서 기독교 세계관은 윤곽을 더 드러내게 될 것이다. 리쾨르가 했던 것처럼, 기독교적 진리에 대한 확신을 갖고, 모든 반론에 대해 차분하게 논리적으로 대응하면서, 기독교적 세계관이 가진 넓이와 깊이를 서서히 드러내려는 여유가 필요할 것이다. 일반 학문에서, 연구가 주어진 학제에 머무르지 않고 학제의 장벽을 넘게 되는 이유는 한 학제 안에 갇혀서는 해결할 수 없는 논리적, 실용적, 혹은 가치적으로 복합적인 문제가 드러났기 때문인데, 다학제적 연구로서의 기독교 세계관 논의는 이와 같은 요구에 대해 여러 가지 해결방안을 제시할 수 있다. 기독교 세계관은 기독교 대학 안에서 선도적이고 수월성을 갖춘 다학제적 연구의 모범으로 자리 잡아 학풍의 핵심적인 요소로서의 역할을 할 수 있다.

둘째로, 기독교 세계관 논의는 인문학과 더 밀접한 대화를 진행하여야 한다. 종합대학이라는 학문의 장에서 신학은 인문학과 매우 가깝다. 오늘날 인문학의 위기라는 말을 많이 듣게 되는데 인문학의 위기는 곧 신학의 위기로 귀결된다. 과학기술과 실용이 강조되는 현대 사회에 과학과 공학만이 세계에 관한 올바른 지식을 줄 수 있다는 과학주의가 대학 내에서도 팽배해있는데, 기독교 대학에서는 과학적 지식의 의의와 한계에 대해 대학 구성원들의 공통된 인식이 있어야 한다.[49] 이 작업은 모든 인문학에 속한 학제가 공동적으로, 그리고 이·공계에 속한 학자들이 인문학적인 사고를 함으로 이루어질 수 있다. 리쾨르의 해석학 안에서는 이해와 설명이라는 측면을 통하여 인문학적 진리와 과학적 진리의 모델이 유기적으로 통합되어 있다는 점에서, 그의 해석학은 이와 같이 복잡한 다학제적 상황 속에서 매우 유용한 학문적 소통의 도구가 될 수 있다.

셋째로, 기독교 종합대학에서의 기독교 세계관 논의는 배타적이지 않은 다면적인 진리이해에 입각해서 진행되어야 한다. 기독교 세계관 논의에서 우리는 배타적인 진리관을 조심해야 한다. 왜냐하면 이런 입장은 대화 자체

---

49) 최근 학계에서 최재천 교수와 윌슨의 통섭이라는 개념이 아무 비판 없이 수용되고 있는데, 이들이 말하는 통섭은 다윈적 세계관(Darwinian worldview)으로서 환원주의 성격을 띠는 과학주의(scientism) 주장의 일종임을 비판적으로 고찰할 필요가 있다. Brian Baxter, *Darwinian Worldview: Sociobiology and Environmental Ethics and the Work of Edward O. Wilson* (Abingdon, Oxon, GBR: Ashgate Publishing Group, 2007), 155, 158, 165.

를 단절하기 때문이다. 리쾨르의 해석학에서 진리의 중요한 특징은 개방성에 있다. 설명의 단계를 통해 텍스트에 대한 철저한 과학적인 검증을 모두거치고 나서 우리에게 남겨지는 것은 한 가지 고정된 해석이 아니고 다양한해석이 가능한 의미의 범위이다. 마치 대가의 작품은 똑같은 악보를 갖고 연주를 해도 무수히 다른 연주가 나오는 것처럼 하나님과 하나님이 창조한 세계는 어느 누구도 전체를 다 이해할 수는 없고, 다양한 해석이 많이 나올수록 더 잘 이해하게 된다는 생각을 해볼 수 있다.

VI. 결론

본 연구는 오늘날 중요한 신학의 장으로 여겨지는 기독교 종합대학 현장에서 가장 시급하게 여겨지는 문제를 주제로 삼았다는 점에서 중요한 신학적 관심을 표방하고 있다. 그동안 신학은 주로 기독교인이나 목회자를 위한 학문으로 여겨져 왔고, 교단 신학교에서 이루어졌다. 그러나 점차로 기독교 종합대학에서 연구하고 교수하는 신학자들의 숫자가 늘어나고, 그 영향을 받는 비기독교인 학생들과 교수들이 많아지고 있다. 기독교 종합대학 내의 여러 신학적 과제 중 기독교를 중심으로 한 다학제간의 통합적 연구는 학문적으로 그 우선순위가 매우 높은 과제임이 틀림없다. 기독교 종합대학 내에서 학문을 하면서 세계관에 관한 논의를 피할 수는 없다. 세계관에 관한논의는 다른 모든 통합적 연구의 토대가 될 것이다. 비기독교인 교수, 학생들을 상정하고 기독교 세계관 이론을 점검하고 설득력 있는 모습으로 완성하는 것은 기독교 종합대학의 신학자들에게 주어진 중요한 과제이다.

리쾨르의 "해석에 의해 열려지는 세계"라는 개념을 기독교 세계관 논의와 접목할 때, 기독교 종합대학의 기독교 세계관 논의는 새로운 차원으로 발전될 수 있다. 이런 논의는 다학제적이고, 인문학적이며, 다양성을 포용하는 논의가 될 것이다. 기독교 세계관에 관한 논의가 발전되고 확산된다면, 신학과 다른 학문의 교류가 확대되고, 기독교 종합대학 내의 모든 분과가 기독교적 설립이념을 연구와 교육 영역에서 더 충실하게 구현하게 될 것이다. 이를 통해 기독교가 사회에 미치는 영향력이 증대되고, 교회도 비기독교인들과의 학문적인 소통을 통해 자신의 입장을 객관화하여 검토하는 기회를 얻게 됨으로 사회로부터 더욱 신뢰를 받는 계기가 될 것으로 기대한다.[50]

---

50) 오늘날 교회가 맞고 있는 심각한 위기를 극복하기 위해서는 세계관의 개조가 필수적이라는 주장은 설득력이 있다. 이를 위해서 기독교 대학에게 중요한 사명이 맡겨져 있다. 김희헌, "기독교 신학의 내적 딜레마에 대한 과정사상의 응답: 실체철학의 종말과 범재신론의 도래," 「한국조직신학논총」 27 (2019), 73.

기독교 대학의 학풍
: 윤동주와 연세 학풍*

I. 서론

윤동주 시인은 연세대학교의 학풍 형성에 이바지한 다른 인물들과는 여러 면에서 차별이 된다. 그는 학자도 아니었고 교수도 아니었으며, 많은 저술을 남기거나 제자를 둔 것도 아니었다. 그가 연세대학교와 맺은 인연은 4년 동안 연희전문학교에 다닌 것이 전부였다. 그는 1945년 2월, 29세의 젊은 나이에 세상을 떠났다. 그가 죽고 나서 그를 기억하는 사람들은 그의 가족과 몇몇 가까운 친구들뿐이었다. 그때까지 아무도 그가 연세의 역사는 물론 우

---

* 이 글은 "연세학풍이 피운 꽃, 윤동주"라는 제목으로 『연세의 개척자들과 연세학풍』
(서울: 연세대학교 대학출판문화원, 2015)에 수록된 것을 이 책의 주제에 맞춰 수정
한 것이다.

리나라 역사에서 특별한 인물로 기억될 것으로 생각하지 못했다. 그러나 1948년 그의 유고집이 『하늘과 바람과 별과 시』라는 제목으로 출판되어 그의 시와 생애가 알려지게 되면서 그는 짧은 기간 안에 수많은 사람들의 마음 속에 한국을 대표하는 시인으로 자리 잡게 되었다.

일반적인 '학풍'의 관점에서 그가 얼마나 큰 영향을 끼쳤는가를 말하기는 쉽지 않아 보인다. 그렇지만 부인할 수 없는 사실은 연세가 배출한 인물 중에 윤동주만큼 연세인은 물론 한국인 전체와 세계인에게 큰 영향을 끼친 사람은 찾아보기 힘들다는 것이다. 윤동주가 연세 학풍에 끼친 영향을 논하기 위해서는 학풍이라는 개념에 대해 포괄적으로 접근할 필요가 있다. 학풍을 "학문에서의 태도나 경향"이라는 좁은 뜻뿐만 아니라 교풍(校風), 즉, "학교 특유의 분위기와 기풍"도 포함하는 것으로 넓게 이해해야 한다. 이렇게 접근할 때 우리는 윤동주가 연세 학풍의 최대 수혜자(受惠者)이며 동시에 최대 시혜자(施惠者)라는 것을 확인할 수 있을 것이다. 즉, 연세의 학문적인 풍토와 기풍이 윤동주가 그의 재능을 최대한 발휘하는 데 최적의 환경을 제공했으며, 또한 윤동주는 고도의 사상적, 미학적 작업을 통해 연세의 전통에 바탕을 두면서 연세와 민족과 인류가 공감할 수밖에 없는 성찰과 이상을 보여줌으로 연세 학풍의 발전에 크게 이바지한 것이다.

윤동주는 평생 학생이었다. 취학연령 이후 그의 경력은 입학, 전학, 진학 등으로 계속 연결된다. 그의 묘비의 약력을 보면 학력 외에 별것이 없다. 윤동주의 삶이 훌륭했다면 그 이유는 그가 계속 학생으로 충실한 생활을 했기 때문이다. 이 글에서는 윤동주의 생애를 그가 다녔던 학교를 중심으로 재구성해보려고 한다. 또한, 그의 고향인 명동촌의 역사와 옥사 이후 그의 시집 『하늘과 바람과 별과 시』가 출판되기까지의 경위도 윤동주의 삶과 시를 이해하는데 매우 중요함으로 함께 포함하려고 한다. 윤동주의 삶을 재조명하면서 우리는 그의 시는 하늘에서 툭 떨어진 것이 아니고 그가 다녔던 학교의 학풍의 영향 아래, 시대적, 실존적 한계에 대항하여 의미 있는 삶의 가능성을 찾기 위해 고투하는 가운데 형성되었으며, 이 과정을 통해 민족, 기독교, 문학이라는 세 이념이 고차원적으로 융합되어 그의 시 세계의 핵심 사상을 이루게 되었다는 것을 확인하게 될 것이다.

II. 윤동주의 생애

1. 윤동주의 고향 명동촌의 역사

모든 전기에는 한 인물이 태어난 고향에 대한 언급이 있기 마련이지만, 대부분 요식절차로 간단하게 언급되거나 유년 시절의 배경 정도로 소개된다. 그러나 윤동주의 고향인 명동촌의 경우는 사정이 다르다. 명동촌의 역사에 대해 더 많이 알수록 우리는 윤동주의 사상과 시를 더 깊게 이해할 수 있고, 또 왜 그가 운명적으로 그런 생애를 살고, 그런 죽음을 맞이했는지 더 깊이 공감하게 된다.

명동촌은 만주 땅 북간도에 자리 잡고 있다. 김응교는 만주지역의 전반적 특징으로 첫째, 지리적인 주변성, 둘째, 종족적인 디아스포라적 특성, 셋째, 문화적인 혼종성을 들 수 있다고 언급했는데, 이는 19세기 말 이 지역의 일반적인 상황을 잘 지적한 것이다.[1]

---

1) 김응교, "윤동주와 걷는 새로운 길 1. 명동촌: 유교·민족·기독교 공동체," 「기독교사상」 650(2013.2), 221.

명동촌은 1899년에 새로운 공동체를 이루기 위한 집단이주자들에 의해 계획적으로 형성되었다. 이주에 동참한 가족들은 두만강변 종성과 회령에 거주하던 문병규, 김약연, 남도천, 김하규의 가문이었다.[2] 이들은 미래가 안 보이는 민족의 처지를 한탄하며 어떤 돌파구가 있을지 같이 염려했다.[3] 선비 동학군이었던 김하규(문익환 목사의 외조부, 당시 38세)는 김약연(당시 32세)과 협력하여 땅을 구입하고, 가까운 가문들의 뜻을 모아 집단 이주를 주도했다. 마침내 1899년 2월 18일에 총 141명의 식구가 이주를 단행했다. 윤동주네 윤씨 가문 총 18명의 식구는 다음 해인 1900년에 명동촌으로 이주하여 명동촌 형성에 일찍부터 동참하게 된다.

이들이 명동촌에 이주하면서 기대했던 것은 다음의 세 가지였다고 한다. 첫째, 간도는 비옥한 땅이어서 경제적 조건이 유리하다. 둘째, 집단으로 오래 살면 간도를 우리 땅으로 만들 수 있다. 셋째, 공동체를 만들면 더욱 효과적으로 나라를 일으킬 인재를 기를 수 있다.[4] 특히 이들의 교육에 관한 관심은 남달랐다. 우선 문병규, 남도천, 김하규, 김약연 이 네 사람은 모두가 고향에서 후학을 가르치던 훈장이었고 유교와 실학에 정통한 학자였다. 이들은 명동촌으로 이전하면서 교육기금의 재원을 확보하기 위해 학전(學田)으로 땅을 내놓고 공동으로 경작하였고 그 수익금으로 서당을 운영하였다. 초기 명동촌의 문화는 유교적 전통의 영향 아래 있었으므로 교육도 전통적인 방식으로 진행됐으나 1907년을 전후하여 신학문이 도입되면서 큰 변화가 일어나기 시작했다.

---

2) 송우혜, 『윤동주 평전』(서울: 푸른역사, 2004), 42.
3) 동학의 실패가 이들의 결단의 중요 동기 중의 하나였다고 한다. 김형수, 『문익환 평전』(서울: 실천문학, 2004), 91.
4) Ibid., 85.

이 시절 명동촌 주민들은 1905년 치욕스런 을사 5조약 체결과 러일전쟁 (1904-1905)의 결과를 보면서 서양식 문물을 받아들여야 일본을 이길 수 있겠다는 것을 절실히 느끼고 있었다. 이런 때 우연히 김하규가 친척의 죽은 부인에게 열녀 표창을 내려달라는 탄원서를 써서 서울에 보냈는데, 그 탄원서를 읽어본 대한제국의 탁지부(度支部)에서 그 글의 탁월함에 감탄하여 김하규를 '함북흥학회 회장'에 임명하는 임명장을 보내고, 그와 함께 "이제 구학은 소용없으니 신학문을 일으키라"라는 통지문을 보낸 일이 있었다.[5] 이 통지문을 접한 김하규와 마을 학자들은 더는 구학문으로는 나라를 구할 수 없다는 사실을 받아들이고 평생 소중하게 여겨온 한학을 제쳐놓고 신학문을 본격적으로 마을에 도입하기로 결단을 하였다. 마침 문을 닫은 용정의 서전서숙을 명동촌으로 옮기고 교명을 좀 더 현대적인 '명동학교'로 개칭하면서 1908년 4월 27일 정식으로 개교하였다. 막상 신학문을 가르치는 학교를 열었지만, 학생을 제대로 가르칠 교사진을 확보하는 것이 큰 문제였다. 사방으로 수소문한 끝에 1909년에 용정에서 활동하던 정재면(당시 22세)을 선생으로 초청하고, 김약연이 교장을 맡게 되는데, 이때부터 명동학교는 자리를 잡아가게 되고, 명동촌이 크게 변하게 되었다.

정재면은 평남 숙천 출신으로 "청년회관"이라는 서울의 기독교계 신학문 교육기관에서 공부한 독실한 기독교인이었고 이동휘, 안창호, 김구, 전덕기 등이 조직한 애국비밀결사 신민회의 회원이었다. 정재면은 이동휘의 영향을 받아 기독교를 통한 구국 운동에 열심을 내었다. 이동휘는 상동교회에서 전덕기 목사의 영향을 크게 받았고, 상동교회는 스크랜턴 선교사가 세운 병원교회가 발전한 것이다.

---

5) 송우혜, 『윤동주 평전』, 56.

정재면은 부임 조건으로 학생들에게 정규과목의 하나로 성경을 가르치고, 예배를 드릴 수 있게 해달라는 요구를 했다. 이것은 깊은 유교적 전통을 따르고 있던 마을로서는 무리한 요구였다. 그러나 마을의 지도급 유학자들이 회의를 한 결과 신학문을 배우는 것이 중요하다고 판단하여 그 조건을 받아들였다. 이로써 명동촌에 신학문과 함께 기독교가 들어온 것이다. 나중에는 어른들도 학교에서 드리는 예배에 참석하게 되면서 마을 전체가 기독교를 받아들이게 되었고 1909년에는 교회도 세워지게 되었다. 윤동주의 증조부는 1910년에 기독교를 믿게 되면서 과감히 가풍을 고치고 신문화 도입에 적극적으로 힘썼다고 전해진다.[6] 정재면은 당시 쟁쟁한 지식인들을 명동학교의 교사로 끌어들였다. 황의돈, 박태환, 김철 등 모두 독립운동가로서도 헌신적인 교사들이었다. 이동휘의 딸 이의순과 정재면의 누이 정신태도 합류하여 여성 해방론에 근거해 여성교육을 시행했다.[7] 명동학교는 개교 이후 크게 발전하여 북간도, 시베리아, 국내 등에서 수많은 학생들이 유학하러 오기도 했다. 명동촌은 명동학교 교사들과 마을 지도자들이 합심하여 모범적인 농촌운동을 정착시켰고, 1912년 최초의 해외 한인 자치기구인 간민회(墾民會)가 김약연을 회장으로 결성되면서, 독립운동의 중심지가 되었다. 김약연은 후세에 "한국의 모세", "간도의 한인 대통령"이라고 불릴 정도로 지도력을 발휘하며 조국의 독립을 위해 투신하였다.

명동촌에 신학문이 들어오고 교회가 생기고 모든 마을 사람들이 이 교

---

6) 김응교, "윤동주와 걷는 새로운 길 1. 명동촌," 510.
7) 명동촌 여성들 중에는 신(信)자 돌림이 50명이 넘었는데, 이것은 그동안 개똥네, 와룡댁 등으로 불리던 여성들이 처음으로 자기 이름을 갖게 되면서 하나님을 믿는 자녀라는 의미에서 '믿을 신'자 돌림으로 작명을 하였기 때문이다. 문익환은 이 사건을 '어머니들의 부활'이라고 중요하게 평가하였다. 김형수, 『문익환 평전』, 100.

회에 출석하게 된 것은 정재면 한 개인의 노력과 한 마을 지도자들의 결단 등 몇 가지 우연적 요소들이 결합하여 일어난 것으로 보기 쉽지만, 우리는 좀 더 넓은 지정학적이고 역사적인 관점에서 그 의미를 조명해보아야 한다. 북간도 지역에서는 캐나다장로교 선교사 그리어슨(Robert G. Grierson)이 1902년부터 순회하며 전도활동을 하며 교회를 세웠는데, 이동휘는 국내의 상황이 점점 어렵게 되자 일찍부터 기독교와 접촉이 있었던 북간도를 거점으로 구국 운동을 전개하기로 마음을 먹고 친분이 있던 그리어슨 선교사의 협조를 얻어 북간도에 기독교와 신학문을 보급하는 계획을 추진하게 되었다.[8)]

정재면이 북간도 명동촌으로 와서 이 마을을 기독교화할 수 있었던 것은 이처럼 매우 급한 정세 변화 속에서 나라의 미래를 염려하며 구국의 방편으로 선각자들이 채택한 기획이 북간도 주민들에게 설득력 있게 다가왔기 때문이다. 그들은 기독교에 입교만 하면 개인의 영혼이 구원받는 것은 물론, 구미 열강의 보호 아래 신변을 보장받을 수 있고, 궁극적으로는 국권을 회복할 수 있을 것이라는 기대로 기독교로 개종하였다.[9)] 1911년 이동휘가 명동교회에서 부흥회를 열었을 때 수백 리를 걸어 1천 명 이상의 사람들이 모였는데, 이때 행한 이동휘의 설교를 보면 당시 북간도 한인들의 정서를 충분히 이해할 수 있다.

무너져가는 조국을 일으키려면 예수를 믿어라! 예배당을 세워라! 학교

---

8) 캐나다 출신 선교사들은 서구문명에 관한 우월사상이 강하지 않았고, 한국인의 배일 정신에 공감을 많이 했다고 한다. 서정민, 『이동휘와 기독교: 한국사회주의와 기독교 관계 연구』(서울: 연세대학교 출판부), 369.
9) 송우혜, 『윤동주 평전』, 67-68.

를 세워라! 자녀를 교육시켜라! 그래야만 우리도 서양문명국처럼 잘 살
수 있다. 삼천리강산 한 마을에 교회와 학교를 하나씩 세워, 삼천 개의
교회와 학교가 세워지는 날 우리는 독립할 것이다.[10]

2. 출생에서 명동소학교 시절까지(1917년 12월-1931년 3월)

윤동주는 1917년 12월 30일 명동촌에서 부친 윤영석과 모친 김용 사이
에서 장남으로 태어났다. 윤동주의 조부였던 윤하연은 교회 장로로 마을 사
람들의 신망을 받고 있었다. 부친은 윤씨 가문에서 처음으로 신학문 교육을
받은 지적인 인물로서, 1909년부터 명동학교에서 신학문을 배웠고, 18세인
1913년에는 정재면의 주선으로 북경 유학생 생활을 하기도 했고, 윤동주가
태어날 때는 명동학교 선생으로 가르치고 있었다. 윤동주의 어머니 김용은
김약연의 이복 누이동생으로 도량이 큰 인품과 재능으로 마을 사람들로부
터 칭송을 받는 인물이었다. 윤동주의 출생 세달 전 9월 28일에는 친정집에
와 있던 윤영석의 누이 윤신영이 같은 집에서 윤동주의 고종사촌이 될 송몽
규를 출산하였다. 윤동주와 송몽규는 둘 다 유아세례를 받았고, 기독교 신앙
의 분위기에서 주일학교를 다니면서 같은 집에서 성장했다.

1925년 4월 4일(9세)에 두 사람은 명동소학교에 입학했다. 이때 동급생
으로는 문익환과 당숙 윤영선, 고종사촌 동생 김정우 등이 있었다. 이때는
북간도에 큰 가뭄이 들어 북간도 전체가 경제적 공황에 빠진 시기였으며, 이
지역 한인들도 경제적인 타격을 입어 한인 학교들의 경영이 어려워지기도
했고, 그 영향으로 1925년 명동중학교는 폐교하고 소학교만 남게 되었다.

---

10) 김형수,『문익환 평전』, 89.

1928년(12세)부터는 북간도 지역에 공산주의가 급속하게 영향력을 넓히게 되었으며, 명동촌도 예외는 아니어서 1929년에는 명동소학교가 교회학교의 형태에서 인민학교로 넘어갔다.

김약연은 명동학교 운영에서 손을 떼고 환갑 한 해 전에 고령에도 불구하고 평양 장로교 신학교에 입학하였다. 그는 평양신학교의 특별한 배려로 1년 수학 후 목사 안수를 받고 명동교회에 부임을 했다. 명동 마을로 돌아온 김약연은 명동소학교에서 가르칠 수는 없었지만, 당시 14살이던 윤동주와 송몽규는 김약연으로부터 직접 맹자와 시경과 성서를 배울 기회를 가졌다.

윤동주에게 명동소학교 시절은 그가 일생 걸어갈 삶의 행로의 방향과 테두리를 정해준 중요한 시기였다. 윤동주는 명동소학교에서 김약연, 이기창 등의 선생님으로부터 철저한 민족주의 교육을 받았다.[11] 생애 중 절반을 이곳에서 살면서 그의 인품과 사상과 문학적 감수성이 형태를 잡아가게 되었다. 병풍처럼 산에 둘러싸여 아늑한 분위기를 주는 명동마을은 계절이 바뀔 때마다 자연이 만들어주는 아름다운 옷을 갈아입었다.[12] 윤동주는 1928년부터 서울에서 간행되던 어린이 잡지 『아이생활』 정기구독을 시작했고, 송몽규는 『어린이』를 정기구독했는데, 이것은 만주 벽촌에서는 큰 사건이 아닐 수 없었고, 마을 전체에 영향을 끼쳤다고 한다.[13] 윤동주와 송몽규는 급우들과 『새 명동』이란 등사판 잡지를 만들면서 어려서부터 문학적인 재능과 열정을 보여주었다. 이 시절 윤동주가 지은 동시들이 많이 있었을 텐데 한 작품도 보존되지 않은 것은 무척 아쉬운 일이다.

명동촌이 윤동주에게 끼친 문학적 영향 중에 잘 알려지지 않은 것이 명

---

11) 김웅교, "윤동주와 걷는 새로운 길 1. 명동촌," 228.
12) 김정우, "윤동주의 소년 시절," 「나라사랑」 23(1976.6), 117.
13) Ibid., 121.

동촌의 독특한 언어문화이다. 명동촌 사람들의 말씨는 아주 부드럽고, 표현이 섬세했는데, 그 이유는 세종대왕 시절 육진(六鎭)에 옮겨온 이 지역 사람들이 다른 지방과 큰 교류 없이 오랜 세월을 고립해서 지내다 보니 세종 때의 언어가 보존되었기 때문으로 추측한다.[14]

이상 살펴본 것처럼, 윤동주에게 고향 명동촌은 단순한 출생지 이상으로 그가 평생 발전시킬 사상과 문학의 싹을 자라게 한 못자리와 같았다고 볼 수 있다. 기독교와 동양 고전에 근거한 사상적 심오함, 민족정신, 문학적 감수성, 섬세한 시어, 그리고 훌륭한 스승과 친구들은 명동촌이 윤동주에게 준 선물이었다. 불행히도 명동촌은 윤동주가 명동소학교를 졸업할 때를 전후하여 공산주의 활동이 활발해지면서 많은 사람들이 다른 마을로 이주했다. 마침내 윤동주 집안도 1931년 용정으로 이사하게 되는데, 이 이후로 명동촌은 다시 찾아가도 더 이상 옛 모습을 찾아 볼 수 없는 마을이 되었다. 윤동주의 고향은 실제적으로는 지상에서 사라지고 그의 시 속에서만 남아있는 유토피아가 된 셈이다.

3. 대랍자 중국인 소학교 시절(1931년 3월-1932년 2월)

1931년 3월 20일(15세)에 윤동주, 송몽규, 김정우는 명동소학교를 졸업하고, 명동에서 10리 동쪽에 있는 대랍자(大拉子, 중국식 발음으로 따라즈)에 위치한 중국인 소학교(화룡 현립 제1소학교)에 6학년으로 편입하여 1년간 수학하게 된다. 윤동주가 이 학교에 편입한 것은 명동 소학교는 중국 당국으로부터 졸업 자격을 인정받지 못하였기 때문으로 여겨진다. 이 기간 윤

---

14) 송우혜, 『윤동주 평전』, 50, 54.

동주의 생활에 대해서 지금까지 알려진 바는 많지 않다. 윤동주는 친구들과 함께 매일 걸어서 통학했으며, 이 시절에 「별 헤는 밤」에 나오는 "패, 경, 옥"과 같은 이국 소녀들의 이름을 알게 되었을 것으로 추정된다.

4. 용정 은진중학교 시절(1932년 4월-1935년)

윤동주의 가족은 1931년 가을 명동에서 북쪽으로 30리 떨어진 용정시로 이사했다. 당시 용정은 인구 4-5만의 소도시로, 조선인은 약 2만 명이 살고 있었다. 명동촌에는 중학교가 없어서 윤동주는 용정의 미션계 학교인 은진중학교로 진학을 하게 되는데, 이사한 중요한 이유는 자녀교육 때문이었을 것이다.

1890년 명동촌 초기에 이주하여 40년을 넘게 살던 곳을 떠나 용정으로 이사하는 것이 윤동주의 조부 윤하현에게는 큰 변화였다. 명동촌에서는 큰 마당과 과수원이 딸린 마을에서 제일 큰 기와집에서 살았었는데 도시로 이사 와서는 20평짜리 초가집에서 조부모, 부모, 윤동주네 3남매, 그리고 송몽규까지 더부살이를 하게 되어 총 8명이 한집에 살게 되었다. 윤영석은 새로운 삶의 기반을 찾기 위해 인쇄소를 차려 운영했으나 실패하고, 포목점도 열었다가 문을 닫았다. 이런 과정에서 윤영석은 교회에 나가기를 그쳤다고 한다. 그가 교회를 다시 찾은 것은 아들 동주가 감옥에 갇히고 나서이다.[15] 다른 가족은 용정 중앙 교회에 성실하게 출석했고, 윤동주는 그 교회 주일학교에서 유년부 학생들을 가르치기도 했다.

1932년 4월(16세) 윤동주는 송몽규, 문익환 등과 함께 은진중학교에 입

---

15) 송우혜, 『윤동주 평전』, 120.

학을 했다. 어려워진 집안 환경이 윤동주에게는 큰 영향을 주지 않았던 것 같다. 윤동주는 문학은 물론 축구, 재봉틀, 웅변, 수학, 기하학 등에 관심을 가지며 행복한 청소년기를 용정에서 보냈다. 은진중학교는 캐나다장로교 선교부 구역인 "영국덕"에 자리 잡고 있었다. 당시 국제법상 캐나다는 영국 연방국 중 하나여서 "영국의 언덕"이라는 뜻으로 이런 명칭이 만들어졌다고 한다. 영국덕은 일종의 치외법권 지역이었다. 선교사들은 이곳에 학교와 병원 등을 설립하고 운영했었고, 그중에는 은진중학교 외에 명신여학교, 제창병원 등도 있었다.[16]

1932년 3월 일본이 괴뢰국인 만주국을 세우면서 북간도 지역에서 일본의 지배는 더욱 강력해졌다. 그럼에도 불구하고 은진중학교 학생들은 치외법권적 보호를 받으며 철저한 민족교육을 받을 수 있었다. 학생들은 학교 안에서 태극기를 휘두르며 애국가를 목청껏 부를 수 있었고 "삼일절이 되면, 단군의 초상화를 정면에 걸고, 그 옆에 태극기를 내어 걸고 애국가를 부르며, 조국 광복의 날이 속히 오기를 기원했다."[17]

명동촌에서부터 윤동주에게 가르침을 주었던 김약연은 이 시절 은진중학교로 부임하여 1934년까지 성서와 한문을 가르치면서 윤동주에게 계속 영향을 주었다. 윤동주는 김약연의 각별한 지도로 시간 나는 대로 학문을 배우기도 했다.[18] 김약연의 사상은 유교, 기독교, 민족주의로 요약될 수 있는데 이 세 가지가 하나로 융합되어 있다는 것이 큰 특징이라 할 수 있다. 그의 이런 사상은 곧 명동소학교와 은진중학교의 학풍이었다고도 볼 수 있으며, 윤동주의 사상과 시 속에서도 그 영향이 그대로 드러난다.

---

16) Ibid., 111.
17) 박창해, "윤동주를 생각함," 「나라사랑」 23(1976.6), 129.
18) 윤영춘, "명동촌에서 후쿠오카까지," 「나라사랑」 23(1976.6), 109.

윤동주의 은진중학교 시절을 말할 때 꼭 언급해야 할 것은, 이 시기에 그의 시적 창작욕이 본격적으로 불붙었다는 것이다. 명동소학교 시절부터 동시를 지었던 그는, 은진중학교에 진학해서도 급우들과 교내 문예지를 발간하여 작품을 발표했다. 그런데, 윤동주가 본격적으로 시를 쓰고 자신의 작품을 관리하기 시작한 것은 송몽규가 1934년 12월에 동아일보 신춘문예에 콩트 부문에 당선되었다는 발표가 난 직후이다.

윤동주와 마찬가지로 문학적 재능이 많았던 송몽규는 송한범이란 아명으로 "숟가락"이라는 콩트를 출품했는데 그것이 당선되어 중학교 3학년 18세의 나이에 작가로 등단하게 된 것이다. 이것이 윤동주에게는 큰 자극이 되었던 것 같다. 송몽규가 등단한 후에 윤동주는 대기(大器)는 만성(晩成)이라는 말을 자주 했다고 하는데, 이는 송몽규와 자기를 비교하며 스스로에게 다짐하는 말이었을 것이다.[19] 이때부터 윤동주는 자기 작품을 소중히 챙기고 그것을 쓴 날짜를 정확히 적기 시작했다. 윤동주가 남긴 시 중 최초의 3편은 1934년 12월 24일(18세)에 지어진 것으로 명기된 「삶과 죽음」, 「초한대」, 「내일은 없다」이다. 윤동주가 이날 3편의 시를 모두 완성했다기보다는, 송몽규의 등단 소식에 자극을 받은 윤동주가 자신이 그동안 썼던 시 중 가장 맘에 드는 것을 골라서 이날 최종적으로 다듬어서 날짜를 적으며 창작에 대한 새로운 각오를 다졌을 것으로 추측해볼 수 있다.[20]

윤동주의 사촌이면서 가장 가까운 친구였던 송몽규는 등단을 통해 윤동주에게 큰 자극을 주었지만, 그는 정작 작가의 길을 계속 걷지 않았다. 1935년 1월 1일 자 동아일보에 그의 당선작이 게재되어 전국 방방곡곡에 그의 이

---

19) 송우혜, 『윤동주 평전』, 123.
20) Ibid., 126.

름이 알려졌지만, 송몽규는 그해 4월 은진중학교 3학년을 수료하고 4학년으로 진급하지 않은 채 결연히 독립운동에 투신했다. 중국으로 건너가 낙양 군관학교 한인반에 2기생으로 입교를 한 것이다. 그에게 군관학교 입교를 권유했던 사람은 명희조 선생인 것으로 알려진다.

윤동주의 동급생인 문익환은 1935년 4월에 평양의 숭실중학교 4학년으로 편입했고, 윤동주는 집안 어른들이 허락하지 않아 은진중학교 4학년으로 진급했다.[21] 송몽규는 당시 청소년들이 장래에 대해 중요한 결정을 해야 하는 인생의 갈림길에서 낙양 군관학교로 진학하기로 선택한 것이다. 태어나서부터 항상 그와 붙어 다녔던 윤동주는 처음으로 송몽규와 떨어져 살게 되었다. 윤동주에게 2년간 지속된 송몽규의 부재는 친구에 대한 그리움과 미안한 마음으로 윤동주의 삶에 큰 흔적을 남겼다. 그리고 송몽규가 윤동주와 떨어져서 살았던 2년은 그가 일본 경찰의 블랙리스트에 오르는 계기가 되면서 두 사람의 운명을 결정짓는 중요한 바탕이 되었다.

5. 평양 숭실중학교 시절(1935-1936년)

윤동주가 1935년 4월(19세) 은진중학교 4학년으로 진학했을 때, 급우들의 자리가 여기저기 비어 있는 것을 보았다. 윤동주는 자신도 숭실중학교에 가야겠다는 결심을 굳히고 계속 부모님을 졸라 마침내 9월 1일에 시작하는 가을 학기에 전학하기로 허락을 받았다. 그런데 편입시험을 치르러 평양에 갔던 윤동주에게 예상치 못한 일이 생겼다. 그가 편입시험에서 떨어진 것이다. 숭실중학교는 그에게 4학년으로 편입할 자격은 주지 않고, 한 학년을 낮

---

21) Ibid., 170.

쳐 3학년으로 편입하는 것만을 허락하였다. 이것이 윤동주가 겪은 생애 최초의 심각한 좌절의 경험이었다. 평소에 우수한 학생이었던 그는 편입시험에 떨어지리라고는 상상도 못 했었는데, 실패하여, 한 학년을 낮춰 학교에 다니게 된 것이다. 특히 동급생이었던 문익환도 합격한 시험을 자신이 떨어졌다는 것은 크게 자존심이 상하는 일이었다. 윤동주는 이 일로 주위에 있는 사람들이 알아볼 정도로 크게 상심하였다고 한다. 윤동주의 집안에서도 윤동주를 나무라는 편지를 보냈다고 한다.[22]

송우혜 작가는 이런 경험이 윤동주 시에 자주 등장하는 주제인 "부끄러움"의 본질을 체험하게 하는 계기가 되었을 것이라고 평가한다.[23] 윤동주는 실패에 좌절하지 않고 곤혹과 수치감을 이겨내고 삶의 고뇌와 슬픔을 승화시켜 "부끄러움의 미학"의 단계로 다듬어 내었다. 생전 처음 겪는 좌절과 함께 시작한 객지의 환경과 내적인 갈등과 고뇌가 오히려 그의 시 세계의 지평을 활짝 넓혀 주었다고 보는 것이다.[24] 실제로 숭실중학교 시절은 윤동주의 시가 양적으로 질적으로 큰 발전을 이루었던 기간이었다.

윤동주는 1934년 12월 24일 날짜가 명시된 3편의 시를 쓰고 나서 숭실에 가기까지 「거리에서」라는 단 한 편의 시만 썼다. 그런데 숭실중학교에 머무는 7개월 동안 동시 5편을 포함하여 무려 15편의 시를 썼다. 1935년 10월 (19세) 숭실중학교 학생회 문예지인 『숭실활천』 15호에 「공상」이라는 시를 게재했는데, 이는 그의 시 중 활자화된 최초의 작품이 된다. 이 시절 윤동주에게 시는 삶의 신성한 가치였고 숭고한 사명이었다.[25]

---

22) Ibid., 171.
23) Ibid., 174.
24) Ibid., 182.
25) 김형수, 『문익환 평전』, 178.

이 기간에 많은 시를 썼다는 것보다 더 문학적으로 중요한 것은 그의 시의 내용과 스타일이 달라지기 시작했다는 것이다. 윤동주가 1935년 12월 동시 「조개껍질」을 쓰면서 그동안의 현학적이고 관념적인 말로 화려하게 꾸며졌던 시어들이 사라지고, 쉽고 동시적인 시들이 선을 보이기 시작했다. 오늘 우리가 알고 있는 것 같은 윤동주 특유의 쉽고, 생생한 언어들, 투명하고 진솔한 정서 등이 이때 드러나기 시작했다.[26] 1935년 10월 27일에 『정지용의 시집』이 출판되었었는데, 윤동주는 이 시기에 그의 시에 심취했었다. 정지용의 시가 쉬운 말로 진술한 감정을 동요와 민요풍으로 표현하는 특징이 있고, 또 정지용에게 동시가 중요했던 것을 고려해볼 때, 윤동주는 정지용의 영향으로 새로운 시 세계를 열어나갈 수 있었던 것이다.[27]

윤동주가 숭실중학교에서 머문 기간은 오래 가질 못했다. 일제는 이 무렵 서양 선교사들이 운영하는 기독교 학교에까지 신사참배를 강요하기 시작했는데, 이를 거부하던 숭실중학교는 여러 면에서 어려움을 겪게 되었다. 숭실중학교는 미국 북장로교 소속 베어드 (William Baird, 한국명 배위량) 선교사가 1897년에 세운 후 비약적 발전을 이룬 숭실학교의 중학부 과정이었다. 대학부는 1908년에 대한제국 학부로부터 대학인가를 받은 국내 최고의 민족주의 대학이었다. 윤동주가 재학할 당시 숭실학교의 교장은 맥큔 (George McCune, 한국명 윤사온)이었는데, 그는 신사참배를 끝까지 거부하다가 1936년 3월 21일 교장직을 그만두고 미국으로 돌아갔다. 1936년 4월 (20세) 새 학기가 시작하자, 학생들은 일제 당국의 신사참배 강요와 부당한 압박에 대한 저항과 맥큔 교장에 대한 지지의 표시로 동맹퇴학을 감행하였

---

26) 송우혜, 『윤동주 평전』, 187.
27) 김응교, "윤동주와 걷는 새로운 길 11. 숭실 숭실 합성 숭실: 윤동주, 문익환의 숭실 중 자퇴," 「기독교사상」 660(2013.12), 127.

다. 숭실학교는 결국 1938년 3월 19일 폐교되는데, 이는 미국 북장로교 선교부가 일제의 신사참배 강요에 굴복하느니 차라리 학교를 폐교함으로 종교의 순결성과 우리 민족의 자긍심을 지키기로 결단한 것에 따른 결과였다.[28]

윤동주에게 숭실 시절은 비록 짧은 기간이었지만 자신의 시풍을 만들어 가며 많은 시를 지었던 기간이었고 투철한 기독교 정신과 민족주의 정신을 통하여 사상적인 깊이를 심화시키는 기간이었다.

6. 용정 광명학원 중학부 시절(1936년 3월-1938년 2월 27일)

윤동주와 문익환은 숭실학교 자퇴 후 용정으로 돌아와서 1936년 4월 6일(20세) 친일계열 광명학교 중학부로 입학했다. 윤동주는 4학년으로, 문익환은 5학년으로 들어가게 되었으니, 숭실중학교 편입시험 실패의 꼬리표가 계속 따라다니는 셈이었다. 광명학교는 일본이 한국인의 황국화(皇國化)를 위해 세운 학교로 철저한 친일 교육을 시행했다.

불과 1년 전 애써 광명중학교를 피해서 진로를 택했던 윤동주와 문익환, 특히 신사참배에 반대해서 동맹자퇴를 했던 두 사람이 대학 진학 자격을 위해 어쩔 수 없이 이 친일파 학교를 2년 동안 다니게 된 것은 견디기 힘든 일이었을 것이다. 그렇지만 윤동주는 학교 수업을 착실하게 듣고, 1937년 8월(21세) 경에는 학교 농구선수로 활약하고, 9월에는 금강산과 원산 송도원 등지에 수학여행을 하는 등 외형적으로는 큰 문제없이 학창 생활을 보냈다.

이 기간에 윤동주는 학교 수업보다는 독학으로 문학적인 역량을 키우는 일에 힘썼다. 그는 무서운 독서가로 늘 새벽 2~3시까지 책을 읽었다고 한다.

---

28) 송우혜,『윤동주 평전』, 195.

일본판 세계문학 전집과 한국인 작가의 소설과 시를 탐독하고, 1936년 1월에 한정판으로 출판된 백석의 시집『사슴』은 전체를 필사해서 갖고 다니며 애독하였다. 그리고『정지용 시집』을 계속 가까이하고『영랑 시집』,『올해 명시 선집』외에 많은 책들을 구매하여 읽었다.29) 그 결과 광명중학교 시절에 27편의 시와 22편의 동시를 썼다. 그리고 연길 지역에서 발행되는『카톨릭 소년』이라는 월간 어린이 잡지에 2년 동안 동시를 5편 게재하였다. 처음으로 시를 세상에 발표하게 된 것이다.

윤동주의 광명중학교 시절의 삶을 살펴보면서 꼭 언급해야 하는 것이 송몽규의 그간의 행적이다. 앞서 살펴본 대로 송몽규는 1935년 4월 은진중학교 3학년을 마치고 김구가 운영하는 낙양 군관학교 한인반에 입학했다. 그는 거기서도 문학적인 재능을 발휘하여 한인반 잡지를 등사판으로 제작하였다. 김구는 그 내용을 보고 몹시 흡족해하면서 그 잡지에 신민(新民)이라는 제목을 지어 주었다고 한다.30) 송몽규는 약 1년 동안 훈련을 받은 후 독립을 위한 활동을 하다가 1936년 4월 10일(20세) 중국 산동성 제남에서 일본 경찰에 체포되었고, 6월경에 본적지인 함경도 웅기 경찰서로 압송되어 수감되었다.

이때는 윤동주가 숭실중학교에서 자퇴하고 용정에서 광명중학교에 다니기 시작한 시기였는데, 송몽규가 고초당하고 있다는 소식을 들었을 윤동주는 친일파 광명중학교에 다니는 자신의 모습을 보며 마음속에 큰 죄책감과 좌절감을 느꼈으리라는 것은 쉽게 상상할 수 있다. 1936년 6월 10일에 지은「이런 날」이라는 시에서는 만주국기와 일장기가 걸려있는 교문 안에서

---

29) 송우혜,『윤동주 평전』, 220.
30) Ibid., 154.

철모르는 아이들이 즐겁게 공부를 하는 것을 묘사한 후 모순(矛盾)이라는 두 글자를 떠올리면서 "이런 날에는 잃어버린 완고하던 형을 부르고 싶다"라고 마무리를 한다. 우리는 이 시에서 모순적인 상황이지만 어쩔 수 없이 순응하며 살 수밖에 없는 자신의 형편에 관한 좌절과 고뇌, 그리고 핍박을 두려워하지 않고 의로운 길을 꿋꿋하게 간 송몽규에 대한 존경과 그리움의 마음을 찾아볼 수 있다.

송몽규는 본적지인 함경도 웅기 경찰서로 압송되어 5개월 동안 고초를 받다가 그해 9월 거주제한 조건으로 석방되었으며, 그 이후 평생 요시찰 인물로 일본 경찰의 감시를 받게 되었다. 송몽규는 거주제한을 어기고 가족들이 있는 용정으로 돌아와서 은진중학교에 복학하고자 하였으나, 그가 요시찰 인물이어서 학교에서 받아주지 않아, 하는 수 없이 1937년 4월 용정의 민족계 학교인 4년제 대성중학교 4학년으로 입학하여 2년간 중단되었던 학업을 재개하게 되었다.31) 이때 윤동주는 광명중학교에서 5학년으로 진급을 했고, 송몽규는 다시 윤동주의 집에 살면서 학교에 다녀서, 두 사람의 숙명적인 동행은 재개되었다.

7. 연희전문학교 시절과 일본유학 준비기(1938-1942년)

윤동주는 1938년 2월 17일(22세) 광명중학교 5학년을 졸업한 후 대성중학교를 졸업한 송몽규와 나란히 연희전문학교 문과에 합격했다. 연전 입학 시험은 상당히 어려웠는데 그 해에 북간도 지역에서는 단 두 사람만이 합격했다. 송몽규는 4학년만 마쳤는데 어려운 시험에 합격한 것을 보면 그의 머

---

31) Ibid., 164-5.

리가 비상했음을 알 수 있다. 송몽규는 일찍이 부모의 승낙을 받아 연전에 진학하기로 했으나 윤동주는 부친의 반대가 심해 애를 먹어야 했다. 윤동주의 부친 윤영석은 아들이 의대에 진학하기를 원했다. 그는 자신이 문학을 했지만, 문학은 아무 쓸데가 없더라고 하면서 문학을 해봤자 기껏해야 신문기자밖에 되지 못한다고 아들의 마음을 돌리려고 애썼다. 먹고 사는 걱정을 안하려면 꼭 의사가 되어야 한다고 의대 진학을 강요했다. 윤동주는 평소 성품이 유순하고 다정했지만 일단 뜻을 정하면 절대로 물러서지 않는 편이었다. 부자간의 갈등은 매우 심각한 정도까지 가서 결국 조부가 개입하여 윤동주에게 연전 문과에 진학하는 것이 허락된 것이 1937년 9월경이었다.

1938년 4월 9일 연전 문과에 입학한 윤동주는 신입생 기숙사로 쓰였던 핀슨홀 3층에서 송몽규, 강처중과 같은 방을 쓰면서 대학생활을 시작하였다. 핀슨홀은 현재 윤동주 기념실이 있는 건물이다. 1941년 12월 27일에 졸업을 할 때까지 4년은 윤동주의 일생에서 가장 행복했고 풍요로웠고 자유로웠던 시기였다. 연전은 그동안 윤동주가 살아오면서 배우고 익혀왔던 기독교 신앙, 민족정신, 문학성을 가장 아름답고 숭고한 형태로 꽃피우게 하는 최적의 환경을 제공하였다. 윤동주는 연전에 왔기 때문에 그가 갖고 있었던 잠재력을 마음껏 펼쳐볼 수 있었다.

당시 연희전문학교는 뜻이 있는 한국의 젊은이들에게는 가장 가고 싶어하는 대학이었다. 연전은 1915년 3월 미국 뉴욕 북장로교의 적극적인 협조와 미국과 캐나다 교회의 재한 선교부의 협력으로 YMCA에서 조선기독교 대학(Chosun Christian College)이라는 이름으로 원두우(元杜尤, Horace Grant Underwood)가 세웠다. 초대 교장은 원두우, 교감은 에비슨(Oliver R. Avison)이 맡았으며, 원두우가 병세가 악화되어 미국으로 귀국한 뒤 1916년에 세상을 떠난 후 에비슨이 2대 교장을 맡아 학교를 발전시켰다. 원두우의 사촌 형인 존 언더우드(John T. Underwood)의 기부금으로 오늘의 신촌 연세대 캠퍼스 대지를 매입하여 이전하고 교명도 연희전문학교로 바꾸면서 연전은 명실공히 기독교 정신에 입각한 민족정신의 진원지요, 한민족의 독립을 위한 항일 운동의 총본산으로 꾸준히 성장해왔다.

　윤동주가 연전에 입학했던 1930년대 말은 일제가 발악적으로 가혹한 식민지 지배를 강화하던 때였고, 특히 학교에 대해서는 신사참배와 황국화 교육을 하라는 압력이 극에 달했었다. 어떤 학교들은 일제의 압력에 굴복하기도 했고 숭실학교 같은 경우는 차라리 폐교를 선택하기도 하였다. 연전은 당시 3대 교장을 맡고 있었던 원한경(元漢慶, Horace Horton Underwood)이 적절한 선에서 타협하여 폐교는 면하였다. 윤동주는 연전에 들어와서 그동안 명동소학교, 은진중학교, 숭실중학교 등을 거치면서 싹을 내고 키워왔던 민족적 전통과 문화에 대한 애착과 자부심을 높은 정신적 차원으로 승화시켰다. 윤동주는 연전에 다닌다는 것을 매우 자랑스럽게 생각했고, 특히 외솔 최현배 선생을 통해 한글의 매력에 푹 빠질 수 있어서 매우 기뻐했다.[32) 연전은 민족운동의 본산으로 알려져서 이곳에 입학하는 젊은이들은 남다른 자세와 각오로 공부했고, 최고 수준의 교수진들은 이들이 마음껏 꿈을 펼칠 수 있도록 학문적으로, 정신적으로 최선을 다해 지도했다. 당시의 민족을 중요하게 생각하는 학교의 분위기와 헌신적으로 학생들을 가르쳤던 실력 있는 교수진들, 그리고 진지하게 배우는 자세로 임했던 학생들의 모습은 윤동주와 연전을 같이 다녔던 유영의 증언을 통해 생생하게 전해진다.

　외솔 선생의『우리말본』강의를 들었을 때 우리는 얼마나 감격했고 또

---

32) 윤영춘, "명동촌에서 후쿠오카까지," 110.

영광스러웠고 연희 동산이 얼마나 고마운 곳인가를 뼈저리게 느꼈다. 동주가 얼마나 그 강의를 열심히 들었는지, 항상 앞자리에 앉던 동주의 모습이 지금도 눈에 선하게 떠오른다.

하경덕 교수의 영문법 강의는 숙제 발표로 우리를 적잖이 골렸는데, 동주 역시 상당히 시달림을 받았으나 나중에 서로 이야기한 일이지만 그렇게 하교수가 밉더니 지금은 그렇게 고마울 수가 없다고 고백을 하였다. 이러한 훈련의 덕은 동주를 일본에서 계속 영문학을 전공케 한 것이라고 생각할 수 있다… 이양하 선생의 강의는 또 다른 면에서 동주에게 많은 영향을 주었다고 생각이 된다. 그분은 스스로 수필을 쓰시고 또 시도 좋아하시어 당시 몇몇은 평론이며 시를 써서 그분의 지도와 조언을 받았다. 동주 역시 자주 접촉하여 지도를 받은 바 있다. 말이 서투르고 더디면서도 깊이 있는 강의, 무게 있는 강의에 모두 머리를 숙였다….

그리고 누구보다도 동주를 울렸고 우리 모두를 울린 일이 있다. 그것은 손진태 교수다. 손 교수께서 역사 시간에 잡담으로 퀴리 부인 이야기를 하신 것이다. 퀴리 부인이 어렸을 때 제정 러시아 하에서 몰래 교실에서 폴란드말 공부를 하던 때 마침 시학관이 찾아와 교실을 도는 바람에 모두 폴란드말 책을 책상 속에 집어넣었다… 손 선생님은 이 이야기를 소개하시고 자신이 울며 손수건을 꺼내자 우리들도 모두가 울음을 터뜨려 통곡을 하였다. 그 후 우리는 그분을 우러러보았고 더욱 가까이하게 되었다. 아마도 동주의 시도 글도 이러한 의식의 흐름들이 있음을 나는 느끼는 바가 있다. 송충이잡이를 뒷동산에서 할 때면 손, 이 선생 등을 모시고 숲 속에서 사제 간 담배를 피우며 은밀한 대화를 하던 것도 잊을 수 없다.

그 밖에 김선기 선생의 음성학에서 듣던 이야기, 민태식 선생의 한문과 고전, 이묘묵 선생의 회화, 특히 강낙원 체육 교수의 은근한 민족의식 고 취는 우리의 의식구조의 큰 자리를 차지하고 있었다고 하겠다. 그리고 원한경 박사의 소탈한 설교, 유억겸 선생의 무거운 인격, 이춘호, 최규 남, 김두헌 선생 등의 가르침이 동주나 우리에게 지성의 샘이었음은 물 론이다.[33]

조금 긴 인용이지만 윤동주가 연전에 다니면서 경험했던 캠퍼스 생활을 생동감 있게 이해하기 위해서는 주목할 만한 가치가 있는 증언이다. 윤동주 가 연전에서 공부할 때의 교수진은 다음과 같았다: 원한경(교장), 강낙원, 유 억겸, 이양하, 이묘묵, 이춘호, 김두헌, 현제명, 최현배, 최규남, 김선기, 백 낙준, 손진태, 신태환, 정인섭, 하경덕, 김윤경. 특히 윤동주는 최현배, 김윤 경, 이양하 선생을 존경하고 그분들에게 배운 바가 많다고 말한 것으로 그의 당숙인 윤영춘은 회고하고 있다.[34]

윤동주는 연전 문과를 4년간 다니면서 총 60과목에 해당되는 학점을 들 었는데, 학년이 바뀌어도 중복해서 들은 과목이 있어서 과목의 총 수는 다음 과 같은 32과목이다: 수신, 성서, 국어, 조선어, 한문학, 문학개론, 영문법, 영 독(英讀), 영작(英作), 영회(英會), 성음학(聲音學), 동양사, 자연과학, 음악, 체조, 국사, 서양사, 사회학, 경제원론, 논리학, 체조, 교련, 국문학사, 지나 어(支那語), 사학개론, 철학, 교육학, 불란서어, 무도(武道), 일본학(日本學), 심리학, 법학. 이 중 성서는 매 학년 들어있었고, 영독, 영작, 영회는 3학년을 제외하고 매 학년 들어있었다. 90점을 넘는 점수를 한 번이라도 받은 과목으

33) 유영, "연희전문 시절의 윤동주," 「나라사랑」 23(1976.6), 124-125.
34) 윤영춘, "명동촌에서 후쿠오카까지," 109-110.

로는 조선어, 음악, 성서, 영작, 서양사, 한문, 지나어 등이 있고, 70점 이하를 받아본 과목으로는 사회학, 일본학 등이 있다. 윤동주는 한문이나 한문학, 조선어 등의 점수가 높은 편이었고, 영어 과목들은 대체로 점수가 높았으나 2학년 영문법은 50점, 4학년 영작은 60점의 낮은 점수를 받았다. 윤동주는 이처럼 다양한 학문의 영역을 섭렵하면서 아무 단절 없이 4년 동안 충실하게 학생의 본분을 지켜왔다. 입학부터 졸업까지 온전하게 학교를 마칠 수 있었던 것은 그의 일생에서 연전뿐이었다. 연전은 그만큼 그의 시가 영글 수 있는 풍요로운 토양과 환경을 제공했고, 정서적으로 사상적으로 높은 수준으로 발전할 수 있는 단단한 토대를 마련해 주었다. 윤동주는 연전이 제공하는 양질의 학문적, 인격적 자양분을 스펀지처럼 흡수하여 연전이 기를 수 있는 이상적인 인물로 성장하였다.

연전에서의 4년은 윤동주가 그의 생애에 가장 원숙한 시를 지은 기간이었다. 이것은 윤동주가 자신의 첫 시집 『하늘과 바람과 별과 시』에 싣고자 뽑은 19편의 시가 모두 이 기간에 창작된 것이라는 사실만 보더라도 확실하다. 윤동주는 연전 재학 시절에 총 33편의 시와 5편의 동시, 2편의 산문을 지었는데 그 자세한 목록은 다음과 같다.

〈표 4〉 윤동주가 연전 재학 시절 지은 시와 산문 목록

연도	시	동시	산문
1938 (22세)	「새로운 길」, 「비오는 밤」, 「사랑의 전당」, 「이적」, 「아우의 인상화」, 「코스모스」, 「슬픈 족속」, 「고추밭」 〈총 8편〉	「햇빛·바람」, 「해바라기 얼굴」, 「애기의 새벽」, 「귀뚜라미와 나와」, 「산울림」 〈총 5편〉	「달을 쏘다」

1939 (23세)	「달같이」, 「장미 병들어」, 「투르게네프의 언덕」, 「산골물」, 「자화상」, 「소년」 〈총 6편〉		
1940 (24세)	「팔복」, 「위로」, 「병원」 〈총 3편〉		
1941 (25세)	「무서운 시간」, 「눈 오는 지도」, 「태초의 아침」, 「또 태초의 아침」, 「새벽이 올 때까지」, 「십자가」, 「눈 감고 간다」, 「못자는 잠」, 「돌아와 보는 밤」, 「간판 없는 거리」, 「바람이 불어」, 「또 다른 고향」, 「길」, 「별 헤는 밤」, 「서시」, 「간」 〈총 16편〉		「종시」

(밑줄 친 것은 『하늘과 바람과 별과 시』에 수록된 19편)

이 목록에서 몇 가지 주목할 만한 사실이 관찰된다. 윤동주가 연전에 와서 처음 지은 시는 「새로운 길」(5월10일)이다. "내를 건너서 숲으로"로 시작하며 "나의 길 새로운 길"을 가야 한다고 노래하는 이 시 속에서 우리는 연전 시기를 시작하는 윤동주의 각오와 포부를 엿볼 수 있다. 1학년 때 윤동주는 5편의 동시를 지었는데, 이전의 동시보다 빼어난 솜씨로 쓰였지만, 더는 동시를 쓰지 않았기 때문에 이것들이 그의 마지막 동시가 된다. 2학년 때는 이전에 썼던 시를 『조선일보』학생란 등에 발표했지만 새로 많은 시를 쓰지는 않았다는 점이 눈에 띈다. 1학년 때(1938년) 마지막 시 「고추밭」을 10월 26일에 썼는데, 1939년 9월에 가서야 다음 시들, 즉 6편의 시 중 4편을 썼다. 「산골물」과 「소년」은 정확한 창작 일자가 기록되지 않아서 단언하기는 어렵지만, 시인 윤동주는 2학년 때 오랜 공백기를 가졌던 것 같다. 3학년 때(1940년)는 더 긴 절필 기간을 가졌다. 윤동주는 12월에 가서야 「팔복」, 「위로」, 「병원」 3편의 시만을 지었는데, 이로써 그는 1년 3개월간의 침묵을 깨고 다시 창작에 몰두하기 시작했다. 연전에서의 마지막 해인 1941년에 그는 총 16편의 시를 지었는데, 이 중 14편이 『하늘과 바람과 별과 시』에 수록될 정도로 모두가 윤동주가 심혈을 기울인 시이다. 윤동주는 『하늘과 바람과 별과 시』를 완성한 후 출판에 관해 이양하 교수와 상의했는데 일본 관헌의 검열에 걸리고 신변 안전에 좋지 않을 것 같다는 충고를 받아들여 필사본을 3부만 만들어 이양하 교수와 정병욱에게 한 부씩 주고, 자신이 한 부를 보관하였다.

윤동주의 연전 4년을 살펴보면서 빠뜨릴 수 없는 것은 기독교와 관련된 내용이다. 우리는 지금까지 윤동주의 생애를 살펴보면서 기독교가 그에게 끼친 영향이 중요하다는 것을 거듭 확인했다. 가정과 마을, 교회, 그리고 그가 다녔던 학교 대부분은 외형적으로나 내부적으로나 기독교적인 원칙에 따라 운영되었다. 윤동주는 자연스럽게 기독교 신앙을 받아들였고 일요일에는 교회에 다니고, 성탄절에는 새벽송을 돌고, 나이가 들면서 주일학교와 여름성경학교 교사를 하는 등 기독교 신자로서 전형적인 형태의 신앙생활을 하였다. 기독교 대학인 연전에 와서도 그는 연전과 이화여전 학생들이 출석하는 협성교회(이 교회는 오늘날 연세대와 이화대 대학교회의 전신이 된다)에 나갔고 선교사 부인이 인도하는 영어 성경공부에도 참여했다.

이렇게 겉으로 보기에는 큰 변화 없이 교인으로서의 생활을 계속 하는 것 같았지만, 윤동주는 내면적으로 그의 존재의 근원을 뒤흔들 정도의 심각한 신앙적 회의를 하고 있었던 것으로 알려진다.[35] 이 회의는 날로 가혹해지는 일제의 탄압에도 불구하고 침묵하는 것 같은 신에 대한 원망의 마음 때문에 생겼다고 짐작할 수 있지만, 또한 한 개인이 성장하면서 거쳐야 하는 통과의례로 해석해 볼 수도 있다. 회의는 신앙발달에서 매우 중요한 요소이

---

35) 송우혜, 『윤동주 평전』, 274.

다. 의심과 확신이 반복되면서 신앙의 폭이 넓어지고 깊이가 생기는데, 지금까지 심각한 신앙적 회의를 하지 않았던 윤동주로서는 대학 1학년을 마치고 난 시점이 그동안 비판 없이 받아들였던 신앙에 대해 근본적으로 재검토해 보는 적절한 시기였던 것 같다. 도리어 이런 성장통이 없이 주일학교 때 믿던 방식으로 계속해서 하나님을 믿었다면 윤동주의 시는 교회에 다니는 사람들에게만 공감을 일으키는 매우 제한적인 독자층을 위한 시로 남아있었을 것이다. 앞의 표1을 보면 연전 2, 3학년 시기에 윤동주는 오랫동안 시를 짓지 못하면서 안정을 못 찾고 문학적으로 방황하였던 것으로 추측해 볼 수 있는데, 신앙적 회의도 같은 시기에 겪었던 것 같다.

그가 오랜 절필 기간을 끝내고 처음 지은 시가 「팔복」(1940년 12월)이다. 혹자는 이 시가 마태복음 5장의 팔복을 의도적으로 비틀어서 표현함으로 그의 불신앙을 드러낸다고 평을 하지만, 그 이후 윤동주의 시가 전개하는 심오한 종교적 차원을 고려해볼 때, 거꾸로 「팔복」이야 말로 윤동주가 오랜 신앙적 회의의 기간을 통과한 후 그의 신앙이 한 단계 차원이 깊어지고 지평이 넓어진 상태에서 쓰기 시작한 시라고 해석하는 것이 더 옳다. 윤동주가 다음 해 1941년 2월 7일 「무서운 시간」을 시작으로 6월 2일 「바람이 불어」까지 11편의 시를 썼는데, 이들은 거의 전부가 기독교와 밀접하게 관련된 시들이다.[36] 같은 해 후반부에 쓰인 「또 다른 고향」(9월) 이후 6편의 시들은 모두가 명작이라고 할 수 있는데, 이 시들은 명백하게 기독교적인 색채를 띠지 않으면서 기독교적 진리를 누구나 공감할 수 있는 보편적인 언어로 표현한 것으로 평가된다. 삶의 의미, 죽음, 좌절, 내면의 성찰, 죄, 악, 부끄러움,

---

36) 유양선, "윤동주의 시에 나타난 종교적 실존: '돌아와 보는 밤' 분석," 「어문연구」 35(2007.6), 169.

믿음, 사랑, 희망, 구원, 자유, 기쁨, 종말 등은 기독교 신앙의 핵심적인 주제인데 윤동주는 연전 시절과 그 직후에 쓴 시에서 이 주제들을 다룸으로, 신학(神學)의 시학화, 시학(詩學)의 신학화라고 할 정도의 고도의 사상적 융합 작업을 했다고 볼 수 있다. 그 결과 윤동주의 시는 종교, 이념, 민족을 초월해 모든 인류의 심금을 울리며 깊은 감동을 주는 것이 되었다. 연전 4년을 간단하게 줄인다면, 연전 1학년 때 아직 동시를 쓰던 순진한 윤동주는 2, 3학년 때 회의와 갈등의 시간을 보내고, 4학년 때 철이 든 모습으로 되돌아와서 4학년 1학기 때 기독교 신앙을 확립하는 시를 썼고, 2학기 때는 그 신앙을 바탕으로 완숙한 명시들을 썼다고 할 수 있겠다.37)

연전 시절 윤동주의 삶을 훑으면서 마지막으로 살펴보아야 할 내용은 그가 학창 시절 가까이 지냈던 친구들, 특히 송몽규, 정병욱, 강처중과의 친분이다. 이 친구들이 아니었다면 오늘 우리가 알고 있는 윤동주는 없었을 것이다.

송몽규: 평생 윤동주와 운명적인 동행을 했던 송몽규는 연전에 입학하면서 윤동주와 같은 방에서 기숙사 생활을 했고, 방학 때면 같이 기차를 타고 고향 용정을 방문했다. 문과 학생회가 발간하는 『문우』 1941년 판을 편집했다. 그는 윤동주와 성격이 대조적이었다. 윤동주는 얌전하고 말이 적고 다정하고 자상한 성격이었고, 송몽규는 말이 거칠고 떠벌리고 행동반경이 큰 편이었다. 그렇지만 두 사람은 성격 차이 때문에 한 번도 다툰 적이 없고 늘 친하게 지내서 마치 쌍둥이 같았다고 한다.38)

37) Ibid.
38) 유영, "연희전문 시절의 윤동주," 123.

정병욱: 그는 윤동주의 2년 후배고 나이는 다섯 살이나 아래였는데 연전에 입학하자마자 윤동주와 사귄 이래 재학 시절 내내 형과 아우처럼 친하게 지냈다. 윤동주는 그를 교회에 데리고 가기도 했다. 윤동주는 그에게 『하늘과 바람과 별과 시』 필사본 3권 중 한 권을 주었는데, 그가 이것을 잘 보관하였기 때문에 해방 후 출판될 수 있었다. 그는 서울대 국문과 교수로 재직하면서 윤동주의 시가 교과서에 실리게 되는데도 큰 노력을 했다.

강처중: 윤동주의 입학 동기인 그는 연전 신입생 때 윤동주, 송몽규와 함께 같은 기숙사 방을 썼다. 졸업반 때는 문과 학생회장을 지냈고, 윤동주가 일본으로 유학간 뒤 서울에 남겨둔 「참회록」을 비롯한 낱장으로 된 시 원고들과 책, 책상, 연전 졸업 앨범 등을 보관하였고, 또한 윤동주가 일본유학 중에 그에게 보낸 편지 속에 써넣은 「쉽게 씌어진 시」 등을 비롯한 일본에서 쓴 시 5편을 보관했다. 강처중이 아니었다면, 윤동주가 일본에서 쓴 시는 단 한 편도 세상에 나올 수 없었을 것이다. 강처중은 해방 후 『경향신문』 기자로 있으면서 윤동주의 시를 신문에 실어 소개했고 정지용 시인에게 1948년 1월 출간된 『하늘과 바람과 별과 시』의 서문을 써달라고 부탁을 했다.

윤동주는 원래 1942년 3월에 연전을 졸업하게 되어 있었으나 일제 당국의 전시 학제 단축 조치 때문에 1941년 12월 27일에 졸업했다. 졸업 후 윤동주와 송몽규는 한 달 반 정도 고향에 머물면서 일본 유학을 준비하였다. 이미 집안 어른의 허락도 받은 상태였다. 그러나 일본 유학을 실행하는데 넘어야 할 높은 산이 있었다. 현해탄을 건너가기 위해서는 도항증명서가 필수적이었는데, 그 증명서에는 창씨개명한 이름만 허용이 되었던 것이다. 윤동주는 결국 1942년 1월 29일(26세) 연전으로 돌아와 학적부의 이름을 '히라누마 도오쥬우'로 바꾸었다. 송몽규는 조금 더 버티다가 2월 12일에 일본식 이름으로 바꿨다. 당시 윤동주의 기독교 신앙은 한층 무르익었었고 일제의 탄압이 더욱 잔학해지면서 반일감정이 최고조에 달했을 텐데 종교적 순수성과 민족적 절개를 저버리면서 그가 얼마나 참담함과 치욕을 느꼈을지 말로 다 표현할 수 없을 것이다. 시인은 시로 모든 것을 말한다고 하지 않는가? 윤동주는 당시 그의 심정을 「참회록」이라는 시에 남겼다. 이 시는 그가 창씨개명을 하기 닷새 전인 1월 24일에 쓰였고, 그가 한국에서 쓴 마지막 시가 된다. 이 시를 통해 그는 창씨개명의 불가피성을 받아들이기로 하고 앞으로 겪을 일에 대한 마음의 준비를 하고 있다. 이 시는 실존적 성찰, 역사의식, 기독교적 죄고백의 요소 등이 녹아서 하나로 융해되면서 완벽한 문학성을 이룬 윤동주의 최고 역작 중의 하나로 평가되고 있다.

8. 릿쿄대학 시절(1942년 4월 – 10월)

윤동주는 마침내 1942년 4월 2일(26세)에 도쿄에 있는 릿쿄대학(立敎大學) 문학부 영문과에 입학하게 된다. 송몽규는 4월 1일 교토에 있는 경도제국대학(京都帝國大學) 사학과에 입학했는데, 이 대학은 당시 동경제국대학에 버금가는 최고의 대학이었다. 윤동주도 이 대학 입학시험을 쳤지만 떨어져서 릿쿄대학으로 바꿔서 진학한 것이다. 윤동주는 숭실중학교 입시 때처럼 이번에도 시험 운이 별로 따르지 않았던 것 같다. 윤동주는 릿쿄대학에서 첫 학기를 마치고 여름방학 때 북간도 고향을 방문하여 보름 정도 머문 후 다시 이 학교로 돌아오지 않고 교토에 있는 도시샤대학으로 편입하게 되어 이 학교에서 수학한 기간은 4개월 정도밖에 되지 않는다. 이곳에서 그는 다

다미 6장 크기의 육첩방(六疊房)에서 하숙하면서 유학생활을 시작했다.

릿쿄대학은 도쿄에 있었고, 성공회 계열의 기독교 대학이었다. 성공회는 일본 왕의 친동생 중 하나가 신자가 되어 일본 내에서 세력이 큰 기독교 교파였다. 이 시절 윤동주의 학교생활 면모를 알아보기 위해서는 윤동주가 만났던 대조적인 두 인물을 소개할 필요가 있다.

첫째 인물은 군사교련을 담당했던 반도신지(飯島信之) 육군 대좌이다. 그는 공개적으로 "나는 예수가 정말 싫다", "릿쿄대학은 미션계이기 때문에 미국인을 위한 스파이 활동을 할 가능성이 높기 때문에 대학을 개조해야 한다"라는 등의 발언을 서슴지 않았던 일본 군국주의의 충실한 추종자였다. 당시 학생들은 모두 군사교육을 받아야 했는데 군사교육 출석정지를 당하면 곧 징병으로 끌려가야 했다. 반도신지는 이 권한을 이용하여 많은 학생들을 위협하고 괴롭혔다. 특히 조선인 학생들에게 "너희들은 일본에 필요 없다"라고 하면서 가혹하게 대했다.[39] 당시 윤동주의 사진을 보면 머리를 빡빡 깎은 모습으로 나오는데, 이는 전시체제에 맞춰 기풍을 진작하기 위해 교내 단발령을 내렸기 때문이었다. 참고로 송몽규가 다니던 경도제대에서는 단발령을 내리지 않았다. 이런 분위기는 인격적으로 결함이 있는 한 개인 때문에 생긴 것이 아니고 일제 당국의 의도가 반영된 것이다. 일본은 기독교계 학교에서도 소위 황도 사상을 확실하게 주입하는 교육을 할 필요가 있다고 생각하고 온갖 압력을 넣고 있었다. 윤동주가 떠난 후 1942년 9월 29일에 릿쿄대학 이사회는 "기독교주의에 바탕을 둔 인격 도야"라는 정관 제1조의 문구를 삭제하고 "황도를 실현하기 위한 교육"으로 개정했다.[40] 그리고 10월

---

39) 송우혜, 『윤동주 평전』, 354-355.
40) Ibid., 357.

에는 예배당을 폐쇄하고 그 자리를 교련에 쓰는 무기 창고로 사용했고, 대학 내 기독교식 예배를 일절 금지했다.

　이런 숨 막히는 분위기 속에서도 윤동주가 짧은 기간이나마 견딜 수 있었던 것은 두 번째 인물인 교목 고송효치(高松孝治) 교수 덕이었다. 그는 대학의 채플을 전담하는 목사로서 문학부 종교학과에 소속된 교수였는데, 기독교사, 기독교 경전학, 그리스어를 강의하기도 했다. 그의 높은 견식과 학식 때문에 많은 학생들이 그를 따랐고, 조선 유학생들에게 많은 도움을 주어서 그들도 그를 무척 존경했다. 윤동주도 고송효치 교목을 여러 번 찾아갔다고 한다. 한번은 윤동주가 교련거부에 대해 그와 상담을 했고, 그는 "나도 내일은 어떻게 될지 알 수 없지만, 신에게 기도하고 있으니까" 하며 격려해주었다고 전해진다.[41]

　윤동주가 릿쿄대학에 다니며 도쿄에 머문 기간은 4개월밖에 되지 않지만, 도쿄 시절은 시인으로서의 윤동주의 생애에서 매우 중요한 기간이었다. 그의 마지막 시 5편이 이곳에서 쓰였기 때문이다. 1942년 봄, 릿쿄대학 입학 직전에 소년 시절 친구이자 고종사촌 동생인 김정우가 도쿄에서 윤동주를 만났는데, 윤동주는 그에게 다윗의 시편을 많이 읽으라고 충고를 해 주었다고 한다. 이를 통해 당시 윤동주가 성서와 시의 밀접한 관계에 주목하며 시를 구상하고 있었음을 짐작할 수 있다.[42] 윤동주는 일본 유학 기간에 여러 사람들에게 편지를 쓰면서 그 안에 시를 적어 보냈다고 한다. 그중 연전 동문 강처중에게 보낸 5편의 시만 보존되었다. 그 시는 다음과 같다:

---

41) Ibid., 364.
42) 김정우, "윤동주의 소년 시절," 121.

「흰 그림자」(4.14), 「흐르는 거리」(5.12), 「사랑스런 추억」(5.13), 「쉽게 씌어진 시」(6.3), 「봄」(정확한 날짜 미상).

이 중 「쉽게 씌어진 시」는 약소국 국민인 일본 유학생 윤동주가 겪어야 했던 갈등과 소망과 다짐을 절실하게 표현하고 있다. 이 시에서 그는 "육첩방은 남의 나라"라는 구절로 그가 처한 시대적 상황을 밝힌 뒤, 그의 어릴 때 친구들은 하나 둘 떠나가 험한 세상을 어떻게 견디는지 알 수 없는데, 부모가 보내주는 학자금으로 대학 노트를 끼고 노교수의 강의를 들으러 가는 자신의 나약한 모습에 대해 다음과 같이 부끄러움을 느낀다: "인생은 살기 어렵다는데, 시가 이렇게 쉽게 씌어지는 것은, 부끄러운 일이다." 그렇지만 그는 여기서 주저앉지 않고 등불을 밝혀 어둠을 조금씩 몰아내면서 아침처럼 새로운 시대가 올 것을 기다리며 미래를 준비하겠다는 다짐을 이 시에서 표현하고 있다. 윤동주가 옥사하지 않고 계속 시를 지었다면 어떤 시들이 써졌을지 추측해 볼 수 있는 대목이다. 그러나 결국 이 시는 그의 인생의 맨 끝자락에서 자신의 생애를 요약하며 그가 이루지 못한 소망을 담은 유언장이 되고 말았다.

9. 도시샤대학 시절과 체포, 옥사까지(1942년 10월-1945년 2월 16일)

1942년 7월(26세) 윤동주는 여름방학을 맞아 북간도 용정 집으로 돌아와서 15일 정도만 머물렀다. 이 기간에 윤동주는 동생 윤혜원에게 앞으로 우리말 인쇄물은 모두 사라질 테니 무엇이나, 악보라도 사서 모으라고 당부를 했다고 한다.[43] 일본 동북제국대학에 재학 중인 친구가 편입 수속을 하기 위해 빨리 일본으로 오라는 전보를 보내서 부랴부랴 도일했다. 그러나 정작 일본으로 돌아온 윤동주는 1942년 10월 1일에 교토의 도시샤대학(同志社大學)으로 편입을 하게 되었다. 아들이 제국대학을 나와 출세하기를 기대했던 윤동주의 부친은 이 일에 대해 무척 노여워했다고 한다. 도시샤대학은 1875년에 설립된 기독교 계통 대학으로 개신교 조합교회파에 속한 학교였다. 학과 중에 신학과가 있어서 일본 내 기독교계 중요 인물들이 이 학교를 나왔다. 당시 도시샤대학은 자유스러운 분위기에서 교육을 했는데 학생들은 학년 구분이 없이 자율적으로 수강할 과목을 정했다고 한다. 윤동주는 이곳에서 1942년 가을 학기와 1943년(27세) 봄 학기를 공부했는데 그가 수강한 과목은 영문학 관련 4과목, 신문학 1과목 등 총 5과목이었다. 1943년 1월 겨울방학은 귀성하지 않고 교토에서 지냄으로 그는 살아서는 고향에 돌아갈 수 없게 되었다.

윤동주가 도시샤대학을 선택한 가장 큰 이유는 송몽규가 같은 도시의 경도제대에 재학하고 있었기 때문이었다. 또한, 연전의 스승 이양하가 교토에서 오랜 기간 공부를 했고, 그가 중학교 때부터 애독하던 정지용 시인이 도시샤대학 출신이라는 것도 영향을 끼쳤을 것이다. 윤동주는 송몽규의 하숙집과 불과 5분 거리에서 살고 있었으며 그와 자주 어울렸다. 그러나 삼엄한 시대에 독립운동 경력 때문에 일본 경찰의 블랙리스트에 올라 늘 감시를 당하고 있는 송몽규와 접촉한다는 것은 매우 위험한 일이었다. 윤동주는 송몽규와 가까이 지내면서 민족의 독립을 위한 일에 좀 더 적극적으로 관심을 가지게 된 것 같다. 그의 친구들에 의하면 보통 때는 조용하던 윤동주가 일본인 교사에 대한 비판을 할 때면 감정이 격해지는 것을 보았다고 한다. 또

---

43) 송우혜,『윤동주 평전』, 348.

한, 후배에게 여러 번 인도의 타고르 시인의 시를 낭송해주면서 조국 광복을 염원했다고 한다.[44] 나중에 작성된 일본 경찰의 취조문서와 재판 판결문을 보면 윤동주는 이 기간에 "친구들과 조선의 독립을 강조하고 민족의식을 부추기고, 조선어 폐지에 대해 불만을 토로하는 등, 한민족으로서의 민족의식과 문화를 유지하고 앙양시키려는 불온한 사상과 행동을 했다"라고 기록하고 있다.[45] 오래전부터 일본 경찰은 송몽규를 감시하면서 그와 친구들이 나누는 대화를 엿듣고 기록해 놓았던 것이다. 더는 송몽규 일행을 놔두는 것이 위험하다고 판단했는지, 일경은 1943년 7월 10일에 송몽규를 먼저 체포했고, 7월 14일(27세)에는 윤동주와 고희욱을 비롯한 관련자들을 체포하였다. 이렇게 윤동주의 도시샤 학창 시절은 갑자기 끝나버리게 되었다.

윤동주가 도시샤 재학 기간에 썼던 어떤 글도 현재 보존된 것은 없다. 다만 윤동주가 투옥된 후 면회를 갔던 당숙 윤영춘이 취조실에 가보니 윤동주가 상당한 부피의 원고 뭉치를 일어로 번역하고 있었다고 증언하는 것을 보니 우리가 알고 있는 작품 외에 다른 작품들이 있었던 것은 확실하다.[46] 윤동주의 시 어디에도 도시샤 대학 시절의 흔적은 남아있지 않지만, 윤동주 시비가 도시샤 대학 안에, 정지용 시비와 함께 나란히 세워져 있다.

윤동주는 1943년 여름방학을 고향에서 보내기 위해 체포되기 전에 교토에서 기차표를 예매하고 짐을 수하물로 먼저 부쳤었다. 윤동주의 체포 소식은 그의 고향 도착 예정일 즈음에 용정에 전보로 알려졌다. 전보가 도착했

---

44) 김인섭, "윤동주 시의 '슬픈 천명'과 자기 실현: 일본체류기간의 시와 행적을 중심으로," 「한국문학이론과 비평」 43(2009), 27.
45) 송우혜, 『윤동주 평전』, 407.
46) 윤영춘, "명동촌에서 후쿠오카까지," 113.

을 때 윤동주의 여동생 김혜원은 부친의 요청으로 오빠를 마중하러 용정에서 2백 리 떨어진 두만강 건너 함경선의 종점인 상삼봉역에 가서 기차 시간마다 역에 나가 오빠를 기다려야 했다. 윤동주가 체포된 후 일본에 있던 당숙 윤영춘과 고종사촌 동생 김정우가 교토 경찰서에 구금되어 있는 윤동주를 면회할 수 있었다. 7월 체포 소식을 듣고 도쿄에서 부랴부랴 면회를 온 윤영춘은 "아저씨, 염려 마시고 집에 돌아가서 할아버지와 아버지, 어머니에게 곧 석방되어 나간다고 일러주세요"라고 하는 윤동주의 마지막 말을 들었다고 한다.47) 그는 형사의 지시로 윤동주가 자신의 글을 일어로 번역하는 것을 보았고, 송몽규는 먼 친척이 되어서 면회를 할 수 없었다. 김정우가 면회를 했을 때 윤동주는 억지로 미소를 지으며 할아버지와 부모님께 잘 있다는 소식을 전해줄 것을 몇 번이고 부탁하였다고 한다.48) 윤동주는 체포된지 260일 만인 1944년 3월 31일(28세)에 교토 재판소에서 재판을 받은 결과 징역 2년을 선고받았고, 송몽규도 4월 13일에 같은 형을 선고받은 뒤 한반도에서 지리적으로 가장 가까운 형무소인 큐슈 후쿠오카(福岡) 형무소로 이송되어 복역을 시작했다. 이들의 죄목은 조선독립운동이었다.49) 윤동주는 후쿠오카 형무소에서 독방에서 노동을 하며 수감생활을 했고 가족들에게 매달 엽서 한 장씩만 일어로 보낼 수 있었다. 윤동주의 가족은 한 번도 면회할 수 없었고 우편으로 물건들을 보내는 것만 허용되고, 윤동주의 요청으로 영일(英日) 대조 신약성서를 보내주기도 했다.

----

47) Ibid., 106.

48) 김정우, "윤동주의 소년 시절," 121.

49) 1977년 『문학사상』 12월호에 소개된 특고경찰(特高警察) 비밀문서와 1982년 『문학사상』 10월호에 소개된 윤동주에 대한 판결문을 통하여 이 사실은 명백하고 자세하게 확인되었다. 송우혜, 『윤동주 평전』, 402, 427.

윤동주의 출감 예정일은 1945년 11월 30일이었다. 그러나 그는 조국의 광복을 반년 앞두고 형기도 채우지 못한 채 1945년 2월 16일 새벽 3시 36분(29세)에 27년 2개월의 생애를 살고 운명하였다. 윤동주의 옥사 소식을 듣고 부친 윤영석과 윤영춘이 사망 10일 후에 후쿠오카 형무소에 도착했다. 우선 아직 살아있는 송몽규를 먼저 면회했는데 반이 깨진 안경을 끼고 나타난 송몽규의 외모는 뼈에 가죽만 씌워놓은 것 같았고 말도 정확히 하지 못하였다고 한다. 왜 이렇게 되었냐고 물으니 "저놈들이 주사를 맞으라고 해서 맞았더니 이 모양이 되었고 동주도 이 모양으로…" 하고 말했다고 한다.[50] 송몽규는 3월 7일 세상을 떠남으로 평생 동행했던 친구가 간 길을 부지런히 뒤따라가게 되었다.

윤동주가 수감생활 중 남긴 시는 물론 어떤 글도 보존된 것이 없다. 그렇지만 윤동주 시인이 인생의 막바지에 잠시라도 마음속에 떠올렸을 시상의 흔적을 추적해보는 것은 부질없는 일은 아닐 것이다. 윤동주의 동생 윤일주가 편지에 "붓 끝을 따라온 귀뚜라미 소리에도 벌써 가을을 느낍니다"라고 써 보낸 적이 있었다. 여러 정황으로 보아 1944년 초가을일 것으로 추정된다. 이 편지에 윤동주는 다음과 같이 답장을 해 주었다고 한다. 이것은 원래 일어로 쓴 것이고 윤일주의 기억 속에서 회상된 것이다.

"너의 귀뚜라미는 홀로 있는 내 감방에서도 울어준다. 고마운 일이다."

---

50) 윤영춘, "명동촌에서 후쿠오카까지," 114.

10. 시집『하늘과 바람과 별과 시』의 출간까지

1945년 8월 15일 일제의 무조건 항복으로 우리 민족은 광복을 맞이하였다. 38선에 의한 남북 분단과 건국을 위한 준비 등 복잡한 정세 속에서 광복을 다섯 달 앞두고 옥사한 윤동주에 대해 세상 사람들은 아무 관심도 기울이지 않았다. 그러다 윤동주 서거 2주기를 앞둔 1947년 2월 13일에 당시『경향신문』기자였던 강처중이 윤동주의 시「쉽게 씌어진 시」를 정지용의 소개글을 붙여 지면에 실어서 윤동주의 시를 세상에 알렸다. 그리고 3주기에 맞추어 윤동주 시집을 발간하기로 계획을 세워 정병욱이 보관하고 있던『하늘과 바람과 별과 시』필사본에 실린 시 19편에 강처중이 보관했던 낱장 시를 추가하여 총 31편의 시를 묶어『하늘과 바람과 별과 시』라는 제목으로 1948년 1월에 정음사에서 출판하였다. 이 시집은 당시 기준으로는 상당히 격식을 갖추어 고급스럽게 출판된 시집이었다. 당대 최고 시인이었던 정지용이 서문을 쓰고, 현직 신문기자인 강처중이 발문을 붙였다. 정식으로 등단도 하지 못한 시인의 유고시집이 이렇게 출판되어 세상에 알려진 것은 윤동주의 시의 가치를 높이 평가하고 그가 살아온 고귀하고 순결한 삶을 기리는 연전 친구들의 헌신적인 노력을 통하여 가능했던 것이었다. 이 시집은 출판된 후 6.25를 거치면서 정지용의 월북과 강처중의 좌익 연루 등으로 형태를 바꾸어가며 출판되었지만, 판이 거듭되면서 새로운 원고들이 추가되어 내용이 증보되면서 점점 더 많은 독자들의 마음을 사로잡게 되어 마침내 윤동주 시인은 우리나라 국민이 가장 좋아하는 시인으로, 그의「서시」는 가장 애송하는 시로 꼽히게 되었다.

III. 윤동주와 연세 학풍의 미학적 승화

지금까지 우리는 윤동주의 생애를 그가 다녔던 학교를 중심으로 재구성해 보았다. 윤동주는 한 번도 직업을 가져본 적이 없었고, 적은 원고료 외에 돈을 벌어본 적도 없었고, 평생 부모에게 재정적인 도움을 받았던 학생이었다. 그는 자신의 시집 출판을 보지도 못하고 세상을 떠났다. "무시무시한 고독 속에서 죽었구나"라는 정지용 시인의 말대로 윤동주는 자신의 시를 통해 세상과 제대로 소통도 해보지 못하고 요절했다. 요즘의 기준으로 보면 그의 삶은 실패한 삶이다. 그렇지만 윤동주는 어떤 누구보다도 연세를 빛낸 동문으로 존경을 받고 있다. 이미 윤동주의 삶의 방식과 시는 연세의 정체성을 구성하는 매우 중요한 요소로 자리를 잡아 학생, 교수, 직원, 동문 등 모든 연세인들에게 특별한 영감의 원천이 되고 있다. 우리는 윤동주가 연세의 학풍에 기여하는 바가 크다는 것을 인정할 수밖에 없다. 윤동주는 다음과 같은 점에서 연세 학풍의 발전에 크게 이바지하였다.

1. 동서 고근 화충의 승화

윤동주는 동서(東西) 고근(古近)의 화충(和衷)이라는 연세 학풍을 높은 수준으로 승화시켰다. 윤동주에게 영향을 주고, 그리고 그가 계승하고 발전시킨 연전의 학풍의 큰 틀은 동서와 고근의 화충이라 할 수 있다. 1932년 『연희전문학교상황보고서』에는 연전의 교육은 "기독교주의 하에 동서 고근 사상의 화충으로 문학, 신학, 상업, 수학, 물리학, 화학에 관한 전문교육을 시(施)하야 종교적 정신의 발양(發揚)으로써 인격도야를 기(期)하며 인격도야로부터 돈실(敦實)한 학구적 성취를 도(圖)하되 학문의 정통에 반(伴)하야 실용능력을 겸비한 인재 배출" 하는 것이 목적임을 밝히고 있다.51) 즉 기독교 정신을 토대로 하여 동양과 서양, 고대와 근대의 학문과 사상을 조화시켜 높은 학문적인 식견과 실용 능력을 갖춘 인격적 인재를 배출하는 것이 목적이라는 것이다. 이 목적은 연세대학의 역사를 통해 오늘날까지 소중한 원칙으로 존중되고 있으며 교육 영역은 물론 연구 영역에서까지 중요한 가이드라인의 역할을 하고 있다.52)

동서와 고근의 화충은 윤동주가 입학할 때 연전의 학풍이었지만, 그때까지 그의 생애 중 어느 한순간도 그런 풍토에서 그가 벗어난 적은 없었다. 윤동주는 동서 고근 화충의 정신을 누구보다도 뼛속 깊이 새기고 연전에 입학했다. 그의 고향 명동촌은 뿌리 깊은 유교 전통과 민족정기, 신학문, 그리고 기독교가 마을 사람들의 삶 속에서 유기적 결합을 이룬 화충의 실험실이었다. 그들에게 화충은 사치스런 지적 유희가 아니고 삶의 방식이고, 양육과 교육의 원칙이고, 독립을 위한 운동이었다. 명동소학교, 은명중학교, 숭실중학교를 통하여, 그리고 맹자를 만독하고 독립운동에 투신하고 기독교 목사가 된 김약연에게 사사하면서 윤동주는 이미 화충의 높은 수준에 도달한 상태에서 연전에 들어왔다. 연전은 그에게 더 고차원적인 화충의 길을 열어주었고, 그는 시를 통하여 미학적 차원으로 화충을 승화시킴으로 시대와 문

---

51) 김석득, "조선학의 요람, 연전 문과," 연세의 발전과 한국사회 편찬위원회 편, 『연세의 발전과 한국사회』(서울: 연세대학교 출판부, 2005), 44.
52) 연세 120주년 기념으로 편찬된『연세의 발전과 한국사회』는 2005년까지의 연세의 역사를 요약하고 미래의 비전을 제시하면서 한국학 분야와 첨단 과학 분야를 통해 연세가 세계의 유수 대학이 될 것이라 전망하고 "이것이 연세 창립이후 줄곧 추구해온 기독교 정신 하의 '동서·근고 화충'을 달성하는 것이다"라고 기술하고 있다. 연세의 발전과 한국사회 편찬위원회 편, 『연세의 발전과 한국사회』(서울: 연세대학교 출판부, 2005), 366.

화의 경계를 초월하여 많은 사람들이 공감할 수 있는 가치를 창출해 낸 것이다. 오늘날 대학에서 중요하게 생각하는 융복합과 맥락을 같이 하지만 그보다는 더 근본적이고 포괄적인 개념이 화충이다. 화충은 동양과 서양, 고대와 현대, 학문과 실용, 실력과 인격, 개인과 사회 등을 다 포괄하면서, 이 모두를 산술적으로 합하는 것에 그치는 것이 아니고, 특별한 관점에서 재구성하여 새로운 것을 창작해내는 작업이다. 윤동주는 이 재구성의 작업을 통해 오염된 세상에서 순결을 노래했고, 어두운 밤중에 희망의 빛을 가리켰던 것이다. 동서 고근 화충의 학풍은 오늘의 상황에서는 또 다른 모습으로 재구성되어야 한다. 한 예로, 지금까지 기독교는 서구와 근대를 대표하는 이념으로 여겨져 왔다. 그러나 기독교의 무게 중심은 이제 남미와 아프리카, 아시아로 옮겨졌고, 기독교는 우리 민족사에 깊은 뿌리를 내린 지 오래다. 동, 서, 고, 근에 대한 새로운 인식에 근거하여 오늘의 상황에 맞는 새로운 화충의 방도를 찾아 시대의 한계를 뛰어넘는 가치를 창조하는 것이 연세 학풍에 주어진 사명이다.

2. 기독교 정신의 지평 확장

윤동주는 연세 학풍의 기반과 핵심이라 할 수 있는 기독교의 지평을 넓히고 깊이를 심화시켰다. 위의 『연희전문학교상황보고서』에서도 확인되는 것처럼, 연희에서의 화충이라는 재구성작업은 기독교적 관점에서 이루어졌다. 연전은 개교 이후 끊임없이 기독교 정신을 교육하기 위해 최선을 다해왔다. 전교생들에게 기독교 과목을 가르치기 위해 학생이 없는 신학과를 처음부터 설치했고, 「성서개론」을 모든 재학생이 필수 교양으로 수강하게 했으며, 정규과목 이외에 「채플」을 운영하여 학생들이 기독교 정신에 따라 삶을 성찰할 수 있도록 도와주었다.[53] 이런 전통은 오늘까지 면면히 이어져 오늘 연세대학교 정관 제1조는 기독교의 가르침에 맞추어서 "진리와 자유 정신을 체득한 기독교적 지도자"를 양성하는 것이 학교의 목적임을 명확하게 표현하고 있다. "기독교 정신의 교육과 인격 함양은 연세가 존립하는 한 절대로 변할 수 없는 존재 근거요 기간(基幹)"이라는[54] 것에 대해서는 논란의 여지가 없지만, 기독교는 역사적 종교이므로 시대적, 문화적 상황에 따라 다양한 모습을 띠기 때문에, 그것이 어떤 기독교인가에 관해 성격규정을 하는 것이 필요하다. 특히 오늘날 우리 사회에서 기독교에 대한 엇갈리는 평가가 있는 것을 고려해볼 때 더욱 그러하다.

원두우와 에비슨이 연전의 학풍의 기초를 세우면서 염두에 두었던 기독교는 초교파적, 초교회적, 초신학적 성격을 띠었다고 할 수 있다.[55] 첫째로, 연전의 기독교 정신은 초교파적이었다. 연전이 조선기독교 대학으로 정식 개교하기 이전에 이미 미국 북감리교, 남감리교, 캐나다 장로교, 국내 북장로교 소속 선교사들이 초교파적 연합위원회를 구성하여 교육기관을 운영하고 있었는데, 연전은 그 기관과 밀접한 연관이 있다.[56] 또한, 세브란스의학교는 한때 "세브란스연합의학전문학교"라는 교명을 가질 정도로 처음부터 기독교 연합정신에 의해 세워졌다.[57] 연세의 에큐메니칼적 연합정신은

---

53) 민경배, "연세 창립과 기독교 정신," 연세의 발전과 한국사회 편찬위원회 편, 『연세의 발전과 한국사회』, 28.

54) Ibid., 17.

55) 이는 무교파, 무교회, 무신학이나 반교파, 반교회 반신학과는 완전히 다른 것으로 기존의 교파, 교회, 신학의 전통의 바탕 위에서 종합대학이라는 상황에 맞게 새로운 차원을 추가함을 뜻한다.

56) 김석득, "조선학의 요람, 연전 문과," 44.

57) 박형우, "세브란스의전과 의학의 토착화," 연세의 발전과 한국사회 편찬위원회 편, 『연세의 발전과 한국사회』, 103-104; 특히 에비슨의 모교 캐나다 토론토 대학에서

1963년 연합신학대학원과 2015년 Graduate Institute of Theology의 설립을 통해 더욱 확연하게 구현되었다.

　연전의 기독교 정신은 또한 초교회적이었다. 즉, 기독교를 가르치는 것이 어떤 특정 교파에 속한 교회에 출석하는 교인을 만들기 위해서가 아니고, 기독교적인 덕목을 갖춘 인재를 양성하기 위함이었다. 원한경은 1935년 연전 3대 교장 취임사에서 "우리는 장로교인이나 감리교인을 요구하는 것이 아닙니다. 그러나 누구나 예수의 정신을 가지고 예수의 이름으로 그의 사업을 계승할 수 있는 사람을 요구합니다"라고 말했다.[58] 교단과 교회의 경계를 넘어서는 사고를 하면서 교회 밖에도 익명의 기독교인이 있을 수 있다는 유연한 관점에서 하나님이 사랑하는 세상에 관심을 두며 이 땅에 하나님의 나라를 세우기 위해 노력하는 자세가 보인다. 같은 맥락에서 연전은 정인보와 같은 비기독교인 학자도 교수로 초빙하고, 비기독교인 학생도 기독교인 학생의 수를 넘지 않는 한도 내에서 받아들여 '교회 안'과 '교회 밖'의 구분을 넘어서는 진보적이고 포용적인 입장을 견지해 왔다.[59]

　연전의 기독교 정신은 또한 초신학적이었다. 신학은 전통적으로 교회를 위한 학문으로 여겨져 왔었다. 각 교단의 신학교에서는 목회자를 훈련하고, 평신도를 교육하며, 교단의 신학적 전통에 대해 성찰을 한다. 신학의 주

는 그가 재학하고 교수로 가르치던 시기에 에큐메니칼 정신에 근거한 연합 움직임이 활발하게 이루어지고 있었다는 점을 고려해볼 때 왜 연세의 기독교가 초교파적인 성격을 갖게 되는지 이해할 수 있다. 이선호, "올리버 알 에비슨(Olover R. Avision)의 연희전문학교 사역," 「신학논단」 64(2011), 110;

58) 정선이, "연희전문 문과의 교육," 연세대학교 국학연구원 편, 『근대학문의 형성과 연희전문』(서울: 연세대학교출판부, 2005), 68.

59) 연세대학교백년사 편찬위원회, 『연세대학교 백년사 I 연세통사 (상)』(서울: 연세대학교출판부, 1985), 168.

관심사는 교회이고, 주 독자는 기독교인이다. 그러나 연세의 역사 속에서 기독교적 성찰의 주된 관심은 세상이고, 더 구체적으로는 다양한 전공의 탐구가 이루어지고, 미래 사회의 주역이 될 인재를 길러내는 기독교 종합대학 현장이다. 기독교적 창립 정신이 어떻게 각각의 고유한 교육과 연구의 영역으로 스며들어 다양한 분야와 유기적인 결합을 이루어낼 수 있는지가 관심사이다. 연전이 처음부터 신과를 설치할 때 신학자나 교회 지도자를 양성하는 데 주력하지 않고, 기독교 개론 과목과 채플을 운영하기 위한 근거로 활용했다는 점은 연세의 신학적 전통은 기존의 신학의 경계를 넘어선다는 것을 예증하는 것이다. 교단 신학교가 아니라 종합대학 내에 있는 신학자가 소홀히 하지 말아야 할 중요한 임무는 무엇보다도 기독교의 진리를 여러 학제가 이해하고 수용할 수 있는 인문학적 담론으로 풀어내어 다학제간에 기독교적 창립 정신에 대한 학문적 대화가 활발하게 이루어질 수 있는 지적 기반을 만드는 것이다.[60]

　　이와 같은 특징에 근거하여 연세적인 기독교는 개인의 구원과 더불어 민족의 해방도 강조했고, 교회 밖 세계 속에서도 참되고, 착하고, 아름다운 것들을 찾고 이룰 수 있다는 일반은총적 낙관론의 태도를 보여 오면서 기독교의 외연을 확장해왔다. 윤동주가 접해왔던 기독교는 이러한 연전의 기독교 이해와 매우 유사했다. 명동촌이 있었던 북간도 지역은 연합정신이 강한 캐나다 장로교의 영향을 많이 받았다. 윤동주의 스승 김약연이 믿고 있었던 기독교는 그 지평의 광대함과 성찰의 심오함이 타의 추종을 불허할 정도이다. 연전은 윤동주가 갖고 온 종교적 맹아를 성장시키고 꽃피우게 하는 최적

---

60) 이대성, "공학윤리 교육의 확대에 따른 기독교 종합대학의 과제," 「기독교사회윤리」 23(2012), 240.

의 여건을 제공했고, 윤동주는 그의 탁월한 문학적 재능을 통하여 한껏 기독교의 의미를 깊고 넓게 확장할 수 있었던 것이다. 특히 연전 4학년 후반부에 쓰인 시들은 기독교적 상투어를 최대한 자제하면서 기독교의 핵심 진리를 보편화시킨 것이었다. 그의 시를 종교시와 일반시로 나누려는 시도가 무의미할 정도로 기독교의 지평을 크게 확장함으로, 윤동주는 신학의 시학화(詩學化)를 통해 시학의 신학화(神學化)를 이룬 것이다. 윤동주는 이렇게 연세 학풍을 계승하고 발전시킴으로 다른 시대 다른 분야에 속해있는 연세인들에게도 본보기가 되며 영감을 주고 있다.

3. 공동체 의식과 협동정신의 중요성 부각

윤동주는 공동체 의식과 협동정신의 중요성을 삶과 시로 보여줌으로 연세 학풍의 발전에 이바지했다. 공동체와 협동의 강조는 오래된 연세의 전통이었다. 신념과 가치를 공유한 여러 당사자들이 상호 간의 차이에도 불구하고 하나로 결속하여 새로운 공동체를 이루며 새역사를 열어가는 것은 세브란스, 연희, 연세가 걸어온 방식이다. 연전은 학생들의 협동정신을 함양하기 위해 문우회, 상우회, 이학연구회 등의 학생 동아리 활동을 지원했고,[61] 단결력, 희생정신, 전체를 위한 개인의 참여, 애교심을 고취하기 위해 연보전(延普戰)과 같은 체육 활동을 장려했다.[62] 학문연구 분야에서도 "연희공동체"라고 불릴만한 긴밀한 유대 속에서 많은 학자들이 공동연구를 진행함으로 국학의 발판을 쌓았다.[63]

---

61) 연세대학교백년사 편찬위원회 편,『연세의 발전과 한국사회』, 268.
62) Ibid., 627; 윤여탁, "한국 스포츠의 견인차, 연세 체육," 연세의 발전과 한국사회 편찬위원회 편,『연세의 발전과 한국사회』, 231-234, 236.

공동체는 윤동주의 생애 속에서 여러 다른 모습으로 체험되었다. 명동촌은 매우 독특한 공동체였다. 민족공동체는 그가 한순간도 소홀히 여겨본 적이 없는 그의 존재의 근거였다. 그가 다녔던 학교들은 대부분 강한 공동체적 에토스를 갖고 외부의 위협에 대항했다. 그는 송몽규와 평생 운명 공동체적 유대관계를 유지해왔다. 윤동주는 연전에 와서 공동체 의식과 협동의 문화 속에서 생활하면서 더 높은 차원으로 그 정신을 고양시켰다. 그의 시에 자주 등장하는 '고향', '동무', '사랑', '그립다'와 '시대', '세기', '역사' 등의 시어는 그가 늘 갖고 있었던 공동체적 관심을 드러내 준다고 볼 수 있다. 윤동주가 남긴 마지막 산문 「화원에 꽃이 핀다」에서는 연전의 친구들을 꽃으로, 친구들의 모임인 공동체를 화원으로 비유하여 표현하고 있는데, 다음과 같은 구절이 눈에 띈다: "서로 마음을 주는 동무가 있는 것도 다행한 일이 아닐 수 없습니다… 나는 이 여러 동무들의 갸룩한 심정을 내 것인 것처럼 이해할 수 있습니다. 서로 너그러운 마음으로 대할 수 있습니다… 세상은 해를 거듭, 포성에 떠들썩하건만 극히 조용한 가운데 우리들 동산에서 서로 융합할 수 있고 이해할 수 있고 종전의 □□가 있는 것은 시세의 역효과일까요"[64] 윤동주의 탁월한 문학성에 의해 이 산문에 표현된 동무들의 마음은 글 밖으로 뛰쳐나왔다. 연전 시절의 친구들은 죽음의 경계를 넘어서까지 윤동주를 공

---

63) 서정민, "한국교회사 연구의 시원과 백낙준의 『한국개신교사』," 연세대학교 국학연구원 편, 『근대학문의 형성과 연희전문』, 456-7.

64) "□□"로 표시된 부분은 윤동주의 육필 원고에 2-3글자 정도 공간으로 비어 있는 부분이다. 류양선은 그 빈칸에 들어갈 말이 연전 문과 학생들의 공동체인 '문우회 (文友會)'임이 틀림없다고 주장한다. 그 주장의 정당성 여부를 떠나서 이 글을 통해 윤동주의 연전 시절에 공동체가 얼마나 중요했었는지 잘 알 수 있다. 류양선, "윤동주의 <병원> 분석 – 산문 <화원에 꽃이 피다>와 관련하여," 「한국현대문학연구」 19(2006.6), 386.

동체 구성원으로 여겼다. 그들은 윤동주의 시의 진가를 이해하는 높은 식견을 갖추고 있었고, 온갖 위험을 무릅쓰고 그의 시와 그의 삶의 흔적들을 보존하기 위해 최선을 다했으며, 자신을 내세우지 않는 겸손함과 섬기는 자세로 윤동주의 유고집을 세상에 펴내기 위해 많은 노력을 기울였다. "윤동주현상"은 단순히 천재적인 한 시인이 이루어냈다기보다는 연전에서 학창시절을 같이 보내면서 같은 스승에게서 배우고, 같은 학교의 기풍을 받아 사상이 형성된 연전 공동체가 힘을 합해서 이루어낸 것이라고 볼 수 있다.65)

윤동주는 이처럼 공동체 의식과 협력정신을 높은 수준으로 승화시켜서 연세의 학풍을 한 단계 발전시켰다. 극단적인 이기주의의 확산과 공동체 파괴, 공공성의 실종 등으로 우리 사회가 많은 어려움을 겪고 있는 오늘, 윤동주는 연세 학풍의 나갈 길에 대해 큰 영감을 준다.

IV. 결론

지금까지 우리는 윤동주가 연세 학풍의 발전에 끼친 영향을 그의 생애와 시에 근거해서 살펴보았다. 윤동주는 다른 인물과는 확연히 구별되는 방식으로 연세 학풍에 기여했다. 윤동주는 연세 학풍의 최대 수혜자(受惠者)이며 동시에 최대 시혜자(施惠者)였다. 그런데 곰곰이 생각해보면 윤동주는 또한 연세 학풍의 최대 "희생자"(犧牲者)였다. 윤동주가 연세 학풍의 이념을

---

65) 연전시절 윤동주의 친구 박창해는 윤동주는 친구들과의 대화를 통해 "분열은 멸망의 첫 걸음이다", "겨레의 마음에 지닌 정서를 발전시켜 주는 것은, 도덕률을 가르쳐 주는 것보다 더 중요하다", "시를 경외하는 것이 자기를 구원하는 길이다" 등의 생각을 나누었다고 한다. 박창해, "윤동주를 생각함," 「나라사랑」 23(1976.6), 131.

저버리는 삶을 살았다면 그가 체포되거나 옥사하는 비극은 일어나지 않았을 것이다. 그러나 그는 십자가가 허락된다면 조용히 피를 흘려 목숨을 바치겠다는 심정으로 최후를 맞이했다. 그는 연세가 추구하는 가치를 끝까지 지키다가 희생된 것이다. 그는 연세의 제단에 바쳐진 희생 제물처럼 우리 모두를 대신해서 괴로움과 부끄러움과 죄책을 회피하지 않고 한 몸에 지고 씨름했고, 빛이 어둠을 이길 것이라는 신념 하나만을 붙들고 아름다운 시어로 새로운 세상을 지으며 삶을 마감했다. 그의 죽음으로 모든 것이 끝나는 줄 알았다. 그러나 삼 년 후에 그의 유고집이 출판되면서 윤동주는 다시 생생하게 우리 곁으로 돌아왔다. 윤동주는 참되고, 착하고, 아름다운 것을 끝까지 추구하며 사는 사람들은 죽어도 다시 산다는 진리를 연세인에게 깨우쳐 준다. 윤동주가 연세 학풍의 발전에 끼친 가장 큰 공헌은 그가 예수가 걸어간 길을 충실하게 따라갔다는 것이리라. 윤동주는 연세 학풍을 시대와 국경을 초월하여 모든 인류가 추구할만한 아름다운 이상으로 승화시킨 가장 충실한 연세인이었다.

참고문헌

02_ 대학선교학(교목학)의 학문적 정체성

김광률. "학원선교와 대학교회의 역할 - 한남대학교회를 중심으로." 「대학과 선교」 19 (2010), 71-99.

김광식. 『조직신학 I』. 서울: 대한기독교서회, 1988.

김균진. 『기독교 신학 I』. 서울: 연세대학교 출판부, 2009.

김명구, 류금주. 『연세대학교 신과대학 백년사』. 서울: 도서출판 동연, 2015.

김상근. 『선교학의 구성 요건과 인접 학문』. 서울: 연세대학교출판부, 2006.

김영식. 『과학, 인문학, 그리고 대학』. 서울: 생각의 나무, 2007.

김영완. "채플의 패러다임 변화를 통한 선교의 극대화 방안." 「대학과 선교」 16 (2009), 111-140.

_____. "통전적 선교명령과 기독교수의 소명과 역할." 「대학과 선교」 23 (2012), 175-205.

김재웅. "분과 학문으로서 교육학의 위기에 대한 비판적 고찰." 「아시아교육연구」 13, no. 3 (2012), 1-26.

남재현, 박정세, 한인철, 정종훈. "연세대학교 채플이 졸업생들에게 미친 영향에 관한 연구." 「대학과 선교」 6 (2004), 9-37.

문영빈. "포스트모던/정보화 시대의 신앙과 학문: 해석학과 시스템이론적 관점." 「대학과 선교」 9 (2005), 83-106.

박숭인. "기독교 이해 교과목의 자리매김 -기독교 신학의 본원적 과제." 「대학과 선교」 24 (2013), 97-125.

박용우. "학원 선교와 채플." 이계준 엮음. 『기독교 대학과 학원 선교』. 서울: 전망사, 1997. 89-102.

박정세. "학원 선교 진작에 대한 장기적 대안 고찰 -전공별 신앙지도교수 모임을 중심으로." 「대학과 선교」 10 (2006), 67-87.

안승병. "한국 기독교 대학 학원선교의 역사 - 한국 기독교 대학 교목회를 중심으로." 「대학과 선교」 3 (2001), 331-372.

_____. "1950년대 한국 기독교 대학에서의 정체성 정립의 한 사례: 신앙과 생활의 일치의 의미 - 전희철의 일기를 중심으로." 「대학과 선교」 26 (2014), 199-230.

오인탁, "기독교교육학이란 무엇인가?." 오인탁 편. 『기독교 교육학 개론』, 수정증보판. 서울: 기독한교, 2012, 19-56.

용어네일/ 김경재 외 옮김. 『선교와 선교학』. 서울: 한들출판사, 2005.

유성준. "기독교 대학채플 활성화방안에 관한 연구." 「대학과 선교」 13 (2007), 133-152.

이계준 엮음. 『기독교 대학과 학원선교』. 서울: 전망사, 1997.

_____. "기독교 대학의 정체성과 미래의 과제." 「대학과 선교」 2 (2000), 7-33.

이대성. "기독교 이해 과목 강의에 밀턴의『실낙원』활용하기." 「대학과 선교」 24 (2013), 157-186.

이동찬, 최현정. "채플교육품질(Chapel-EdQUAL) 측정을 위한 척도개발과 그 성과에 관한 연구." 「대학과 선교」 27 (2014), 109-141.

이숙종.『기독교 대학과 교육: 기독교 대학의 정체성과 새로운 활로의 모색』. 서울: 예영커뮤니케이션, 2007.

이요섭. "기독교 대학의 이념에 대한 고찰." 「대학과 선교」 13 (2007) , 81-104.

정종훈. "기독교 대학을 활성화하기 위한 교목의 역할." 「대학과 선교」 6 (2004), 105-144.

_____.『기독교 대학, 어디로 갈 것인가?』. 서울: 연세대학교 출판부, 2005.

_____. "연세 기독학생 리더십 아카데미, 그 비전과 전망." 「대학과 선교」 17 (2009), 69-112.

조용훈. "미국 기독교 대학의 정체성 상실의 과정에 대한 연구." 「대학과 선교」 10 (2006), 251-263.

_____. "한국 기독교 대학의 역사에 대한 연구." 「대학과 선교」 11 (2006), 136-146.

_____. "기독교수의 정체성에 대한 한 연구." 「대학과 선교」 15 (2008), 197-220.

_____.『기독교 대학, 한국 기독 지성의 현실과 미래』. 서울: 한국장로교출판사, 2009.

조재국, 박정세, 박명철, 한인철, 정종훈, 이대성. "기독교적 리더십 배양을 위한 현황분석에 관한 연구." 「대학과 선교」 18 (2010), 109-150.

최승기. "영성학 방법론 탐구: 산드라 슈나이더스(Sandra M. Schneiders)를 중심으로." 「신학논단」 77 (2014), 307-318.

최재건. "로즈, 연세 교회사학의 초석을 놓다." 연세대학교 신과대학 동문회 편저.『인물로 보는 연세신학 100년』. 서울: 동연, 2015, 163-184.

한국교육학회50년사 편찬위원회 편.『한국교육학회 50년사』. 서울: 도서출판 원미사, 2003.

한국기독교역사학회 편.『한국 기독교의 역사 I』, 개정판. 서울: 기독교문사, 2014.

한인철, 박명철, 박정세, 조재국, 정종훈, 이대성. "기독교 이해과목의 효율적 운영에 관한 연구." 「대학과 선교」 13 (2007), 199-234.

한중식. "기독교 대학 교목의 자질과 그 역할." 「대학과 선교」 1 (2000), 9-30.

허도화. "기독교 대학과 교목실의 역할과 구조." 「대학과 선교」 11 (2006), 53-73.

_____. "기독교 대학의 정체성 회복 방안: 기독교인 교수의 책임과 역할을 중심으로." 「대학과 선교」 28 (2015), 75-112.

Keum, Jooseop ed., *Together Towards Life: Mission and Evangelism in Changing Landscapes*. Geneva: WCC Publications, 2013.

Schneiders, Sandra M. "Theology and spirituality: Strangers, Rivals, or Partners?." Horizons 13.02 (1986): 253-274.

National Center for Education Statistics. http://nces.ed.gov [2016년 2월 15일 접속]

Higher Education Statistics Agency의 Joint Academic Coding System. http://www.hesa.ac.uk [2016년 2월 15일 접속]

한국연구재단. 학술연구분야분류표.

http://www.nrf.re.kr/nrf_tot_cms/show.jsp?show_no=182&check_no=178&c_rela-tion=0&c_relation2=0 [2016년 2월 15일 접속]

Paver, John E. *Theological Reflection and Education for Ministry.* Abingdon, GB: Routledge, 2016.

04_ 국가적 교목제도와 국가적 종교교육: 호주와 아일랜드를 중심으로

강문규. "독일 개신교학교와 관련한 교회교육의 노력." 「신학과 실천」 36 (2013): 513–40.

교육부 고시 제2015-74호 [별책 19].『고등학교 교양 교과 교육과정』

교육부 고시 제2015-80호 [별책 1].『초·중등학교 교육과정 총론』

남은경. "기독교교육: 유럽 개신교회 교육의 위기와 신앙전수의 통로들." 「신학과 선교」 43 (2013): 279-306.

류성민. "공립학교에서의 종교교육." 「종교문화연구」 20 (2013): 1-34.

박용우. "기독교 채플을 통한 선교." 「대학과선교」 1 (2002): 49-73.

안신. "영국 종교교육의 특징과 한계." 「종교문화연구」 20 (2013): 71–100.

유재봉. "영국의 종교교육 학교에서의 종교교육의 가능성 탐색." 「교육과정연구」 31 (2013): 199 –219.

윤두혁. "공교육으로서 종교교육 필요성과 개선 방안." 연세대학교 교육대학원 석사학위 논문, 2015.

AAR. AAR *guidelines for teaching about religion in K-12 public schools in the United States.* Produced by the AAR Religion in the Schools Task Force; Chair Diane L. Moore. American Academy of Religion, 2010.

Ahdar, Rex Tauati. "A Real Threat or a Mere Shadow? School Chaplaincy Programs and the Secular State." *University of Queensland Law Journal* 33, no. 1 (2014): 29-41.

Alberts, W. *Integrative Religious Education in Europe: A Study-of-Religions Approach.* Berlin: Walter de Gruyter, 2007.

Andree, T., Bakker, C., & Schreiner, P. eds. *Crossing Boundaries: Contributions to Interreligious and Intercultural Education.* Münster: Comenius Institut, 1997.

Astley, J., Francis, L. J., & Robbins, M. eds. P*eace or Violence: The Ends of Religion and Education?* (Religion, Education and Culture series). Cardiff: University of Wales Press, 2007.

Astley, J., Francis, L. J., Robbins, M., & Selçuk, M. eds. *Teaching Religion, Teaching Truth: Theoretical and Empirical Perspectives.* New York: Peter Lang, 2012.

Bakker, C., & Heimbrock, H.-G. eds. *Researching RE Teachers: RE Teachers as Researchers.* Münster: Waxmann, 2007.

Berglund, J. *Publicly Funded Islamic Education in Europe and the United States.* Washington,

DC: The Brookings Institution, 2015.

Berglund, Jenny, Yafa Shanneik, and Brian Bocking, eds. *Religious Education in a Global-Local World*. Vol. 4. Springer, 2016.

Bråten, O. M. H. *Towards a Methodology for Comparative Studies in Religious Education: A Study of England and Norway*. Münster: Waxmann, 2013.

Buchanan, Michael T., and Adrian-Mario Gellel, eds. *Global Perspectives on Catholic Religious Education in Schools*. Springer, 2015.

Byrne, Cathy. "Public School Religion Education and the 'Hot Potato' of Religious Diversity." *Journal of Religious Education* 57.3 (2009): 26-37.

Byrne, G., & Kieran, P. eds. *Toward Mutual Ground: Pluralism, Religious Education and Diversity in Irish Schools*. Dublin: Columba Press, 2010.

Chaplaincy Service Division. "The Distinctiveness of Chaplaincy within a Framework of School Support Services." *ACCESS Ministries*, 2010.

Collins, Sarah-Jane. "New Choice for School Chaplaincy Program." *The Sydney Morning Herald*, September, 8, 2011.

Davie, G. Europe: *The Exceptional Case. Parameters of Faith in the Modern World*. London: Darton, Longman and Todd, 2002.

Department of Education and Science Ireland. *Religious Education Syllabus for the Leaving Certificate - Ordinary and Higher Levels*. Dublin, Ireland: Stationery Office, 2003.

Felderhof, Marius. *Inspiring Faith in Schools: Studies in Religious Education. Routledge*, 2016.

Gearon, L. *Master Class in Religious Education: Transforming Teaching and Learning*. London: Bloomsbury, 2013.

Heimbrock, H.-G., Schreiner, P., & Scheilke, C. eds. *Towards Religious Competence: Diversity as a Challenge for Education in Europe*. Hamburg: Lit Verlag, 2001.

Ipgrave, J., Jackson, R., & O'Grady, K. eds. *Religious Education Research through a Community of Practice: Action Research and the Interpretive Approach* (Religious Diversity and Education in Europe Series). Münster: Waxmann, 2009.

Isaac, E. Paulette, ed. *Expanding the Boundaries of Adult Religious Education: Strategies, Techniques, and Partnerships for the New Millenium: New Directions for Adult and Continuing Education, Number 133*. Vol. 122. John Wiley & Sons, 2012.

Iversen, L. L. *Learning to be Norwegian: A Case Study of Identity Management in Religious Education in Norway*. Münster: Waxmann, 2012.

Jackson, R. ed. *Religion, Education, Dialogue and Conflict: Perspectives on Religious Education Research*. London: Routledge, 2012.

_____. *Religious Education: An Interpretive Approach*. London: Hodder and Stoughton, 1997.

_____. *Rethinking Religious Education and Plurality: Issues in Diversity and Pedagogy.* London: RoutledgeFalmer, 2004.

_____. *Signposts: Policy and Practice for Teaching about Rligions and Non-religious Worldviews in Intercultural Education.* Strasbourg: Council of Europe Publications, 2014.

Keast, J. ed. *Religious Diversity and Intercultural Education: A Reference Book for Schools.* Strasbourg: Council of Europe Publishing, 2007.

King, Paul and James Norman. "Evaluating the Impact of a State Religious Education Syllabus for the Religious Education Teacher and the School Chaplain." In *International Handbook of the Religious, Moral and Spiritual Dimensions in Education,* edited by Marian de Souza et al, 1019-1029. Dordrecht: Springer Netherlands, 2006.

Knauth, T., Jozsa, D.-P., Bertram-Troost, G., & Ipgrave, J. eds. *Encountering Religious Pluralism in School and Society, a Qualitative Study of Teenage Perspectives in Europe* (Religious Diversity and Education in Europe Series). Münster: Waxmann, 2008.

Knott, Matthew, "Anti-gay Chaplains Driving Children to Self-harm, Says Outgoing Labor Senator Louise Pratt." *The Sydney Morning Herald,* June, 18, 2014.

López-Muñiz, José Luis Martínez, Jan De Groof, and Gracienne Lauwers, eds. *Religious Education in Public Schools: Study of Comparative law.* Vol. 6. Springer Science & Business Media, 2006.

Weisse, W. ed. *Interreligious and Intercultural Education: Methodologies, Conceptions and Pilot Projects in South Africa, Namibia, Great Britain, the Netherlands and Germany.* Münster: Comenius Institut, 1996.

Writte, John Jr. "Facts and Fiction About the History of the Separation of Church and State." *Journal of Church and State* 48 (2006): 15-45.

<사용한 인터넷 사이트 목록과 간단한 설명>

http://www.csa.edu.au/about/about-christian-schools (Christian Schools Australia 소개 페이지)

http://www.education.ie/en/The-Education-System/Post-Primary/ (아일랜드 교육청 사이트)

http://www.scseec.edu.au/archive/Publications/Publications-ar-chive/The-Adelaide-Declaration.aspx (21세기 학교 교육의 국가적 목표에 관한 Adelaide 선언, 호주 교육 위원회 사이트)

https://ministers.education.gov.au/ryan/school-chaplaincy-fund-ing-be-available-time-2015-school-year (2015년 국가적 교목 프로그램 비용 지원 공고, 호주 교육부 사이트)

https://training.gov.au/Training/Details/CHC50413 (Diploma of Youth Work 자격 요건, A Joint Initiative of the Australian and State and Territory Governments 사이트)

https://www.accessministries.org.au/chaplains (Access Ministries 홈페이지)

https://www.education.gov.au/national-school-chaplaincy-programme (국가적 교목 프로그램 소개, 호주 교육부 사이트)

05_ 기독교 이해 과목 강의에 밀턴의 『실낙원』 활용하기

김선정. "'기독교의 이해' 교재의 특성분석 및 개선." 『2005-2 학기 기독교 이해 교과목 Workshop』 (연세대학교 학부대학, 신과대학, 교목실, 2005년 8월), 11-29.

김선정, 손원영. "기독교 대학의 기독교 교양교육에 대한 사례 연구." 「기독교교육정보」 15(2006), 240-242.

노이균. "회개와 생생에서 나타난 아담과 이브의 성윤리: 『실낙원』을 중심으로." 「밀턴과 근세 영문학」 20, no.1 (2010), 117-132.

밀턴/조신권 옮김. 『실낙원』 I, II 권. 서울:문학동네, 2010.

서홍원. "'실낙원' 강의 준비의 실제 문제들." 「밀턴과 근세 영문학」 15, no.1 (2005), 55-70.

임성균. "'잘 배우고 갑니다': 실낙원 수업에서 마주치는 문제들." 「밀턴과 근세영문학」 15, no. 1 (2005), 21-39.

장춘식, 이성덕, 강원돈. 『기독교와 현대사회- 우리 시대의 기독교를 이해하기 위한 입문서』. 서울: 기독교서회, 2003.

종교교육위원회 편. 『현대인과 기독교』. 서울: 연세대학교 출판부, 1989.

한인철 외. "기독교 이해 과목의 효율적 운영에 관한 연구." 「대학과 선교」 13(2006), 193-234.

Crump, Galbraith, ed. *Approaches to Teaching Milton's Paradise Lost*. New York: Modern Language Association of America, 1986.

Flannagan, Roy. *John Milton: A Short Introduction*. Malden, MA: Blackwell Publishers, 2002.

Griffin, Dustin. "Milton's Literary Influence." In *The Cambridge Companion to Milton*, edited by Dennis Danielson, 243-60. New York: Cambridge University Press, 1989.

Kerrigan, William. "Milton's Place in Intellectual History." In *The Cambridge Companion to Milton*, edited by Dennis Danielson, 261-75. New York: Cambridge University Press, 1989.

Lewis, C. S. *A Preface to Paradise Lost*. London; New York: Oxford University Press, 1961.

McCutcheon, Elizabeth. "Getting to Know Paradise Lost." In *Approaches to Teaching Milton's Paradise Lost*, edited by Galbraith Crump, 40-47. New York: Modern Language Association of America, 1986.

Milton, John, and Dennis Richard Danielson. *Paradise Lost*. Parallel prose ed. Vancouver, B.C.: Regent College Pub., 2008.

Milton, John, and Joseph Lanzara. *John Milton's Paradise Lost, in Plain English: A Simple, Line by Line Translation of the Complicated Masterpiece*. Belleville, NJ: New Arts Library,

2009.

Wesley, John. *An Extract from John Milton's "Paradise Lost."* London: 1763.

06_ 기독교 대학 내 공학윤리에 관한 논의의 중요성

고재식. 『기독교윤리의 유형론적 연구』. 서울: 대한기독교서회, 2005.

김경천. "공학윤리 교육의 필요성." 「기계저널」 41/1 (2001), 30-31.

김용환. 『개신공학윤리』. 충북: 도서출판 개신, 2009.

김재호. "'공학인증제'와 교양교육: 서울대학교 '과학과 기술 글쓰기' 교과 내용 개선의 필요성을 중심으로" 「철학사상」 28 (2008), 53-71.

김정식·최우승. 『공학윤리』. 서울: 연학사, 2009.

김정식·이상훈. 『공학윤리』. 서울: 도서출판 GS인터비전, 2011.

노태천·이소이. "엔지니어의 가치관에 대한 실태 조사." 「한국공학교육학회」 12/3 (2009), 21-30.

박명철. 『현대사회의 윤리적 이슈들』. 서울: 연세대학교출판부, 2011.

배원병. "공학교육방법: 토론 및 발표를 통한 공학윤리 교육에 대하여." 「공학교육동향」 13/3 (2006), 47-49.

손화철·송성수. "공학윤리와 전문직 교육: 미시적 접근에서 거시적 접근으로." 「철학」 91 (2007), 305-331.

손화철. "공학윤리와 기술철학: 그 접점을 찾아서." 「한국공학교육학회」 13/6 (2010), 122-131.

신동은. "미국의 공학윤리 교육의 연구동향." 「직업교육연구」 30/2 (2011), 197-212.

양창삼. 『기독교와 현대사회』. 서울: 한양대학교 출판원, 1997.

연세대학교 학부대학. 『연세대학교 학부대학 10년사』. 서울: 연세대학교출판부, 2009.

이대희·이재숭·정영준. 『공학윤리』. 서울: 새문사, 2008.

이소이 외. "공과대학의 공학윤리 교육과정 운영 실태 조사." 「공학연구」 8/2 (2005), 35-51.

이영남 외. "공학윤리 교육모듈 컨텐츠를 이용한 전공교과목에서의 공학윤리 교육." 「공학교육연구」 10/4 (2007), 78-92.

이재숭. "공학윤리교육의 필요성 및 교육내용과 방법." 「윤리교육연구」 16 (2008), 229-244.

이태식 외. "공학윤리 교육과목 실태분석을 통한 개선방안 도출: 수요자를 중심으로." 「공학연구」 11/3 (2008), 96-107.

장춘식 외 편. 『기독교와 현대사회』. 서울: 대한기독교서회, 2003.

정진우. "공학인증제도 안에서 공학윤리, 무엇을 어떻게 교육해야 하나?" 「동서철학연구」 43 (2007), 175-193.

종교교육위원회 편. 『현대인과 기독교』. 서울: 연세대학교출판부, 1989.

한경희 외. "공학 윤리 교육: 현황과 쟁점, 그리고 전략." 「공학교육연구」 12/1 (2009), 31-41.

Clark, Stephen, ed. *Biology and Christian Ethics*. Cambridge: Cambridge University Press, 2004.

Eisenbarth S, Van Treuren K. "Sustainable and Responsible Design from a Christian Worldview." In *Science & Engineering Ethics* [serial online]. April 2004; 10(2): 423-429. Available from: Academic Search Complete, Ipswich, MA. Accessed April 5, 2012.

Maguire, Daniel, *The Moral Revolution: A Christian Humanist Vision*. San Francisco: Harper & Row, Publishers, 1986.

Meilaender, Gilbert. *Bioethics: A Primer for Christians*. Grand Raids, MI: Eerdmans, 2005.

Newman, Jay. *Religion and Technology*. Westport, CT: Praeger, 1997.

Qin Zhu. "Engineering Ethics Studies in China: Dialogue between Traditionalism and Modernism." *Engineering Studies* 2/2 (2010), 85-107.

Schaefer, James. *Theological Foundations for Environmental Ethics: Reconstructing Patristic and Medieval Concepts*. Washington, CD: Georgetown University Press, 2009.

VanderLeest S. "Engineering Is Not Science." *Perspectives On Science & Christian Faith* [serial online]. March 2012; 64(1): 20-30. Available from: Academic Search Complete, Ipswich, MA. Accessed April 5, 2012.

Yarri, Donna. *The Ethics of Animal Experimentation: A Critical Analysis and Constructive Christian Proposal*. New York: Oxford University Press, 2005.

07_ 기독교 종합대학 내에서 기독교 세계관 논의의 새로운 방향 모색

김영한. "기독교 세계관에 대한 철학적 성찰." 「기독교철학」 8 (2009), 1-31.

_____. "기독교 인식론으로서 해석학적 실재론." 「기독교철학」 9 (2009), 1-19.

_____. "기독교 세계관의 독특성 – 개혁주의 관점에서." 「기독교철학」 3 (2007), 9-49.

김희헌. "기독교 신학의 내적 딜레마에 대한 과정사상의 응답: 실체철학의 종말과 범재신론의 도래." 「한국조직신학논총」 27 (2019), 43-78.

도킨스, 리처드 외/김명주 옮김. 『왜 종교는 과학이 되려 하는가』. 서울: 바다출판사, 2012.

벤틀리, 앨릭스 엮음/오수원 옮김. 『현대 과학, 종교 논쟁』. 경기도 파주시: 알마, 2012.

스노우,C.P./오영환 옮김. 『두 문화』. 서울: 사이언스북스, 2001.

스마트, 니니안/김윤성 옮김. 『종교와 세계관』. 서울: 이학사, 2000.

윌슨, 에드워드/최재천, 장대익 옮김. 『통섭- 지식의 대통합』. 서울: 사이언스북스, 2005.

윤성우. 『폴 리쾨르의 철학』. 철학과 현실사, 2004.

이대성. 『진리에 관한 다학제적 성찰』. 서울: 연세대학교출판부, 2009.

이신형. "기독교 대학 정체성 회복을 위한 연구." 「한국조직신학논총」 40 (2014), 129-171.

장흥길. "신약성서의 기독교 세계관." 「장신논단」 23 (2005년6월): 39-40.

정기철, 『상징, 은유, 그리고 이야기』. 문예출판사, 2002.

제임스 사이어/김헌수 옮김.『기독교 세계관과 현대사상』. 서울: 한국기독학생회출판부, 2007.

초프라, 디팩, 레너드 플로디노프/류운 옮김.『세계관의 전쟁- 과학과 영성, 승자는 누구인가?』. 서울: 문학동네, 2013.

터커, 메리 이블린, 존 A. 그림 엮음/유기쁨 옮김.『세계관과 생태학- 종교, 철학, 그리고 환경』. 서울: 민들레책방, 2003.

폴 리쾨르/김윤성 옮김.『해석이론』. 서울: 서광사, 1999.

폴 리쾨르/이경래. 김한식 옮김.『시간과 이야기 1』. 서울: 문학과 지성사, 1999.

황돈형. "언어와 계시: 현실적 언어와 종말론적 언어."『한국조직신학논총』 20 (2008), 67-103.

Baxter, Brian. *Darwinian Worldview : Sociobiology and Environmental Ethics and the Work of Edward O. Wilson*. Abingdon, Oxon, GBR: Ashgate Publishing Group, 2007.

Borg, Marcus, T*he Heart of Christianity: Rediscovering A Life of Faith*. New York: HarperSanFrancisco, 2003.

Crossan, John Dominic. *The Dark Interval : Towards a Theology of Story*. Sonoma, Calif.: Polebridge Press, 1988.

Fodor, James. *Christian Hermeneutics : Paul Ricœur and the Refiguring of Theology*. Oxford; New York: Clarendon Press; Oxford University Press, 1995.

Hahn, Lewis Edwin. *The Philosophy of Paul Ricoeur*. The Library of Living Philosophers. Chicago: Open Court, 1995.

Jeanrond, Werner G. *Theological Hermeneutics: Development and Significance*. New York: Crossroad, 1991.

Lee, Dae Sung. *Teaching Christianity to College Students*. Seoul: Dong Yun, 2009.

Reagan, Charles E. *Paul Ricoeur : His Life and His Work*. Chicago: University of Chicago Press, 1996.

Ricœur, Paul. *Interpretation Theory : Discourse and the Surplus of Meaning*. Fort Worth: Texas Christian University Press, 1976.

_____. *Time and Narrative*. 3 vols. Chicago: University of Chicago Press, 1984-1988.

Ricœur, Paul, and John B. Thompson. *Hermeneutics and the Human Sciences : Essays on Language, Action, and Interpretation*. Cambridge Eng. ; New York; Paris: Cambridge University Press, 1981.

Ricœur, Paul, and Mark I. Wallace. *Figuring the Sacred : Religion, Narrative, and Imagination*. Minneapolis: Fortress Press, 1995.

Schneiders, Sandra Marie. *The Revelatory Text : Interpreting the New Testament as Sacred Scripture*. 1st ed. San Francisco: Harper San Francisco, 1991.

Simms, Karl. *Paul Ricoeur*. Routledge Critical Thinkers. London New York: Routledge, 2003.

Sire, James W. *The Universe Next Door : A Basic World View Catalog*. 2nd ed. Downers Grove, Ill.: InterVarsity Press, 1988.

_____. *The Universe Next Door : A Basic Worldview Catalog*. 4th ed. Downers Grove, Ill.:

InterVarsity Press, 2004.

Smith, Huston. *Why Religion Matters-The Fate of the Human Spirit in an Age of Disbelief*. New York: HarperSanFrancisco, 2001.

Thiselton, Anthony C. *New Horizons in Hermeneutics*. Grand Rapids, Mich.: Zondervan Pub. House, 1992.

08_ 기독교 대학의 학풍: 윤동주와 연세 학풍

김응교. "윤동주와 걷는 새로운 길 1. 명동마을: 유교·민족·기독교 공동체." 「기독교사상」 650(2013.2), 218-230.

_____. "윤동주와 걷는 새로운 길 11. 숭실 숭실 합성 숭실: 윤동주, 문익환의 숭실중 자퇴." 「기독교사상」 660(2013.12), 124-137.

김인섭. "윤동주 시의 '슬픈 천명'과 자기실현: 일본체류기간의 시와 행적을 중심으로." 「한국문학이론과 비평」 43(2009), 9-36.

김정우. "윤동주의 소년 시절." 「나라사랑」 23(1976.6), 115-121.

김형수. 『문익환 평전』. 서울: 실천문학, 2004.

류양선. "윤동주의 <병원> 분석 – 산문 <화원에 꽃이 피다>와 관련하여." 「한국현대문학연구」 19(2006.6), 375-411.

_____. "윤동주의 시에 나타난 종교적 실존: '돌아와 보는 밤' 분석." 「어문연구」 35(2007.6), 195-219.

박창해. "윤동주를 생각함." 「나라사랑」 23(1976.6), 128-131.

서정민. 『이동휘와 기독교: 한국사회주의와 기독교 관계 연구』. 서울: 연세대학교 출판부, 2007.

송우혜. 『윤동주 평전』. 서울: 푸른역사, 2004.

연세대학교 국학연구원 편. 『근대학문의 형성과 연희전문』. 서울: 연세대학교출판부, 2005.

연세대학교백년사 편찬위원회. 『연세대학교 백년사 I 연세통사 (상)』. 서울: 연세대학교출판부, 1985.

연세의 발전과 한국사회 편찬위원회 편. 『연세의 발전과 한국사회』. 서울: 연세대학교 출판부, 2005.

유영. "연희전문 시절의 윤동주." 「나라사랑」 23(1976.6), 122-127.

윤동주 저, 연세대학교 편. 『원본대조 윤동주 전집』. 서울: 연세대학교출판부, 2004.

윤영춘. "명동촌에서 후쿠오카까지." 「나라사랑」 23(1976.6), 108-114.

이대성. "공학윤리 교육의 확대에 따른 기독교 종합대학의 과제." 「기독교사회윤리」 23(2012), 221-245.

이선호. "올리버 알 에비슨(Olover R. Avision)의 연희전문학교 사역." 「신학논단」 64(2011), 107-137.

조재수. 『윤동주 시어사전』. 서울: 연세대학교출판부, 2005.